# 实 用 汉 语 课 本

## 第 三 册

# PRACTICAL CHINESE READER

## Book　Ⅲ

北 京 语 言 学 院

刘 珣　邓恩明　刘社会　编著
潘文娱　来思平　赵淑华

赵淑华　审订

**THE　COMMERCIAL　PRESS**

1996.　Beijing

First Edition 1996

Published by the Commercial Press,
36 Wanfujing Street, Beijing, China
Typeset by the Beijing Languages
Institute Printing House,
Beijing, China
Distributed by China International Book Trading Corporation
(GUOJI SHUDIAN)
P.O. Box 399, Beijing, China
*Printed in the People's Republic of China*

# 前　言

　　《实用汉语课本》第三、四册，是供外国学生学习现代汉语用的中级阶段教材，共三十课，每五课后附有单元复习材料。学完这两册书，读者可进一步加深对汉语的了解，提高运用汉语进行交际的能力，为高级阶段的学习打好基础。

　　为较好地体现语言与文化相结合的原则，本书从第三册开始，通过布朗夫妇在中国的旅游活动，在更广阔的背景上，介绍了中国的社会生活、名胜古迹、文学艺术、历史地理、政治经济等方面的内容。每课的课文都是针对读者感兴趣的内容编写而成的，如家庭、婚姻、教育、体育、医药、戏剧、绘画、报纸和广播等。通过这些课文，读者既可获得就某个题目进行交际时所必需的常用词语和表达方式，同时也能从中了解到一些有关中国的知识，从而更好地进行交际活动。

　　虽然书面语在课文中的份量逐步增加，但继续巩固和提高口语表达能力，在中级阶段仍是重要的任务之一。本书每课结合课文内容编写了突出一定功能项目的"会话"，以便加强口语练习。

　　有关语法和词汇知识的介绍，主要体现在"词语例解"部分。我们选择了一些常用词语和结构，通过例句以及必要的说明，让读者较好地掌握它的用法，以丰富语言表达手段。第四册"词语例解"的说明部分，不再加译文。释文不求详尽，而力求简明、易懂。个别生词及语法术语，按出现的先后次序另列词表，附在书后。"注释"部分主要解决有关背景知识的一些问题。

　　每课书后，提供了较丰富的练习材料，练习形式也力求多样

1

化。除了单句的操练以外，重点在于提高成段表达的能力，特别是在一定情境下灵活运用汉语的能力。

刘山、邵佩珍两位同志参加了本书的部分编写工作。

由于水平所限，本书一定存在着许多不足之处，期待读者批评指正。

英文翻译：第三册麦秀闲，第四册何培慧。插图金亭亭。

编　者

1984年4月

# INTRODUCTION

Books III & IV of *Practical Chinese Reader* are intended for foreign students of modern Chinese at the intermediate level. There are thirty lessons in all, and supplementary materials for revision are appended to each unit of 5 lessons. These two books will enable the students to gain a deeper understanding of Chinese, improve the ability to communicate in Chinese and lay a solid foundation for further study of the language at the advanced level.

In order more closely to embody the principle of integrating culture and language, a wide range of background information on China's social life, scenic spots and historical sites, literature and art, history and geography, politics and economy, etc. is introduced from the beginning of Book III through Mr. and Mrs. Brown's visit to China. The text of each lesson has been constructed so as to focus on a subject of interest to the students, such as the family, marriage, education, sports, medicine, the theatre, painting, newspapers and broadcasting. This will not only enable the students to assimilate common words, phrases and expressions essential for expressing themselves on a particular subject, but at the same time also enrich their knowledge of China so as to enable them to com-

3

municate more freely.

In the intermediate course, the written language is used increasingly in the texts, but the important task of consolidating and further improving the students' ability to express themselves in the spoken language should not be neglected. To stress oral practice, each lesson contains a conversation section on certain functional items in the text.

Grammar and vocabulary are mainly dealt with in the section "Explanatory Notes of Words and Phrases". Some frequently used words, phrases and constructions are singled out for brief explanation with examples so as to give the students a better command of their usages and widen their skills in linguistic expresssion. From Book Ⅳ onward, the explanatory notes of words and phrases are no longer translated into English and we try to make them to the point, succinct and as simple as possible. There is also a list of the words and grammatical terms which occur in the explanatory notes according to occurrence order at the end of Book Ⅳ. The "Notes" section mainly clears up problems in background knowledge.

A good deal of exercise material is provided at the end of each lesson, as varied as possible in form. Besides simple sentence drills, stress is laid on those developing the students' powers in connected speech and especially in handling the Chinese language with flexibility in specific situations.

4

We sincerely look forward to criticisms and correc-tions of our readers.

We gratefully acknowledge the valuable services of Liu Shan and Shao Peizhen. We also appriciate very much the English version done by Mai Xiuxian (Book Ⅲ) and He Peihui (Book Ⅳ) and the illustrations by Jin Tingting.

The compilers
April 1982

# 目 录

# 第 一 课

## 一、课 文

## 到 中 国 旅 游

### （一）

布朗夫妇一直希望能有机会去中国旅游，也想看看正在北京学习的帕兰卡和古波*。他们原来打算明年到中国度假，可是今年八月北京有一个学术会议，请布朗先生参加，他们就决定改变计划，把出发的时间提前了。

八月十号，布朗夫妇一起来到了中国。学术会开完以后，他们要在中国旅游三个星期。

为准备这次旅行，布朗太太看了不少旅游介绍。她觉得中国的名胜古迹真是太多了，三个星期的时间是远远不够的。这次应该先去哪些地方呢？为这个问题她跟布朗先生争论了很长时间，一直决定不下来。她说应该先去上海、苏州、杭州，欣赏美丽的江南①景色，然后坐飞机到南方最大的城市广州，最后游览一下桂林山水②。布朗先生是研究中国古代文化的，他希望先去新

---

*布朗夫妇和帕兰卡、古波是在《实用汉语课本》一、二册中出现的人物。帕兰卡是布朗夫妇的女儿，古波是帕兰卡的男朋友。他们现在正在中国学习汉语。

疆看看，再到古城西安，然后从西安坐火车去成都、重庆，再坐船游览有名的长江三峡③。两个人谁也说服不了谁。但是，最后他们俩还是作出了决定——跟往常一样，让女儿帕兰卡给他们当裁判。

（二）

打开世界地图，你可以看到：中华人民共和国在亚洲东部，太平洋的西岸。她是一个有几千年历史的文明古国，面积跟欧洲差不多。在这么大的一个国家里，到处都有美丽的山水，迷人的景色。它深深地吸引着世界各国的旅游者。

中国的山水不但很美，而且总是跟中国的古老文化紧紧结合在一起。在游览名胜古迹的时候，你可以听到很多神话传说和历史故事，还可以看到古代文学家留下的诗和文章，欣赏他们的书法艺术。在风景最美的地方，

2

还常常有很多古代的园林、建筑和文物。旅游者就象走进了一座座文化艺术的宝库，不但欣赏了那里的景色，而且了解了中国古老的文化。

苏州园林

## 二、会　话

### （一）谈旅游计划
Talking about the tour plan

A：暑假你准备去哪儿？

B：我打算先去苏州、杭州，再去广州。

A：无锡你去过吗？

B：没有。听说无锡离苏州不远，就在太湖边上，是吗？

A：是啊，太湖真是美极了，你应该在那儿停一两天。你打算怎么去？坐飞机还是坐火车？

B：我想坐火车旅行更有意思，一路上可以看看长江南北的景色。从北京坐火车到无锡要多少时间？

A：差不多二十个小时。你准备哪天走？

B：最晚这星期六走。明天我要去办一下儿旅行的手续。

A：祝你旅行愉快！

B：谢谢。

## （二）作 决 定
### Making a decision

A：今年秋天咱们去哪儿度假呢？

B：我想到国外去旅行一次。你说呢？

A：我又想去中国旅游，又想去农村看看我妈妈。

B：你妈妈不是原来打算夏天来这儿住吗？她怎么改变主意了？

A：妈妈来信说，她准备夏天到海边去，决定不到这儿来了，所以我想去看看她。你有什么打算？

B：我希望秋天能去中国度假。你还是下个月去看你妈妈吧。这样，秋天我们就能一起到中国去了。

A：好吧，就这么决定了。

注 释

① 江南

"江南"即指中国长江以南的地方，但更多的还是指长江下游以南的地区，与"江南"相对的说法是"江北"。

4

"江南" refers to the area south of the Changjiang River, esp. south of the lower reaches of the Changjiang River. "江南" is the opposite to "江北".

② 桂林山水

桂林位于广西东北部，是一座风景秀丽的文化古城，素有"桂林山水甲天下"的美誉，现在已成为驰名中外的旅游胜地。

Guilin, situated in the northeast part of Guangxi Province, is a city of ancient culture and scenery of enchanting beauty, famous for the finest mountains and waters under heaven and has achieved fame as a tourist attraction at home and abroad.

③ 长江三峡

长江三峡是瞿塘峡、巫峡和西陵峡的总称。西起四川省奉节县，东到湖北省宜昌县，全长约二百公里，以雄伟险峻的奇景闻名世界。

The Three Changjiang River Gorges—the Qutang, the Wuxia and the Xiling, extend from Fengjie in Sichuan Province in the west to Yichang in Hubei Province in the east, a total of about 200 kilometers. The Three Changjiang River Gorges are renowned for their majestic and fantastic sights of sheer cliffs and steep mountains.

## 三、生　词

1. 旅游　　（动）lǚyóu　　to tour
2. 一直　　（副）yìzhí　　continuously; always; from the beginning of…

5

up to···

| | | | |
|---|---|---|---|
| 3. 夫妇 | (名) | fūfù | husband and wife |
| 4. 原来 | (形、副) | yuánlái | original; former; originally; formerly; at first |
| 5. 打算 | (动、名) | dǎsuàn | to plan; to intend; to calculate; plan; intention; calculation |
| 6. 度(假) | (动) | dù(jià) | to spend (e.g. holidays); to pass |
| 7. 学术 | (名) | xuéshù | learning; science |
| 8. 会议 | (名) | huìyì | meeting; conference |
| 9. 计划 | (名、动) | jìhuà | plan; project; programme; to plan; to map out |
| 10. 提前 | (动) | tíqián | to shift to an earlier date; to bring forward (a date) |
| 11. 游览 | (动) | yóulǎn | to go sight-seeing; to tour; to visit |
| 12. 名胜 | (名) | míngshèng | a place famous for its scenery or historical relics; scenic spot |
| 13. 古迹 | (名) | gǔjī | places of historic interest; historical sites |
| 14. 争论 | (动) | zhēnglùn | to argue; to debate; to contend; argument |
| 15. 欣赏 | (动) | xīnshǎng | to appreciate; to enjoy; to admire |
| 16. 美丽 | (形) | měilì | beautiful |

6

| | | | |
|---|---|---|---|
| 17. 江 | (名) | jiāng | river |
| 18. 景色 | (名) | jǐngsè | scenery; scene; landscape |
| 19. 然后 | (副) | ránhòu | then; after that; afterwards |
| 20. 南方 | (名) | nánfāng | south; the southern part of the country; the South |
| …方 | | …fāng | direction (e.g. the east, the front, etc.) |
| 21. 城市 | (名) | chéngshì | city; town |
| 22. 古代 | (名) | gǔdài | ancient times |
| 23. 说服 | | shuō fú | to persuade; to convince; to talk sb. over |
| 24. 往常 | (名) | wǎngcháng | habitually in the past; as one used to do formerly |
| 25. 东部 | (名) | dōngbù | the east; the eastern part |
| …部 | | …bù | part; section |
| 26. 岸 | (名) | àn | bank; shore; coast |
| 27. 文明 | (形、名) | wénmíng | civilized; civilization; culture |
| 28. 面积 | (名) | miànjī | area |
| 29. 到处 | (名) | dàochù | in all places; everywhere |
| 30. 迷人 | (形) | mírén | fascinating; enchanting |
| 31. 深 | (形) | shēn | deep; profound |
| 32. 旅游者 | (名) | lǚyóuzhě | tourist; traveller; visitor |
| 者 | (尾) | zhě | suffix, referring to a person as "er" in "reader", etc. |
| 33. 古老 | (形) | gǔlǎo | ancient; age-old |
| 34. 结合 | (动) | jiéhé | to combine; to link; to |

7

integrate

| 35. 神话 | (名) shénhuà | fairy tale; mythology; myth |
|---|---|---|
| 36. 传说 | (动、名) chuánshuō | it is said; they say; legend; tradition |
| 37. 书法 | (名) shūfǎ | calligraphy; penmanship |
| 38. 文物 | (名) wénwù | cultural relic; historical relic |
| 39. 宝库 | (名) bǎokù | treasure-house |
| 40. 改变 | (动) gǎibiàn | to change; to alter |
| 41. 主意 | (名) zhǔyi | plan; idea; decision; one's mind |

## 专　名

| 1. 苏州 | Sūzhōu | Suzhou (city) |
|---|---|---|
| 2. 杭州 | Hángzhōu | Hangzhou (city) |
| 3. 桂林 | Guìlín | Guilin (city) |
| 4. 新疆 | Xīnjiāng | Xinjiang Uygur Autonomous Region |
| 5. 西安 | Xī'ān | Xi'an (city) |
| 6. 成都 | Chéngdū | Chengdu (city) |
| 7. 重庆 | Chóngqìng | Chongqing (city) |
| 8. 长江 | Cháng Jiāng | Changjiang River |
| 9. 三峡 | Sānxiá | the Three Changjiang River Gorges |
| 10. 太平洋 | Tàipíng Yáng | the Pacific (Ocean) |
| 11. 中华人民共和国 | Zhōnghuá Rénmín Gònghéguó | |

| 12. 无锡 | Wúxī | Wuxi (city) |
| 13. 太湖 | Tài Hú | Taihu Lake |

## 四、词语例解

### 1. 一直

A. 表示朝着一个方向不转弯。

"一直" means "go straight ahead or keep straight on"; E.g.

(1) 一直往前走，就可以看见火车站了。

(2) 从北京坐飞机一直往西，可以到新疆。

(3) 请你告诉司机同志，过了桥，一直开就到机场了。

B. 表示动作始终不间断或情况始终不改变。

"一直" is used to indicate that an action continues without interruption or a state of affairs remains unchanged from beginning to end, e.g.

(1) 他一直希望去中国旅行。

(2) 到中国以后，他的身体一直很好。

(3) 这个学术讨论会一直要开到下星期二。

(4) 从中国回来以后，他一直忙着写一本介绍中国的书。

"一直"修饰的词语也可以是否定形式的。

The words or phrase modified by "一直" may be nega‑tive. E.g.

(5) 我很想到法国度假，可是一直没有机会。

### 2. 打算

(1) 他原来没想去无锡，现在打算在那儿停两天。

(2) 我打算用一个星期的时间去苏州旅游。你打算去吗？

——我不打算去。

(3) 假期快到了，你要是想出国度假，应该早作打算。

(4) 今年夏天你有什么打算？

(5) 明天你打算作什么？

动词"打算"的宾语多为动词或动词结构。名词"打算"作宾语时，动词多为"有""作"等。

The verb "打算" usually takes a verb or a verbal construction as its object. When the noun "打算" functions as an object in the sentence, it often takes "有" or "作" as its verb.

## 3. 决定

(1) 你决定坐火车去还是坐飞机去？

(2) 他们最后决定哪儿也不去。

(3) 好吧，就这么决定了。

(4) 这件事情现在还决定不下来。

(5) 他们到现在还没有作出决定呢！

动词"决定"的宾语多数是动词结构或主谓结构。名词"决定"作宾语时，动词常为"作"。

The object of the verb "决定" is usually a verbal construction or a subject-predicate construction. When the noun "决定" functions as an object in the sentence, it often takes "作" as its verb.

## 4. 计划

(1) 咱们先计划一下再开始干，好不好？

(2) 把你的计划跟他们说说吧！

(3) 他这个学期一开始就订(dìng, draw up)了一个学习计划。

(4) 我们工厂最近正在作明年的生产计划。

名词"计划"作宾语时，常说"作计划""订计划"等。"作"一

10

般用于比较正式的较大的计划。

When the noun "计划" functions as an object, we often say "作计划", "订计划", etc. If "计划" refers to an important or formal plan, it usually takes "作" as its verb.

5．提前

　　(1) 出发的时间提前了。

　　(2) 今年的生产计划可以提前一个多月完成。

　　(3) 要是计划改变了，请提前告诉我们。

6．准备

　　(1) 明天就要出发了，我的行李还没准备好呢。

　　(2) 他正在准备明天的考试。

　　(3) 你来了！我正准备给你打电话呢。

　　(4) 因为假期比较短，我不准备回家了。

7．一直决定不下来

　　(1) 江南的景色真美，我一定要把它画下来。

　　(2) 他讲得太快，我记不下来。

　　(3) 请把你的地址留下来。

　　(4) 开完会，请你们几个人留下来研究一下旅行的问题。

　　复合趋向补语"下来"的一种引申意义是表示通过动作使人或事物固定或停留，以免消失、离去或被遗忘。

One of the extended usages of the compound directional complement "下来" is to indicate that a person or thing in some way to be held or retained throughout an action so as not to be lost, removed or forgotten.

8．最后

　　(1) 我们打算先去西安、重庆，再去广州，最后去上海。

　　(2) 最后，会议主席问大家还有没有别的意见。

　　(3) 最后三分钟，他们踢进了一个球。

(4) 他们把要去的城市排了排队，把桂林排在了最后。

9. 谁也说服不了谁

(1) 我们都是新同学，以前谁也不认识谁。

(2) 他们两个人谁也不愿意麻烦谁。

(3) 他们的办公室就在我们对面，打开门，谁都能看得见谁。

这类句式以否定的居多。谓语中要有"都"或"也"。

Such sentences are mostly negative, with "都" or "也" following "谁" in the predicate.

10. 说服

(1) 这件事他做得不对，我们要帮助他，说服他。

(2) 她想说服小张改变主意。

11. 最后他们俩还是作出了决定

(1) 虽然他不太同意这样作，可是我们还是说服了他。

(2) 火车虽然在杭州停的时间不长，我们还是到站上去买了些东西。

(3) 虽然外面雨很大，可是他还是去了。

复合句"虽然…还是…"，表示动作或状态不因为某种情况而改变。

The compound construction "虽然…还是…" denotes that despite the existence of some situation the action or state of affairs remains unchanged.

12. 往常

(1) 今天他们跟往常一样，又去海边了。

(2) 往常他都来得比较早，今天不知道为什么来得这么晚。

(3) 今天天气很冷，街上的人比往常少。

13. 到处

(1) 这个城市到处都很干净。

(2) 秋天，香山到处都是红叶。

用"到处"的句子，谓语里往往有"都"。

Sentences with "到处" often have "都" in the predicate.

## 14. 者

动词、形容词后加上"者"构成名词，表示从事某种活动或具有某种特性的人。

A verb or an adjective plus the suffix "者" (-er, -or, -ist) forms a noun which refers to those who perform a certain action represented by the verb or possess a certain nature or quality shown by the adjective.

(1) 文艺（文学艺术）工作者代表团就要出国访问了。

(2) 这本书的作者是一位二十二岁的青年工人。

此外，如"老者""成功者""劳动者""参加者"等。名词或数词后也可以加"者"，如"社会主义者""爱国主义者""前者""后者""二者"等。

Note: Also "老者 (the aged)", "成功者 (a successful person)", "劳动者 (labourer)", "参加者 (participant)".

A noun or numeral may also be followed by "者". E.g. "社会主义者 (socialist)", "爱国主义者 (patriot)", "前者 (the former)", "后者 (the latter)", "二者 (both)".

## 15. ……一座座文化艺术的宝库

(1) 一辆一辆的汽车停在饭店门口。

(2) 一本本的新书整整齐齐地摆在桌子上。

(3) 一条条的街道都打扫得非常干净。

数量词重叠可以作定语，表示个体的罗列，有强调多的意思。如果数词为"一"，第二个"一"常常省略。

Reduplicated numeral-measure words may be used attributively to enumerate things one by one, thereby emphasizing that there are a great many of them. When the numeral is

13

"一", then the second "一" is often omitted:

16. 旅行　旅游　游览

(1) 他去年参加了一个国际会议，到亚洲旅行了一次。

(2) 秋天是到北京旅游的最好季节。

(3) 在这次旅行中，他们游览了许多名胜古迹。

"旅行""旅游"都不能带宾语。

Neither the verb "旅行" nor the verb "旅游" may be followed by an object.

## 五、练　习

课文部分

1. 根据课文回答问题：

Answer the following questions on the text:

(1) 布朗夫妇为什么要到中国来？

(2) 他们原来打算什么时候来？后来为什么提前到中国来了？

(3) 他们打算在中国游览多长时间？

(4) 布朗太太为什么觉得三个星期的时间太短了？

(5) 布朗太太希望去哪些地方？布朗先生希望去哪些地方？
（指着地图回答）

(6) 最后他们是怎么决定的？

\*　　　　\*　　　　\*

(1) 中国在什么地方？

(2) 中国为什么能吸引世界各国的旅游者？

(3) 为什么说游览中国的名胜古迹就象走进了一座座文化艺术的宝库？

2. 根据情境，模仿下面的例子造句：

Make up sentences based on the given situations, taking

14

the following as models:

例：你是一个很喜欢旅游的人，现在来到了中国，你觉得很高兴。

——我一直希望能有机会到中国旅游，现在来到了中国，觉得非常高兴。

(1) 你是一个学习汉语的外国学生，应该怎么说？
(2) 你是一个外国贸易公司的经理，应该怎么说？
(3) 你是一个研究中国文化的外国人，应该怎么说？

\* \* \*

例：他们原来打算明年到中国去，可是今年布朗先生要到北京参加学术会议。

——他们原来打算明年到中国度假，可是今年八月布朗先生要到北京参加一个学术会议，他们就决定把旅游的计划提前了。

(1) 他原来打算暑假回国，可是他妈妈病了。
(2) 他们原来打算星期天去香山，他们的朋友来电话说，请他们星期天去吃饭。

\* \* \*

例：布朗太太准备去旅行，她看了不少旅游介绍。

——为准备这次旅行，布朗太太看了不少旅游介绍。

(1) 他准备参加画展，画了几张山水画。
(2) 同学们准备毕业考试，每天都睡得很晚。
(3) 要过春节了，同学们准备了很多节目。

\* \* \*

例：中国的名胜古迹很多，可是旅游的时间只有三个星期。

——中国的名胜古迹真是太多了，三个星期的旅游时间是远远不够的。

(1) 你要带很多东西，可是你只有一个箱子。

(2) 你要去很多城市旅行，可是你只有五百块钱。

(3) 你要研究中国历史，看很多历史书，可是你只有一年的
学习时间。

\* \* \*

例：在中国旅游的计划（上海　苏州　广州　桂林）

——这次应该先去上海、苏州，然后到广州，最后游览
一下桂林山水。

(1) 在北京游览的计划（故宫　颐和园　长城）

(2) 去国外旅行的计划（中国　美国　日本）

(3) 学习中国现代文学的计划（老舍的小说　郭沫若的诗
鲁迅的作品）

## 会话部分

1. 跟你的朋友谈假期计划：

Talking about holiday plans with your friends:

(1) 谈寒假计划：

你准备去哪儿？

你打算怎么去？

你计划什么时候出发？

(2) 谈星期天的计划：

先作什么？

然后作什么？

最后作什么？

2. 下列问题你还没有作出决定，正在跟你的朋友商量：

Some things have yet to be decided, you are discussing
them with your friends:

(1) 坐火车还是坐船旅行

16

(2) 去西安还是去杭州

注意用上以下结构：

Note: Try to use the following constructions:

决定…了没有

决定不下来，又想…又想…

最后决定……

3. 你朋友改变主意了，你正在跟他商量：

Your friend has changed his mind, you are discussing it with him.

(1) 他已经办好护照，可是现在决定不去旅行了。

(2) 他已经买好京剧票，现在决定不看了。

注意用上以下词语结构：

Note: Try to use the following expressions:

不是…吗

怎么改变主意了

就这么决定了

| 词语部分 |

1. 掌握下列词语：

Master the usages of the following words and phrases:

(1) 学术会议
学术研究
学术问题

(2) 欣赏风景
欣赏音乐
艺术欣赏

(3) 古老的民族
古老的文化
古老的城市
古老的国家
古老的建筑

(4) 改变主意
没有主意
有主意
出主意
好主意

17

2．选词填空：

Fill in the blanks with the appropriate words:

(1) 他决定先办好旅行手续，_____再去买火车票。（最后　然后　以后）

(2) 这本书_____有机会我一定要好好看看。（最后　然后　以后）

(3) 这个问题他想了很长时间，_____还是作出了决定。（最后　然后　以后）

(4) 他_____总是骑自行车来，可是今天坐车来了。（往常　常常）

(5) 我们_____骑自行车去公园。（往常　常常）

(6) 他们在颐和园_____了半天。（旅游　游览　旅行）

(7) 星期日我们_____了长城。（旅游　游览　旅行）

(8) 今年秋天我准备到这个国家的东部去_____。（旅游　游览　旅行）

3．完成下列句子：

Complete the following sentences:

(1) 他住了一个月医院，病好得很快，_____。（提前）

(2) 那个工厂_____今年的生产计划。（提前）

(3) 你看，那辆汽车_____，可能是坏了。（下来）

(4) 孩子做错了事，_____。（说服）

(5) 他们两个都说自己的意见对，谁也_____。（说服）

(6) 虽然天气很冷，我们_____。（还是）

(7) 春天到了，_____。（到处）

(8) 你想学中国话吗？在中国_____。（到处）

18

（9）我们班的同学是从好几个国家来的，开始的时候，＿＿
＿＿＿＿＿＿＿＿＿＿。（谁…谁）

（10）我们俩都去看电影了，可是他坐在楼上，我坐在楼下，
＿＿＿＿＿＿＿＿＿＿。（谁…谁）

# 第 二 课

## 一、课　文

### 新 疆 见 闻

帕兰卡和古波从新疆①旅行回来了。他们回到学校，一放下行李，就立刻坐车到北京饭店去看爸爸妈妈。布朗太太看见他们，高兴极了。她说："你们可回来了，累了吧？"帕兰卡说："不，妈妈，这次旅行可有意思了！我还给你们带回一点儿好吃的呢。"说着，她拿出从新疆带来的哈密瓜和葡萄干。她说："你们尝尝，可好吃了！"布朗夫妇吃着哈密瓜，尝着葡萄干，不住地说："真甜！真甜！"他们让女儿快讲讲在新疆的见闻。帕兰卡说："这次见闻太多了，真不知道从哪儿说起啊！"古波说："你照的照片呢？拿出来，让大家看看。"帕兰卡笑了，说："对，这是个好主意。一边看照片，一边给你们介绍。"

第一张照片是维吾尔族的一家人，他们穿着漂亮的衣服，围坐在地毯上。地毯中间放着一块很大的白布，上面摆着丰富的食品。人们说说笑笑真高兴啊！古波介绍说："他们在过节。那天早晨，人们从四面八方来到清真寺，举行节日祈祷。然后，就在清真寺前唱起民歌，

跳起古老的维吾尔族舞。亲戚朋友互相祝贺，大家还在家里举行宴会。"

第二张照片更有意思：一位美丽的新疆姑娘，正坐在一块四个人抬着的地毯上。布朗太太没看懂，她问女儿："这是在作什么?"帕兰卡指着照片说："我们参加了一个建筑工人的婚礼。那天，新娘家和新郎家都准备了很多吃的东西。我们在新郎家吃了新疆的抓饭。这种饭不但好吃，而且吃的方法也非常有意思。客人来了很多，可是却看不到新郎和新娘。原来，在举行婚礼这一天，新郎和新娘都不出来招待客人，一直到傍晚，新郎才跟他的朋友们一起去迎接新娘。这时候，新娘由她母亲和别的人陪着，坐车来到新郎家。她到了门口，却不下车，等到新郎拿出地毯，由四个人把新娘抬进门，婚礼才结束。这张照片照的就是抬新娘。"

布朗先生听到这儿笑起来，问古波："你没买块新疆地毯吗？以后要用的。"帕兰卡不好意思了，她说："爸爸，看您，说些什么啊……"

第三张照片是在吐鲁番②照的。帕兰卡说："吐鲁番可真热啊！我们原来就听说这是中国最热的地方，可是没想到，已经过了夏天还这么热。古典神话小说《西游记》里写的火焰山③就在这个盆地的中部。吐鲁番盆地的周围，到处是干燥的沙漠，可是这儿的地下水却很丰富。人们把水引到地上灌溉农田。吐鲁番的葡萄、棉花和瓜都是全国闻名的。你们吃的葡萄干就是在那儿买的，很甜吧！"

女儿的介绍不但引起了布朗先生更大的兴趣，也把布朗太太说服了。她改变了主意，决定这次旅游要在新疆多住几天。帕兰卡说："要是能跟你们一起再去游览一次多好啊！"

## 二、会　话

### 称赞　赞美
### Praise and admiration

#### （一）

A：这么漂亮的地毯，在哪儿买的？
B：这是我在新疆买的，你喜欢吗？
A：设计得真好，颜色多美啊！我早就听说新疆的地毯是世界闻名的。
B：质量好极了。

A：有机会我也要买一块带回去。

（二）

A：昨天晚上的电视你看了没有？

B：没有，我忙着写信。有什么好节目吗？

A：有。《新疆见闻》可有意思了！我们欣赏了吐 鲁番盆
地和火焰山的风景，维吾尔族姑娘 们一边唱歌，一
边跳舞，真是美极了。

B：我最喜欢维吾尔族的音乐。有一首歌儿叫《吐鲁番的
葡萄熟了》，非常好听。

A：对了，昨天的节目里也有这个歌儿。听 说下星期的
电视里还要演这个节目。

B：那太好了，我一定要看一看。

## 注　释

① 新疆

新疆是一个以维吾尔族为主的多民族聚居的地方。一九五五年十月一日成立了新疆维吾尔族自治区。首府在乌鲁木齐市，是中国面积最大的省区。

Xinjiang is inhabited by many nationalities living in compact communities, the chief among which is the Uygur nationality. It became the Xinjiang Uygur Autonomous Region on 1st October 1955. Its capital is Urumchi (Urümqi), and in area it is the largest province of China.

② 吐鲁番

吐鲁番在火焰山脚下，地势低洼，夏季炎热，每年6—8月持续气温在四十摄氏度以上，是中国最热的地方。这里是中国古代丝绸之路必经的一个重镇。

Turfan lies in a depression at the foot of the Mountain of Flames and is extremely hot in Summer. Between June and August the temperature remains above 40°C, making it the hottest place in China. It was an important stage on the Chinese Silk Route.

③ 火焰山

火焰山在吐鲁番盆地中部，山上寸草不生，岩石呈紫红色，象熊熊烈火，所以叫火焰山。

The Mountain of Flames in the centre of the Turfan Depression is bare of vegetation and takes its name from the blaze of its purple-red rocks.

# 三、生　词

1. 见闻　　（名）jiànwén　　　what one sees and hears;
   knowledge; information
2. 可　　　（副）kě　　　　　*for emphasis*
3. 哈密瓜　（名）hāmìguā　　　Hami melon (a variety
   of muskmelon)
   瓜　　　（名）guā　　　　　melon
4. 葡萄干　（名）pútaogānr　　raisin
5. 不住　　　　bú zhù　　　　repeatedly; continuously;
   constantly
6. 甜　　　（形）tián　　　　　sweet
7. 从…起　　　　cóng…qǐ　　　to start off with
8. 一边…一边…　yìbiān… yìbiān…
   at the same time; simul‐
   taneously
9. 族　　　（名）zú　　　　　　race; nationality
10. 地毯　　（名）dìtǎn　　　　carpet; rug
11. 块　　　（量）kuài　　　　*a measure word, for cloth,*
    *cake, soap, etc.*
12. 食品　　（名）shípǐn　　　　foodstuff; food; provi‐
    sions
13. 人们　　（名）rénmen　　　people
14. 早上　　（名）zǎoshang　　（early) morning
15. 四面八方　　sìmiànbāfāng　in all directions; all a‐
    round; far and near
16. 清真寺　（名）qīngzhēnsì　mosque
    清真　　（名）qīngzhēn　　Islamic; Muslim

25

| | | | |
|---|---|---|---|
| 寺 | （名）sì | temple |
| 17. 举行 | （动）jǔxíng | to hold (a meeting, ceremony, etc.) |
| 18. 祈祷 | （名、动）qídǎo | to pray; to say one's prayers |
| 19. 亲戚 | （名）qīnqi | relative |
| 20. 宴会 | （名）yànhuì | banquet; feast; dinner party |
| 21. 抬 | （动）tái | to lift; to raise; (of two or more persons) to carry |
| 22. 婚礼 | （名）hūnlǐ | wedding ceremony; wedding |
| 23. 新娘 | （名）xīnnláng | bride |
| 24. 新郎 | （名）xīnláng | bridegroom |
| 25. 方法 | （名）fāngfǎ | way; method |
| 26. 抓饭 | （名）zhuāfàn | a kind of food popular among (the) believers in Islam |
| 27. 却 | （副）què | but; yet; however; while |
| 28. 招待 | （动）zhāodài | to receive (guests); to entertain |
| 29. 傍晚 | （名）bàngwǎn | toward evening; (at) nightfall; (at) dusk |
| 30. 迎接 | （动）yíngjiē | to meet; to welcome; to greet |
| 31. 由 | （介）yóu | by; to; leave it (to sb.) |
| 32. 陪 | （动）péi | to accompany; to keep sb. company |

26

| | | | |
|---|---|---|---|
| 33. 结束 | (动) | jiéshù | to end; to finish; to conclude; to close |
| 34. 盆地 | (名) | péndì | basin; depression |
| 35. 周围 | (名) | zhōuwéi | surroundings; environment |
| 36. 干燥 | (形) | gānzào | dry; arid |
| 37. 沙漠 | (名) | shāmò | desert |
| 38. 地下水 | (名) | dìxiàshuǐ | groundwater |
| 39. 引 | (动) | yǐn | to lead; to divert (water) |
| 40. 灌溉 | (动) | guàngài | to irrigate |
| 41. 农田 | (名) | nóngtián | farmland; cultivated land |
| 42. 棉花 | (名) | miánhua | cotton |
| 43. 闻名 | (动) | wénmíng | well-known; famous; renowned |
| 44. 引起 | (动) | yǐnqǐ | to give rise to; to lead to; to cause |
| 45. 兴趣 | (名) | xìngqù | interest |
| 46. 节目 | (名) | jiémù | programme; item (on a programme) |
| 47. 熟 | (形) | shú | ripe |

## 专　　名

| | | |
|---|---|---|
| 1. 北京饭店 | Běijīng Fàndiàn | Beijing Hotel |
| 2. 维吾尔族 | Wéiwú'ěrzú | the Uygur (Uighur) nationality, living in the Xinjiang Uygur Autonomous Region |
| 3. 《西游记》 | 《Xīyóujì》 | *Pilgrimage to the West* |
| 4. 吐鲁番 | Tǔlǔfān | the Turfan Basin |

5. 火焰山　　Huǒyàn Shān　　the Mountain of Flames

## 四、词 语 例 解

**1. 可**

副词"可"表示：希望发生的事情已经发生或某种愿望已经得到满足，并带有这种事情的发生来之不易的感叹语气。

The adverb "可" is used to indicate that sth. which had long been awaited happened or that one's desire or hope has come true at last.

(1) 你可来了，我们一直在等你啊！

(2) 最近我去了好几个商店，今天可把那种新疆地毯买到了。

"可"还有强调确实如此的作用，带有夸张的语气。如果句中没有其他表示程度的副词，"可"一般重读。句尾常有语气助词"了"。

"可" can also be used to emphasize the truth of a fact, implying exaggeration. If the sentence takes no other adverb of degree, "可" is usually stressed and the modal particle "了" is used at the end of the sentence. E.g.

(3) 新疆的哈密瓜可甜了。

(4) 孩子们可喜欢吃葡萄干了。

如果有其他表示程度的副词，"可"不重读。

If the sentence takes any other adverb of degree, "可" is not stressed.

(5) 他们的旅游计划可真不错。

(6) 这次见闻可太有意思了！

**2. 我还给你们带回一点儿好吃的呢**

(1) 这几张风景照片，照得很不错呢。

28

(2) 在中国旅游，我们不但欣赏了美丽的风景，还看到了很多古代文物呢！

(3) 他的中文学得很好，最近还翻译了一本中国古典神话小说呢！

语气助词"呢"用在陈述句末，可以表示前面所说确是事实，使句子带有要使人信服而略有夸张的语气。有时还在句中用上副词"还"来增强这种语气。

The modal particle "呢" often appears at the end of a declarative sentence, indicating the confirmation of sth. mentioned above and giving the sentence a persuasive somewhat exaggerated overtone. Sometimes the adverb "还" is used in the same sentence to reinforce this overtone.

## 3. 好吃

"好吃"的意思是吃起来味道好。此外还有"好喝"、"好看"、"好听"、"好用"等。与此相对的是"难吃"、"难喝"、"难看"、"难听"、"难用"等。

"好吃" means "good to eat, delicious". There are other phrases with "好" such as "好喝 (good to drink)", "好看 (good-looking)", "好听 (pleasant to hear)" and "好用 (convenient to use, to work well)", etc. Their antonyms are "难吃 (to taste bad)", "难喝 (not good to drink)", "难看 (ugly)", "难听 (unpleasant to hear)" and "难用 (to be difficult to use)" etc.

(1) 你的钢笔好用吗？

——很好用。你的钢笔怎么样？

我的钢笔太难用了。我打算买一支新的。

(2) 这种药好喝吗？

——不太难喝。

有时"好"是"容易"的意思，相对的"难"是"不容易"的意思。

Sometimes "好" means "容易 (easy)". And its antonym "难" means "不容易 (not easy, difficult)".

(3) 去新疆的飞机票好买吗？

——不难买，我已经买到了。

(4) 山上这条小路好走吗？

——不好走。下过雨以后，更难走。

4．好吃的

(1) 新疆维吾尔族人，吃的、穿的、用的都和汉族人不太一样啊！

(2) 他有五件衬衫：两件新的，三件旧的。

这里"…的"相当于一个名词，表示某事物。

The construction "…的" here functions as a noun indicating certain objects.

5．从…起

(1) 从下星期一起，我们放假两个星期。

(2) 从新郎家的东墙起，走四、五百米，就是新娘家的后墙。

(3) 啊，事情太多了，我从哪儿说起呢？

——就从维吾尔族人举行婚礼这件事说起吧！

6．一边…一边…

(1) 我记汉字的时候，喜欢一边写一边念。

(2) 他一边招待我们吃菜，一边给我们讲吃抓饭的方法。

7．却

(1) 那个地方虽然很少下雨，但地下水却很丰富。

(2) 这儿的天气真奇怪，早上可以穿衬衫，傍晚却要穿棉袄。

(3) 苏州离杭州不远，可是我们却没有时间去玩儿了。

"却"表示转折，语气比"但是"、"可是"轻，可以和"但是"或
"可是"连用。"却"只能用在主语后，不能用在主语前。

"却", meaning "on the contrary, nevertheless or yet" is
not as strong as "但是" or "可是". "却" can be used togeth=
er with "但是" or "可是" in the same sentence. It can never
be placed before the subject.

## 8．原来

(1) 他们改变了原来的计划，把出发的时间提前了。

(2) 他们原来打算先去西安，现在决定先去桂林了。

副词"原来"还可以表示发现了以前不知道的情况。

The adverb "原来" can also be used to indicate the dis=
covery of a previously unknown state of affairs.

(1) 我听见楼下有人唱歌儿，打开窗户一看，原来是小李。

(2) 一个新疆姑娘坐在由四个人抬着的一块地毯上。我一问
才知道，原来是维吾尔族人在举行婚礼。

## 9．起来

(1) 兰兰听完这个故事，哭起来了。

(2) 我的两个朋友一见面就谈起来了。

(3) 天气冷起来了。

(4) 帕兰卡听了爸爸的话，笑了起来。

(5) 他的话刚讲完，大家立刻鼓起掌来。

(6) 最近他又喝起酒来了。

(7) 人们一走到广场上，立刻唱起民歌，跳起了民族舞。

复合趋向补语"起来"的一种引申意义，是表示动作的开始并
继续或情况的出现并持续下去。如果动词有宾语，宾语要放在
"起"和"来"的中间。有时动词只用"起"作补语，但后面一定有宾
语。

One of extended usages of the compound directional comp=

31

lement "起来" is to indicate that the beginning and continuation of an action, or the emergence and continuation of a state. If the verb takes an object, the object should be inserted between "起" and "来". Sometimes the verb only takes "起" as its complement. In that case, "the verb + 起" must be followed by an object.

10. 以后要用的

(1) 别着急，新娘和新郎很快就会回来的。

(2) 他的那篇文章比较长，两个星期写不完的。

(3) 桂林我去过的，那儿的山水非常美。

语气助词"的"表示肯定的语气，含有事情一定会如此，或事情本来就如此的意思。句中常有"会""要""能"等能愿动词或带可能补语。

The modal partical "的" is used to denote certainty, conveying the sense that a thing, event or state is bound to turn out as it should be. Optative verb such as "会", "要" or "能", or a potential complement usually appears in the sentence.

11. 没想到

(1) 我想他可能一个星期以后才回来，没想到，第三天就回来了。

(2) 啊！没想到，江南的景色这样迷人！

(3) （你）没想到吧，我们能在这里见面！

(4) 谁也没想到，布朗夫妇争论了这么半天，最后被他们的女儿说服了。

12. 引起

(1) 他写的那本小说引起了文学家们的注意。

(2) 北京的风味小吃引起了外国旅游者很大的兴趣。

(3) 感冒有可能引起心脏病。

32

**13. 要是…多好**

    (1) 要是你能从中国带回一块地毯多好啊!

    (2) 我要是能听懂中国讲解员的介绍多好啊!

    (3) 要是那位老华侨和我们一起来就好了。

"要是…多好"表示：如果假设的情况成为现实，则非常满意。也可以说"要是…就好了"。

The construction "要是…多好" indicates that one would be very much satisfied if the supposed condition were fulfilled. It is also correct to say "要是…就好了".

**14. 由　被(让、叫)**

"由"的作用是引出施事者，主要说明某事归谁做，它没有被动的意思，动词后很少带表结果的补语。动词的受事者可以在句首，也可以在动词后。

The preposition "由" serves to introduce the agent or doer of an action, indicating the person who is assigned a task. "由"has no passive sense and the verb seldom takes a complement of result. The recipient of the action expressed by the verb may be placed either at the beginning or at the end of the sentence:

    (1) 这件事由工人代表和车间主任研究决定。

    (2) 春节挂的灯笼由我们两个人做。

    (3) 由我们两个人做春节挂的灯笼。

"被"字句主要表示被动，受事者要放在句首作主语。动词后有表示完成的"了"或补语等。

Sentences with "被" generally indicate the passive voice. The recipient of the action expressed by the verb should be placed at the beginning of the sentence as the subject. The verb is usually followed by a complement or the aspect par-

33

ticle "了" denoting the completion of an action;

(4) 这副春联让我写坏了。

"由"还可以用来引出构成事物的成分或方式、原因等。"被"不能这样用。

The preposition "由" can also introduce the components (or constituents) of sth., or the manner or cause of an event; "被" cannot be used in this way. E.g.

(5) 这个旅游团由三十个人组成(zǔchéng, make up)。

(6) 这种病可能是由感冒引起的。

(7) 这次争论是由他的意见引起的。

## 五、练　习

课文部分

1．根据课文回答问题：

Answer the following questions on the text:

(1) 请你谈谈帕兰卡和古波从新疆旅行回来后跟布朗夫妇见面的情况。

(2) 帕兰卡怎样介绍新疆见闻？维吾尔族人怎样过节？

(3) 帕兰卡和古波参加了一个建筑工人的婚礼，你能谈谈这次婚礼的情况吗？

(4) 中国最热的地方在哪儿？帕兰卡他们怎样介绍那里的天气？那里的什么东西是全国闻名的？

(5) 听了帕兰卡的介绍，布朗夫人作了什么决定？

2．根据情境，模仿下面的例子造句：

Make up sentences based on the given words and phrases according to the situations, taking the following as models:

例：你去新疆旅行了，你觉得这次旅行很有意思。

34

——→上个月我和我的两个朋友一起去新疆旅行，这次旅行可有意思了，以后有机会我还想再去一次。

(1) 你看了一个有意思的话剧。
(2) 你度过了一个很愉快的假期。
(3) 你在动物园里看到两只熊猫玩儿得很有意思。
(4) 你们去王老师家里玩儿，王老师家的人对你们很热情。

＊　　　＊　　　＊

例：你完成了一次有意思的旅行，而且给你爸爸、妈妈带回来一点儿好吃的东西。

——→我这次出去旅行，可有意思了，我还给你们带来了一点儿好吃的呢。

(1) 你和你的朋友在景山公园玩儿得非常高兴，最后照了几张相。
(2) 你生日那天，很多朋友都来祝贺你，同时给你带来了很多礼物。
(3) 在举行婚礼的那天，新娘和新郎给大家唱了几个歌儿。
(4) 参观画展以后，他们在留言簿上写下了自己的感想。
(5) 昨天你的朋友接到了一封信和一个大包裹。

＊　　　＊　　　＊

例：有人要你谈谈你的旅游见闻，你觉得要谈的内容太多了。

——→这次见闻太多了，真不知道从哪儿说起啊！

(1) 你看完一本小说，有很多感想。
(2) 很长时间没有见到你的妈妈了，你有很多话要跟她说。
(3) 你给朋友写信，有很多事情要告诉他。
(4) 你对那件事情有很多意见。
(5) 你有很多问题要问老师。

＊　　　＊　　　＊

例：你让你家里的人看照片的时候,还给他们介绍旅游见闻。
　　⟶我一边让家里人看照片,一边给他们介绍旅游见闻。
(1) 你们吃着饭谈旅游计划。
(2) 你喜欢看报的时候听音乐。
(3) 小兰哭着跟你说:"我也要去医院看阿姨。"
(4) 你在听讲解员介绍的时候还做了记录。
(5) 你的朋友给你讲了"老骥伏枥,志在千里"这句诗 的 意
　　思,同时还把这句诗给你写在本子上了。

　　　　　*　　　　　*　　　　　*

例：如果你参加一个婚礼的时候, 只看到了很多客人,没看
　　到新郎新娘。
　　　⟶客人来了很多, 可是却看不到新郎和新娘。
(1) 小李是最后一个来买票的,他买到的票最好。
(2) 鲁迅先生是一位伟大的作家,他的生活非常简朴。
(3) 张华光可喜欢画画儿了,昨天他们班去参观画展,他没
　　去。
(4) 他是一位大夫,他不给他自己家里人看病。

　　　　　*　　　　　*　　　　　*

例：为什么看不见新郎和新娘呢?你后来才知道在举行婚礼
　　这一天,新郎和新娘都不出来招待客人。
　　　⟶为什么看不见新郎和新娘呢?原来,在举行婚礼这
　　一天,新郎和新娘都不出来招待客人。
(1) 你给你的朋友打了三次电话都没找到他,后来才知道他
　　去机场送人了,不在家。
(2) 你的朋友晚到了半个多小时,后来你才知道他的自行车
　　坏了。
(3) 你的朋友说英文说得好极了,你后来才知道他的妈妈是
　　英国人。

（4）你的照片找不到了，后来，在一个信封里找到了。

　　　　　　＊　　　　　＊　　　　　＊

例：你想这个地方过了夏天就不热了，可是还是很热。

　　——我们原来就听说这是中国最热的地方，可是没想到，已经过了夏天还这么热。

（1）在这次运动会上，你想你的朋友不会得到奖状，可是他却得到了。

（2）你的朋友病得很厉害，你想他可能要休息很长时间，可是他只住了几天医院，病就好了，出院了。

（3）你的朋友回国了，不到一个星期你就接到了他的信。

（4）你们从学校出发的时候天气还很好，过了一会儿就刮起大风来了。

（5）布朗太太到新疆以后才知道，那里有那么多有意思的事儿。


例：你很希望跟你爸爸妈妈一起再去游览一次新疆。

　　——要是能跟你们一起再去游览一次多好啊！

（1）你很希望你的朋友能继续在中国学两年中文。

（2）你很想当一个大夫。

（3）你很希望能听到老舍先生五十年前在伦敦时用北京话录的音。

（4）你很希望现在就能听懂中文广播。

（5）你很喜欢鲁迅的作品。可是你现在还不能看懂他写的文章。


| 会话部分 |

　　跟你的朋友就下列题目进行对话，表示赞美，并用上所给的词语：

Make coversations with your friend on the following topics of praise and admiration, using the words and phrases given:

(1) 你的朋友从新疆给你带来了葡萄干和哈密瓜

    （可甜了　多好吃啊　太感谢你了）

(2) 你送给你的朋友一幅中国山水画

    （多好看啊　多么珍贵的礼物啊　太美了）

(3) 你新买了一套江西景德镇的瓷器

    （多白啊　真薄啊　漂亮极了　太便宜了　可有名了）

(4) 看了一次京剧以后

    （多好啊　多清楚啊　太美了　漂亮极了　真好看啊）

---

词语部分

1. 掌握下列词语:

Master the usages of the following words and phrases:

(1) 举行祈祷
    举行婚礼
    举行考试
    举行选举
    举行宴会
    举行招待会
    举行学术会议

(2) 从八点起
    从十二月起
    从哪儿说起
    从拐弯的地方起
    从第一课学起
    从第三张照片看起
    从第一句话念起

(3) 引起兴趣
    引起注意
    引起心脏病
    引起…注意

(4) 有兴趣
    没有兴趣
    兴趣很大
    培养兴趣

(5) 由…陪着

(6) 结束会议

由…开始　　　　　结束画展
由…决定　　　　　结束舞会
由…介绍　　　　　结束工作
由…准备　　　　　结束演出
由…表演
(7) 改变主意
改变计划
改变时间
改变方向
改变了原来的样子

2. 选词填空：

Fill in the following blanks with proper words:

没想到　却　围　可　四面八方　原来　改变　由　举行
从哪儿说起　一边…一边…

(1) 这个小红灯笼做得_____真好啊!

(2) 我去他家的时候，他们一家人正_____坐在一起听新闻广播呢。

(3) 王阿姨刚走进屋子，孩子们就把她_____起来，让她给大家讲故事。

(4) 他们学校每年都要_____两次学术会议。

(5) 今天的车_____真挤啊，我八点钟就从家里出来了，_____到城里的时候已经快九点了。

(6) 要跟你说的话太多了，真不知道_____啊!

(7) 我们_____不打算去南方旅行了，听了你的介绍以后，又_____了计划。

(8) 这个食品商店是_____几位退休老工人帮助办起来的。

(9) 他是我的邻居，可是我们两个人_____互相不认识。

(10) 每天早上人们从_____来到这里，练习打太极拳。

39

(11) 为了欢迎新同学，学校决定今天晚上_____一次电影招待会。

(12) 汽车就要开了，咱们_____走_____说吧。

(13) 你家的地址真难记啊，这次我_____把它记住了。

(14) 这是你自己的事，只能_____你自己来决定。

3．用括号里的词语回答问题：

Answer the following questions, using the words or phrases in the brackets:

(1) 今天来参加学术会议的人多吗？（可）

(2) 你妈妈喜欢吃中国点心吗？（可）

(3) 你们什么时候开始放寒假？（从…起）

(4) 我们明天去参观清真寺，你想去吗？（原来　没想到去不了了）

(5) 听说你原来想学中国历史，怎么又改变了主意，学中国文学史了？（原来　打算　后来　引起兴趣）

(6) 明天艺术代表团就要来了，咱们准备怎样迎接他们呢？（举行　宴会　招待）

(7) 孩子们接到节日的礼物以后怎么样？（高兴　起来）

(8) 下星期的学术会议你们都去参加吗？（由　代表）

4．用所给词语完成下面的对话：

Complete the following dialogues, using the words and phrases given:

A：主意　见闻　一边…一边…　打算

B：结束　欣赏　引起　见闻　原来　举行　你呢　改变没想到　好玩儿　陪　一边…一边…　婚礼　为了景色　由　准备　从哪儿跟你说起　还…呢

A：你去过新疆吗？

B：去过，_____？

40

Ａ：我没去过。你是什么时候去的？

Ｂ：春天。今年四月我爸爸＿＿＿＿＿＿参加在北京＿＿＿＿＿＿的一个学术会议，和我妈妈一起来中国了。会议＿＿＿＿＿以后，我们就＿＿＿＿＿＿一位翻译同志＿＿＿＿＿着到中国的西北(Xīběi, northwest)去旅行了。

Ａ：我和我的朋友＿＿＿＿＿暑假一起去旅行。可是去西北还是去南方，我们还没有决定下来。你能不能给我们谈谈你这次在新疆的＿＿＿＿＿？

Ｂ：这次去新疆＿＿＿＿＿很多，也很有意思。你知道，＿＿＿＿我们没＿＿＿＿＿去新疆，我妈妈只想到中国的南方去＿＿＿＿＿一下江南春天的＿＿＿＿＿。她想北方的城市可能不象南方有那么多＿＿＿＿＿的地方。可是＿＿＿＿，到了新疆以后，我们听到和见到了很多非常有意思的事情。它＿＿＿＿＿了我们很大的兴趣。这样，我们就＿＿＿＿＿了计划，在那里多住了几天。我们＿＿＿＿打算就在那儿游览一两天，可是后来玩儿了一个多星期才离开那里。

Ａ：是吗？你们一定玩儿得很愉快，还学到了不少书上学不到的知识吧？

Ｂ：是的，可以给你介绍的见闻太多了。我真不知道＿＿＿＿。这样吧，我们参加过一个新疆姑娘的＿＿＿＿＿，我就从这件事儿谈起吧。

Ａ：那太好了。对不起，忘了请你喝水了。你＿＿＿＿＿喝着茶，＿＿＿＿＿给我们说吧。

Ｂ：谢谢。对了，我们＿＿＿＿＿照了很多照片＿＿＿＿＿！你想看吗？咱们＿＿＿＿＿看照片，＿＿＿＿＿谈，会更有意思的。

Ａ：你这个＿＿＿＿＿可太好了。

# 第 三 课

## 壮 丽 的 三 峡

长江是中国的第一大河，也是世 界 的 三 大 河 流 之一。长江三峡的壮丽景色是世界闻名的。布 朗 夫 妇 坐 船从重庆出发，开始了这次难忘的航行。

晚上，他们到了万县。为了让旅游者能很好 地 欣 赏三峡风景，船要到第二天早上才开。就要看到三峡了，布朗夫妇多么激动啊！天快亮的时候，他们才睡着。

"布朗先生，船要进三峡了，快来看!"翻译 小 李 来敲门了，布朗先生和他夫人立刻换上衣服，走了出来。

甲板上已经有很多人站在那儿了。这时， 太 阳 还 没有出来。这里江面很窄，还不到一百米， 船 正 慢 慢 地 前进。突然， 前面出现了两座峭壁， 一左一右象是被江水推开的两扇大门，奔腾的长江就从中间 冲 出 去。穿过三峡的"大门"，还可以看见远处一层一层的山峰。 这 是 一幅多美的中国山水画①啊！ 布朗太太心里想： 真 可 惜，帕兰卡他们没有跟我们一起来!

一会儿，太阳出来了，两岸的山峰和江水都涂上了一层金黄的颜色。船上的人高兴得叫了起来。这儿的江

42

面越来越窄了。突然，一座高高的山峰挡在 前边。船眼看就要撞在峭壁上，布朗夫人不禁惊叫起来："哎呀，危险!"但是就在这时候，船拐了个弯，山峰一下 子就到后边去了。

到了巫峡，两岸的景色更迷人了，山峰 更 高，样子也更奇特。站在旁边的一位老先生给他们介绍 说，这里就是有名的巫山十二峰。十二峰里的"神女峰"最美。远远看去，山顶上的那块大石头就象是一位 美 丽的姑娘，日日夜夜站在那里。关于这座山峰，还 有 一个美丽的传说呢! 很久很久以前，西王母②的女儿来这儿帮助大禹③治水，最 后又留下来为来往的船指路，她就成了现在的"神女峰"。

"神女导航不仅仅是个神话，今天还真有这样的事儿呢!"小李插进来说。

"是吗?"布朗太太觉得非常奇怪。

"您看见那些信号台了吗?"小李指着两岸峭壁上的一座座建筑说,"过一会儿,我们就要经过'四姐妹'信号台了,在那儿工作的是四个年轻的姑娘,最大的二十三岁,最小的才十七岁。她们不怕艰苦,日日夜夜工作在巫峡最危险的地方,为来往的船导航。"

　　"她们真是今天的神女啊!"布朗先生说。

　　午饭以后,大家又来到甲板上。三峡快要过去了,这儿江面比上午经过的宽多了,两岸的山峰也没有那么高了,奔腾的江水开始慢了下来。前边就是有名的葛洲坝④工程。那儿刚刚建成了万里长江上的第一座大坝。看着那七十米高、五里长的高大建筑,布朗先生不禁感叹地说:

　　"美丽的传说,美丽的现实,美丽的未来——游览三峡真是一次美的享受啊!"

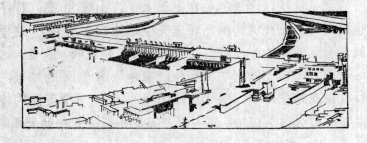

## 二、会　话

### (一) 惊　讶
Surprise

A：我的老天爷! 你的行李怎么到现在还没有准备好?

B：几点了？

A：快七点了，再有一刻钟就要开船了。

B：哎呀！现在出发也来不及了。怎么办呢？

A：等一等，我再看看船票——开船的时间不是七点一刻，是八点一刻。

B：真的？那太好了！

## （二）遗 憾
### Regret

A：这儿的风景多美啊！远处是山峰，近处是亭子和塔。咱们照张相吧！

B：对。——我的照相机呢？真糟糕，我忘了把照相机带来了。

A：昨天晚上你不是把要带的东西都写下来了吗？

B：是啊！我怕忘了，才写在纸上。可是今天早上我连那张纸也忘了。多可惜呀！你看，这么好的风景不能照几张照片，真是太遗憾了！

A：没关系。那边不是卖明信片吗？咱们去买几张明信片吧。

**注 释**

① 山水画

简称"山水"，中国画画科之一。山水画以描写山川自然景色为主。

"山水" is short for "山水画 (landscape painting)", one of the schools of traditional Chinese painting, chiefly characterized by its depiction of natural scenery, particularly mountains and rivers.

② 西王母
西王母在神话传说中是一位很有权势的女神。

It is said in fairy tale that Xiwangmu was a goddess with great power and influence.

③ 大禹
大禹又叫夏禹，传说他是古代夏部落的首领。后因治洪水有功，舜死后，他被选为部落联盟的领袖。

It is said that Da Yu (or Xia Yu) was the chieftain of the Xia tribe in ancient times and was elected leader of the allied tribes after the death of Shun for his great contributions to the work of regulating rivers and watercourses.

④ 葛洲坝
葛洲坝位于湖北省宜昌市郊，葛洲坝工程是长江上的第一个大型水利工程。

Gezhouba is situated in the suburbs of Yichang City in Hubei Province. The Gezhouba Dam is the biggest water conservancy project of all time on the Changjiang River.

## 三、生　词

1. 壮丽　　（形）zhuànglì　　majestic; magnificent; glorious
2. 河流　　（名）héliú　　river
3. 航行　　（动）hángxíng　　to sail; to fly
4. 亮　　　（形）liàng　　bright; light

| | | | |
|---|---|---|---|
| 5. 着 | （动） | zháo | *having the meaning of "at=taining or reaching"* |
| 6. 甲板 | （名） | jiǎbǎn | deck |
| 7. 这里 | （代） | zhèlǐ | here |
| 8. 江面 | （名） | jiāngmiàn | the surface of the river |
| …面 | | …miàn | surface; top; face |
| 9. 窄 | （形） | zhǎi | narrow |
| 10. 前进 | （动） | qiánjìn | to go forward; to forge ahead; to advance |
| 11. 突然 | （形） | tūrán | sudden; abrupt; unexpected |
| 12. 出现 | （动） | chūxiàn | to appear; to arise; to emerge |
| 13. 峭壁 | （名） | qiàobì | cliff; steep; precipice |
| 14. 推 | （动） | tuī | to push; to shove |
| 15. 扇 | （量） | shàn | *a measure word for doors, windows, etc.* |
| 16. 奔腾 | （动） | bēnténg | (of waves) to surge for=ward; to roll on in waves |
| 17. 冲 | （动） | chōng | to charge; to rush; to dash |
| 18. 处 | （名） | chù | place |
| 19. 山峰 | （名） | shānfēng | mountain peak |
| 20. 可惜 | （形） | kěxī | it is a pity; what a pity; (it's) too bad |
| 21. 涂 | （动） | tú | to smear; to apply (paint) |
| 22. 金黄 | （形） | jīnhuáng | golden yellow; golden |
| 23. 越来越… | （副） | yuèláiyuè… | more and more |
| 24. 挡 | （动） | dǎng | to block; to get in the |

47

way of

| | | | |
|---|---|---|---|
| 25. 眼看 | (副) | yǎnkàn | soon; in a moment |
| 26. 撞 | (动) | zhuàng | to run into; to bump against. |
| 27. 不禁 | (副) | bùjīn | can't help (doing sth.); can't refrain from |
| 28. 惊 | (动) | jīng | to start; to be frightened; to be scared |
| 29. 哎呀 | (叹) | āiyā | Ah; My God |
| 30. 危险 | (形) | wēixiǎn | dangerous |
| 31. 一下子 | (副) | yíxiàzi | in a short while; all at once; all of a sudden |
| 32. 奇特 | (形) | qítè | peculiar; queer; strange |
| 33. 顶 | (名) | dǐng | top; peak |
| 34. 日夜 | (名) | rìyè | day and night; round the clock |
| 夜 | (名) | yè | night |
| 35. 关于 | (介) | guānyú | about; on; with regard to, concerning |
| 36. 久 | (形) | jiǔ | (of duration) long; for a long time |
| 37. 治 | (动) | zhì | to control; to harness (a river) |
| 38. 来往 | (动) | láiwǎng | to come and go |
| 39. 导航 | (动) | dǎoháng | navigation |
| 40. 仅仅 | (副) | jǐnjǐn | only; merely; barely |
| 41. 插 | (动) | chā | to interpose; to insert |
| 42. 经过 | (动、名) | jīngguò | to pass; to go through; |

48

process; course

| 43. 信号台 | （名） xìnhàotái | signal station |
|---|---|---|
| 信号 | （名） xìnhào | signal |
| 44. 艰苦 | （形） jiānkǔ | difficult; hard; arduous |
| 45. 神女 | （名） shénnǚ | goddess |
| 46. 工程 | （名） gōngchéng | engineering; project |
| 47. 里 | （量） lǐ | *li, a Chinese unit of length* (= 1/2 kilometre) |
| 48. 坝 | （名） bà | dam; dyke; embankment |
| 49. 感叹 | （动） gǎntàn | to sigh with feeling |
| 50. 现实 | （名、形） xiànshí | reality; actuality; real; actual |
| 51. 未来 | （名） wèilái | future; tomorrow |
| 52. 享受 | （动） xiǎngshòu | to enjoy |
| 53. 老天爷 | （名） lǎotiānyé | God; Heavens |
| 54. 来不及 | lái bu jí | there's not enough time (to do sth.); it's too late (to do sth.) |
| 55. 糟糕 | （形） zāogāo | too bad; how terrible; what bad luck |
| 56. 遗憾 | （形） yíhàn | regret; pity |

专　名

| 1. 万县 | Wàn Xiàn | Wanxian County |
|---|---|---|
| 2. 巫峡 | Wūxiá | Wuxia Gorge |
| 3. 巫山 | Wū Shān | Mt. Wu |
| 4. 神女峰 | Shénnǚfēng | *name of a peak* |
| 5. 西王母 | Xīwángmǔ | *name of a goddess* |

| 6. 大禹 | Dàyǔ | *name of a person in an-cient times* |
| 7. 葛洲坝 | Gězhōubà | *name of a place* |

## 四、词 语 例 解

**1. …之一**

(1) 北京是世界上最古老的城市之一。

(2) 长城是中国古代著名的建筑之一。

**2. 长江三峡的壮丽景色是世界闻名的**

这类"是…的"句，谓语"是…的"对主语起解释、说明的作用。"是…的"中间可以是一个形容词结构。

In such sentences with "是…的", the predicate "是…的" serves to explain the subject. An adjectival construction can be inserted in "是…的". E.g.

(1) 长江三峡的景色是非常壮丽的。

(2) 新疆人吃抓饭的方法是非常有意思的。

也可以是带能愿动词或可能补语的动词结构。

A verbal construction with an optative or a potential complement can also be inserted in "是…的". E.g.

(3) 这本古典神话小说不难，你是可以看得懂的。

(4) 睡觉吧，到了三峡，他们是会叫我们的。

有时还可以是主谓结构。

Sometimes a subject-predicate construction can also be inserted in "是…的". E.g.

(5) 吐鲁番的葡萄、棉花和瓜是全国闻名的。

这类句子的否定形式是由"是…的"中间的结构来体现的。

Such sentences are made negative by changing what is inserted in "是…的" to the negative. E.g.

(6) 他是不会同意那种意见的。

(7) 这课课文比较长，两天是学不完的。

(8) 学习一种外语，不努力，是学不好的。

## 3．还不到一百米

(1) 是吗？一张船票还不到十块钱？太便宜了。

(2) 船七点钟开，现在还不到六点半，来得及的。

(3) 他去了还没有半个月就回来了。

"还"有强调数量小、时间短或早的意思。句中常有"不到""没有"等词。

The adverb "还" is used to emphasize that an amount is small, a period of time is short or a point in time is early; "不到""没有", etc. are often used in such sentences.

## 4．出现

(1) 江面上出现了两只小船。

(2) 啊，神女峰出现了！多么奇特的山峰啊！

(3) 突然，一座高高的山峰出现在我们眼前。

(4) 这两座峭壁的突然出现，使布朗太太不禁惊叫起来。

## 5．一左一右

(1) 大门外边一左一右有两个大石狮子。

(2) 院子里一共有九间房，我家住一南一北两大间。

(3) 他们两个人一前一后走到甲板上来。

用"一……一……"连接两个意义相对的方位词，可以表示位置的对称。

The construction "一……一……" is inserted before two words of locality to indicate that two things or persons are opposite each other.

## 6．可惜

(1) 哎呀，太可惜了！船过三峡的时候，他睡着了。

（2）那么壮丽的景色，可惜我没有看见。

"可惜"可以作谓语和状语。作状语时，常用在主语前，修饰全句。

"可惜" can be used as a predicate or an adverbial adjunct. When used as an adverbial adjunct, "可惜" is usually placed before the subject to modify the whole sentence.

## 7. 越来越…

（1）杭州这个城市越来越美丽了。

（2）帕兰卡越来越喜欢穿中式衣服了。

（3）我们学的课文越来越长，生词也越来越多。

（4）火车开得越来越快了。

（5）远处的山峰我们看得越来越清楚了。

在有程度补语的句子里，"越来越"常放在补语前。"越来越"后面不能再用其他表示程度的副词，我们不能说"越来越很好"或"越来越非常好"等。

In a sentence with a complement of degree, "越来越" is usually placed before the complement. No other adverb denoting degree should be used after "越来越". It is wrong to say "越来越很好" or "越来越非常好".

## 8. 眼看

（1）我的老天爷，眼看就要出发了，你怎么一点儿也不着急呀？

（2）眼看要下雨了，咱们快走吧！

（3）这座大坝眼看就要修建好了。

## 9. 不禁

（1）听了布朗先生的话，小李不禁笑了起来。

（2）想到过去的事情，他不禁难过起来。

## 10. 一下子

"一下子"作状语，有"很快"的意思，用来强调在很短的时间内动作完成或情况发生变化。

"一下子" as an adverbial adjunct, meaning "in a short while, all of a sudden" is used to emphasize that an action is completed in a short while or something changes all of a sudden.

(1) 哎呀，我的老天爷！一下子来了这么多人！

(2) 昨天还很热，今天一下子就冷起来了。

(3) 那本介绍三峡的书刚出来，一下子就卖完了。真遗憾，我没有买到。

## 11. 关于

**(1)** 关于中国的书法艺术，我了解得不多。

**(2)** 关于巫山十二峰的神话故事还有不少呢！

**(3)** 参观以前，我们想听一听关于修建大坝的介绍。

"关于…"可以作定语或状语。作状语时，要放在主语前，后面也常用上逗号。

The prepositional construction "关于…" may functions as an attributive or an adverbial adjunct. When used as an adverbial adjunct, "关于…" should be placed before the subject, which is then followed by a comma.

## 12. 经过

(1) 从北京到上海要经过南京。

(2) 我们的船要从"四姐妹"信号台前经过。

(3) 他把办那件事情的经过给我们讲了一遍。

(4) 经过努力，这个计划是可以完成的。

(5) 经过认真的研究，他们决定把出发的时间提前一天。

## 13. 这儿江面比上午经过的宽多了

(1) 这儿比刚才走过的地方危险多了。

(2) 我最大，二十三岁，最小的妹妹才十二，她比我小多了。

　　(3) 今天比昨天冷多了。

　　(4) 今年我们这里生产的棉花比去年多多了。

　　用"比"的句子，谓语形容词后可以加"多"，表示差别程度很大。句尾一般要有"了"。

In a sentence with "比", "多" can be used after the ad=jectival predicate denoting a great difference or striking con=trast. "了" is usually used at the end of the sentence.

## 14．来不及

　　(1) 车一个小时以后才开，现在把行李送去还来得及。

　　(2) 欢迎会六点半开始，现在已经六点一刻了。真糟糕！来不及吃饭了，快走吧！

## 五、练　习

课文部分

**1．根据课文回答问题：**

Answer the following questions on the text:

　　(1) 布朗夫妇为什么要去长江三峡？

　　(2) 船为什么要到第二天早上才开？

　　(3) 布朗夫妇换上衣服走出来，在甲板上看到了什么？这时的景色怎么样？

　　(4) 请你说一说太阳出来以后三峡的景色。

　　(5) 布朗夫人为什么惊叫起来？后来有危险吗？

　　(6) 请你介绍一下巫峡的景色和关于"神女峰"的传说。

　　(7) 请你说一说今天"神女"导航的故事。

　　(8) 午饭后，旅游者在甲板上看到了什么？布朗先生感叹地说什么？

2．根据情境，模仿下面的例子造句：

Make up sentences based on the given situations, taking the following as models:

例：我有一个老朋友，今天坐火车经过北京，可是我没能见到他。

——我有一个老朋友，今天坐火车经过北京，可惜我没有来得及到车站去看他。

(1) 有一个好电影你早就想看，没看着。

(2) 天气很冷，你想滑冰，可是你的冰鞋坏了。

(3) 星期天你想去香山看红叶，可是下雨了。

(4) 今天你想坐船去海上玩儿玩儿，可是你感冒了。

\*　　　　\*　　　　\*

例：他们快要出发的时候，雨停了，太阳出来了，大家高兴极了，不禁叫了起来。

——他们快要出发的时候，雨停了，太阳出来了，大家高兴得叫了起来。

(1) 就要看到三峡了，布朗夫妇多么激动啊！他们一夜都没有睡好。

(2) 孩子们听了这个故事都很感动，大家都哭了。

(3) 昨天他忙极了，饭也没有时间吃。

\*　　　　\*　　　　\*

例：他们已经航行了十个多小时，三峡已经不远了。

——他们已经航行了十个多小时，离三峡越来越近了。

(1) 现在已经是十二月了，天气怎么样？

(2) 他在北京已经学习了半年多了，他的汉语说得怎么样？

(3) 快要到终点了，他跑得怎么样？

\*　　　　\*　　　　\*

例：飞机很快就飞过去了。

　　　→飞机一下子就飞过去了。

(1) 船很快就穿过了三峡"大门"。

(2) 帕兰卡对新疆的介绍很快把布朗太太说服了。

(3) 修建这座大坝是一个很大的工程，不可能只用几个月时间就建成。

　　　　　＊　　　　　＊　　　　　＊

例：这个话剧好，那个话剧不好。

　　　→这个话剧比那个话剧好多了。

(1) 两件衣服一件很长，一件很短。

(2) 两个人一个很年轻，一个很老。

(3) 今天很冷，昨天不冷。

---

会话部分

根据所给的情境，进行会话。

Make conversations based on the given circumstances:

**1. 表示惊讶**

Expressing surprise

（用上：哎呀　老天爷　多么…啊　突然）

(1) 路上有一个小孩儿，突然开过来一辆汽车。

(2) 在商店里你见到了多年不见的老朋友，他比以前瘦多了。

(3) 刚才天气很好，现在突然下雨了。

**2. 表示遗憾**

Showing one's regret or pity

（用上：真糟糕　太可惜了　遗憾）

(1) 昨天你的朋友说跟你一起去踢足球，可是今天你突然生

56

病了。

(2) 今天晚上的电视节目很好，你非常想看，可是电视机坏了，你只能去朋友家看电视。

词语部分

1．掌握下列词语：

Master the usages of the following words and phrases:

(1) 推开门
    推不动
    把车推走
    被人推了一下

(2) 越来越漂亮
    越来越清楚
    越来越麻烦
    越来越容易

(3) 眼看到开车时间了
    眼看要下雨了
    眼看要卖完了
    眼看过新年了

(4) 不禁鼓起掌来
    不禁笑起来
    不禁唱了起来
    不禁跳起舞来

(5) 关于神话传说
    关于国际问题
    关于那件事儿

(6) 经过广场
    经过三年
    经过检查

(7) 艰苦的生活
    艰苦地锻炼
    艰苦地工作

2．用下面的词语填空：

Fill in the following blanks with the given words and phrases:

之一　还　关于　危险　还…呢　亮　艰苦　越来越
远远看去　现实

(1) 葛洲坝工程是中国最大的工程_____。

(2) 她学得真快，用了＿＿＿＿不到两个小时，就把那个维吾尔族舞学会了。

(3) 那儿真亮，红、黄、蓝、绿各种颜色的灯都有，＿＿＿＿，象是神话的世界。

(4) 今天我到江边接母亲，去得太早了，到那儿的时候船＿＿＿没有来＿＿＿。

(5) 他一定在家，屋里的灯＿＿＿＿着呢。

(6) ＿＿＿＿火焰山还有一个奇特的传说呢！

(7) 你看，信号灯亮了，前边可能出现了＿＿＿＿。

(8) ＿＿＿＿生活中有很多事引起我的兴趣。

(9) 做什么事都要经过＿＿＿＿的努力，才能成功。

(10) 夏天快到了，天气＿＿＿＿热了。

3. 用所给的词语扩展下列句子：

Extend the following sentences, using the words and phrases given:

例：石头象姑娘。

（美丽　大　那块　山顶上）

⟶山顶上那块大石头很象一位美丽的姑娘。

(1) 姑娘指路。

（每天　年轻　为来往的汽车　在拐弯的地方）

(2) 布朗夫妇出发。

（明天　从北京　坐火车　去西安　跟　一位翻译）

(3) 他们去旅游。

（原来　打算　中国南方　今年夏天　坐飞机）

(4) 旅游者走进了宝库。

（从世界各国来的　文化　艺术　就象　一座座）

(5) 朋友游览名胜古迹。

（高兴　外国　中国　最有名）

**4.** 阅读下面的短文：

Read the following passage:

船快到巫山了。从远处可以看到一座高高的山峰，挺立在巫峡口上。人们说，这就是巫峡十二峰的第一峰。它站在那儿，象在迎接来往的客人。你听！它好象在热情地说："朋友们，辛苦了！巫山峡水欢迎你们！"

船在慢慢地向前航行。山峰越来越高，江面越来越窄，抬头远看，景色也越来越奇特。人们都跑到甲板上来了。有人不禁感叹地说："这是一幅多么美的中国山水画啊！船在江上航行，人在画中游览，真象到了美丽的神话世界。"这时，有人指着山顶上那块高高的石头说："你们看，那就是神女峰！"

关于神女峰的神话传说真不少。我给你们讲一个吧！

很久以前，传说在这个山顶上住着夫妇俩，他们都很年轻。男的每天坐着小船在长江上打鱼(dǎ yú, catch fish)，女的在家里劳动。每天傍晚，女的就站在这山顶上，看着远处的江面，等爱人回来。

有一天，男的又到长江上打鱼去了。突然，刮起了大风，下起了大雨。小船撞在峭壁上，一下子就撞坏了，奔腾的长江把他带走了。女的在家里非常着急，她站在山顶上，看着远处的江面，还在等他回来。一天天、一年年地过去了，男的一直没有回来。这个年轻的女人，就从早上到晚上，从夏天到冬天，日夜都站在那儿等着自己的爱人。一直等到今天，她还在看着远处的江面，希望他回到自己的身边来！

# 第 四 课

## 一、课 文

### 在 上 海

——古波的日记

八月二十七日　　　星期三　　　晴

　　飞机已经飞了快两个小时了。我们很快就要到中国最大的城市——上海了。

　　上海有一千一百多万人，是中国最大的工业城市。听说她的工业总产值占全国的八分之一，中国的出口商品有三分之一是上海生产的。上海不但是一个现代化的工业城市，也是一个非常吸引人的旅游中心。这里有美丽的园林和有名的寺庙，可以买到中国各地的特产，还能尝到上海地方风味的小吃。我们早就希望来这里看看了。这次帕兰卡能跟爸爸妈妈一起游览，她高兴得跳了起来，简直象个小孩子。

　　服务员指着下边一条河告诉我们，那就是有名的黄浦江。上海这个城市的发展，跟黄浦江有很大关系。这儿七百多年以前，就成了对外贸易港口。"上海"就是"到海上去"的意思，黄浦江正是一条到海上去的通道。

　　下午四点多，飞机在虹桥机场降落。我们坐车去锦江饭店——布朗先生和布朗太太在那儿等我们。汽车穿过热闹的市中心，给我们留下的第一个印象是：这是一个跟北京风格完全不同的城市。

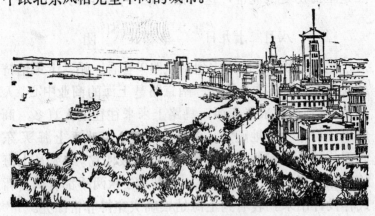

八月二十八日　　星期四　　晴

　　下午一点半，我们坐船游览黄浦江。船向吴淞口开去，两岸修建了很多码头，不少大货轮停在那里，上海真是一个繁忙的港口啊！

　　在二层休息室喝茶的时候，我们认识了一家人——老夫妇俩和他们的儿子、儿媳、孙女。老夫妇俩都是退休工人。我问老大娘，以前坐过船没有？她笑着说："我半辈子都住在船上。"她一边喝茶，一边给我们讲自己的身世。原来她父亲是一个破产的农民，从农村来到上海，当了码头工人。一家人就住在江岸上的一条破船里。她八岁就到一家工厂作工，十八岁结婚，以后因为有了孩子，就失去了工作。后来她的两个孩子都饿死了。解放以后，她才回到工厂。现在他们夫妇俩每月都有退休金，生

61

活过得很不错。他们每年都要到杭州或苏州去旅游。

听了老大娘的身世，看着奔腾的江水，我想：说黄浦江是上海历史的见证，这句话不是没有道理的。

### 八月二十九日　　星期五　　阴

吃过早饭，我们决定到南京路①看看。帕兰卡最怕挤公共汽车，她宁愿走着去。南京路是上海的商业中心，人们都爱到这里来买东西。马路上来来往往的人真多，商店里还有不少外地顾客。为什么外地人喜欢来上海买东西呢？因为上海的东西质量好，也比较便宜。特别是上海的衣服式样，在全国最有名，每年春、秋两季都有很多新式样设计出来。我看到上海姑娘确实穿得非常漂亮。

我们走进了一家叫做"小花园"的鞋店。这里专卖女式布鞋、绣花鞋。我们一进门，一位老售货员就热情地问帕兰卡："您要什么孩子？"帕兰卡一听，吃了一惊。售货员立刻改口说："您要看看什么样的鞋子？——对不起，我的普通话说得不好。"原来上海话里"鞋子"的发音跟"孩子"一样，真是一个有趣的误会！我们听懂以后都笑了起来。

## 二、会　话

### 喜欢　不喜欢
#### Likes and dislikes

### （一）

A：看，这双绣花鞋你喜欢吗？

62

B：真漂亮。可是我嫌颜色太红了。说老实话，要是有黑面儿的，我宁愿买双黑的。

A：颜色我无所谓，我喜欢这种式样。你知道这是在哪儿买的吗？

B：一定是在"小花园"买的。我没有说错吧？

## （二）

A：你们是坐飞机来上海的吧？

B：不，我们是坐船来的。我不喜欢坐飞机旅行，一路上什么也看不见，太没意思了。

A：可是我就怕坐船。我嫌坐船太慢，花的时间太多，我的身体也受不了。如果买不到飞机票，我宁愿坐火车。你在这儿玩儿得好吗？

B：玩儿得很好。我们参观了上海港，看了南京路和外滩——到上海的人都爱去那儿散散步。你喜欢这个城市吗？

A：我很喜欢上海。但是老实说，跟杭州比较起来，我觉得那个花园城市更有意思。

**注　释**

① 南京路

它是上海最繁华的一条大街。

Nanjing Street is the busiest street in Shanghai；

## 三、生　词

1. 工业　　（名）gōngyè　　industry
2. 总　　　（形）zǒng　　　total; overall
3. 产值　　（名）chǎnzhí　　value of output; output value
4. 占　　　（动）zhàn　　　to occupy; to constitute; to make up; to account for
5. …分之…　　　…fēn zhī…　　indicating a fraction
6. 出口　　　　chū kǒu　　to export
7. 商品　　（名）shāngpǐn　　commodity; goods
8. 中心　　（名）zhōngxīn　　centre; heart; core
9. 寺庙　　（名）sìmiào　　temple; monastery; shrine
10. 各地　　　　gè dì　　in all parts of (a country)
　　…地　　　　…dì　　place
11. 特产　　（名）tèchǎn　　special local product; (regional) speciality
12. 简直　　（副）jiǎnzhí　　simply; at all
13. 关系　　（名、动）guānxì　　relation; relationship; to concern; to affect; to have something to do with
14. 外　　　（名）wài　　foreign; external
15. 贸易　　（名）màoyì　　trade
16. 港口　　（名）gǎngkǒu　　port; harbour
17. 通道　　（名）tōngdào　　thoroughfare; passage
18. 降落　　（动）jiàngluò　　to descend; to land

| | | | |
|---|---|---|---|
| 19. 热闹 | (形) | rènao | bustling with noise and excitement; lively |
| 20. 印象 | (名) | yìnxiàng | impression |
| 21. 风格 | (名) | fēnggé | style |
| 22. 完全 | (形) | wánquán | complete; whole; totally; entirely |
| 23. 不同 | | bù tóng | not alike; different; distinct |
| 同 | (形、介) | tóng | same; alike; similar; with |
| 24. 码头 | (名) | mǎtóu | wharf; dock |
| 25. 货轮 | (名) | huòlún | freighter; cargo ship |
| 26. 繁忙 | (形) | fánmáng | busy; bustling |
| 27. 儿媳 | (名) | érxí | daughter-in-law |
| 28. 孙女 | (名) | sūnnǚ | son's daughter; granddaughter |
| 29. 辈子 | (名) | bèizi | all one's life; lifetime |
| 30. 身世 | (名) | shēnshì | one's life experience; one's lot |
| 31. 破产 | | pò chǎn | to go bankrupt; become impoverished |
| 32. 破 | (动、形) | pò | to break; to split; broken; damaged; worn-out |
| 33. 结婚 | | jié hūn | to marry; to get married |
| 34. 失去 | (动) | shīqù | to lose |
| 35. 退休金 | (名) | tuìxiūjīn | retirement pay; pension |
| 36. 见证 | (名) | jiànzhèng | witness; testimony |
| 37. 道理 | (名) | dàolǐ | reason; argument; sense |
| 38. 阴 | (形) | yīn | (of weather) overcast |

| | | | |
|---|---|---|---|
| 39. 宁愿 | (连) | nìngyuàn | would rather; better |
| 40. 商业 | (名) | shāngyè | commerce; trade |
| 41. 特别 | (形) | tèbié | special; particular; unusual |
| 42. 式样 | (名) | shìyàng | style; type; model |
| 43. 确实 | (形) | quèshí | true; reliable; really; indeed |
| 44. 专 | (形) | zhuān | for a particular person, occasion, purpose; focussed on one thing; special |
| 45. 绣花 | | xiù huā | to embroider; to do embroidery |
| 绣 | (动) | xiù | to embroider |
| 46. 吃惊 | | chī jīng | to be startled; to be shocked; to be amazed |
| 47. 改口 | | gǎi kǒu | to correct oneself; to withdraw or modify one's previous remark |
| 48. 普通话 | (名) | pǔtōnghuà | *putonghua*, common speech of the Chinese language |
| 普通 | (形) | pǔtōng | ordinary; common |
| 49. 发音 | | fā yīn | to pronounce |
| 50. 有趣 | (形) | yǒuqù | interesting; amusing; fascinating |
| 51. 误会 | (动、名) | wùhuì | to misunderstand; to mistake; misunderstanding |
| 52. 嫌 | (动) | xián | to dislike |
| 53. 无所谓 | (动) | wúsuǒwèi | to be indifferent; not to |

matter

54. 受　　　（动）shòu　　　to stand; to bear; to endure

55. 如果　　（连）rúguǒ　　if; in case

56. 散步　　　　sàn bù　　to take a walk; to go for a walk

## 专　名

1. 黄浦江　　Huángpǔ Jiāng　　Huangpu River
2. 虹桥机场　Hóngqiáo Jīchǎng　Hongqiao Airport
3. 锦江饭店　Jǐnjiāng Fàndiàn　Jinjiang Hotel
4. 吴淞口　　Wúsōngkǒu　　*name of a place*
5. 南京路　　Nánjīng Lù　　Nanjing Street
6. 外滩　　　Wàitān　　　Waitan (the Bund)

## 四、词 语 例 解

### 1. 占

(1) 中国的出口商品，上海生产的占三分之一。

(2) 这个工厂的男工占多少？女工占多少？

——男工占全厂工人的四分之三，女工占四分之一。

(3) 古波说，在上海，每天写日记占去了他不少时间。

(4) 这张桌子太大了，放在书房里，要占很大一块地方。

### 2. …分之…

分数的读法是：The way to read fractions is:

(1) $\frac{1}{2}$　二分之一　　　(2) $\frac{4}{5}$　五分之四

(3) $\frac{5}{18}$　十八分之五　　(4) $\frac{12}{49}$　四十九分之十二

(5) 我嫌这里的天气太冷，一年有三分之一的时间是冬天。

(6) 这个省的面积占全国面积的二十分之一。

百分数的读法是：The way to read percentage is:

(1) 50%　百分之五十　　(2) 20%　百分之二十

(3) 5%　百分之五　　　 (4) 100%　百分之百

(5) 200%　百分之二百

(6) 这个工厂的总产值比去年提高了百分之一。

(7) 我们班有百分之八十的同学喜欢打太极拳，可是我宁愿练习长跑。

此外，$\frac{1}{1000}$ 读成千分之一，$\frac{1}{10000}$ 读成万分之一。

One can also say "千分之一 $\left(\frac{1}{1,000}\right)$" and "万分之一 $\left(\frac{1}{10,000}\right)$".

## 3. 我们早就希望来这里看看了

(1) 神女峰刚过去，你没看见吗？

——哎呀，太遗憾了。我要是知道快过神女峰了，早就到甲板上来了。

(2) 从上海来的朋友早就到了，现在在客厅里坐着呢。

(3) 我早就听说了，上海的衣服式样在全国是最有名的。

(4) 他们的理想早已实现了。

句中的"早"作状语，表示某种情况很早以前就已经存在或发生了。"早"后面常有"就"或"已(经)"等。

In the above sentences, "早" is used as an adverbial adjunct, indicating that something came into existence or took place long ago. "早" is very often followed by an adverb such as "就" or "已(经)".

68

### 4. 简直

(1) 这是上海的特产，你喜欢吗？

——喜欢极了，简直太好了。

(2) 这样冷的天气，我简直受不了。你呢？

——无所谓。我不怕冷。

(3) 她总嫌这儿太热闹，我简直没办法说服她！

"简直"用来强调完全达到或差不多达到了某种程度，有时是一种极端的程度。带有夸张的口气。

"简直" is an intensive adverb used to indicate that some situation or state of affairs has nearly or completely reached a certain degree, sometimes even an extreme degree, conveying a sense of exaggeration.

### 5. 关系

(1) 今天教英语的张老师要讲一讲听和说的关系，读和写的关系。

(2) 这篇文章是介绍上海外滩的，跟长江三峡没有关系。

(3) 他身体这样健康，跟他天天早上锻炼很有关系。

### 6. 黄浦江正是一条到海上去的通道

谢谢，这正是我要买的那种女式布鞋。

——您穿一下试试，看合适不合适。

好，不大也不小，正合适。可惜颜色不太理想。

——这儿有一双红的，您看怎么样？

太好了，我正想买红的呢。

### 7. 半辈子

(1) 老大娘说："我这一辈子，前半辈子是在旧社会过的，后半辈子才过上幸福的生活。"

(2) 我一辈子都忘不了这些热情的朋友对我的帮助。

### 8. 这句话不是没有道理的

这个句子是用双重否定的方法来加强肯定的意思。

In the above sentence the double negative construction is used to emphasize the affirmative sense.

(1) 她说得很有道理，我不能不改变原来的主意了。

(2) 没有一个人不想看看三峡的壮丽景色。

## 9．挤

(1) 那儿怎么了？围着好多人！

——你别往前挤了！

我想挤到前边去看看。

(2) 我真不愿意星期日到市中心去，公共汽车太挤。

(3) 哎呀，对不起，挤您了吧！

——人这么多，谁挤谁一下没关系。

(4) 你把花儿拿得高一点儿，别挤坏了。

## 10．宁愿

"宁愿"表示把两方面的利害得失进行比较以后，选择一方面。虽然所选择的一面也并不理想，或不十分完美，但由于某种原因而情愿这样作。

"宁愿" is used to show one's preference after weighing the pros and cons. It may not be totally satisfactory but this is what one would rather do on balance given the available options:

(1) 只要能帮助我的朋友把汉语学好，我宁愿自己少休息一会儿。

(少休息一会儿与多休息一会儿比较)

(2) 虽然路远一点儿，可是公共汽车太挤了，我们宁愿骑自行车去。

(骑自行车与坐公共汽车比较)

有时，还可以用"宁愿…也不…"这个格式，"宁愿"后面是选取的一面，"也不"后面是舍弃的一面。这种句式往往表示态度的坚决。

Sometimes the construction "宁愿…也不…" is used to show one's determination or resolution. What immediately follows "宁愿" refers to one's preference; what follows "也不" stands for what one would rather not do. E.g.

 (1) 他想，宁愿自己累一点儿，也不能麻烦别人。

 (2) 今天太冷了，我宁愿在家里看电视，也不想去剧场看话剧。

## 11. 出来

 (1) 他已经把那座新礼堂的式样设计出来了。

 (2) 你让我写的介绍《西游记》的文章，我还没有写出来呢。

 (3) "就"这个词，英语里没有，所以我也翻译不出来。

这里，复合趋向补语"出来"表示某事物通过动作而出现。这也是一种引申意义。

The compound directional complement "出来" here indicates that the object is made apparent through an action expressed by the verb. This is an extended usage of "出来"。

## 12. 嫌

"嫌"多用作兼语句中的第一个动词，兼语后面多为形容词或主谓结构。

"嫌" is generally the first verb in a pivotal sentence. The pivotal word (that is the object of the first verb and the subject of the second verb) is often followed by an adjective or a subject-predicate construction.

 (1) 她嫌屋子里太热，想到外边去散散步。

 (2) 我嫌那件衣服式样不好，没有买。

有时兼语可以省去。

Sometimes the pivotal word can be omitted.

71

(1) 他嫌冷，所以没有出去。（他嫌外边冷。）

(2) 我嫌小，没住那间屋子。（我嫌那间屋子小。）

## 五、练 习

课文部分

1. 根据课文回答问题：

Answer the following questions on the text:

(1) 从什么地方可以看出上海是中国最大的工业城市？

(2) 简单介绍一下儿古波在船上遇到的那位老大娘的身世。

(3) 你去过上海南京路吗？为什么很多外地人到上海后都喜欢到南京路去看看？

2. 根据情境，模仿下面的例子造句：

Make up sentences based on the give situations, taking the following as models:

例：如果全国的工业总产值是八百，上海的工业总产值是一百，就可以这样说：

——上海的工业总产值占全国的八分之一。

(1) 有一年，江西省的工业总产值是九千，景德镇的工业总产值是六百。

(2) 这个学校的总面积是五万，图书馆的面积是两千。

(3) 这次全校运动会，你们班的总成绩是三百七十分，游泳的成绩是三十七分。

(4) 参加这次学术会议的代表一共有八十人，外国代表有十六人。

(5) 这个青年代表团一共有二十七人，喜欢古典音乐的有九人，不喜欢古典音乐的有三人。

72

例：你来中国以前就希望到上海来看看。

　　——我早就希望到上海来看看。

(1) 你上中学的时候就特别喜欢历史课，从那时候起，你就打算学历史专业。

(2) 飞机六点四十分就起飞了，你七点十分才赶到机场。

(3) 一位码头工人对你说，七百多年以前，上海就成了对外贸易港口了。

(4) 那天下午，你的朋友三点钟就到虹桥机场去接你了，可是飞机四点多钟才在机场降落。

(5) 你问船上的那位老大娘现在是不是还在工厂里工作，她说，她已经退休六七年了。

＊　　　　＊　　　　＊

例：如果你觉得人们说的"黄浦江是上海历史的见证"是有道理的，你可以这样说：

　　——"黄浦江是上海历史的见证"这句话不是没有道理的。

(1) 你觉得你朋友实现他的旅游计划是可能的。

(2) 老师让去上海旅行的同学都记日记是有道理的。

(3) 你们想提前一天离开这里是有可能的。

(4) 你想这次运动会上你朋友打破一百米赛跑的全校记录是有希望的。

＊　　　　＊　　　　＊

例：帕兰卡想去南京路看看，她不太想走着去，可是她更怕挤公共汽车，最后她还是决定走着去。

　　——帕兰卡怕挤公共汽车，她宁愿走着去。

(1) 如果买不到飞机票，你打算多住一个星期再离开上海，你不喜欢坐火车或坐船走。

(2) 你很想去南京路和外滩看看，可是你嫌天气太热，你不愿意去了。

(3) 你为了参加今年夏天举行的全国游泳比赛，决定不去新疆参观了。

(4) 你朋友想跟你一起去游览三峡，他愿意晚走几天。

就下列题目进行会话，尽量用上所给的词语：

Make conversation on the following topics, trying to use the given words and phrases:

喜欢　不喜欢　对…有兴趣　对…感 (gǎn, to feel) 兴趣

嫌　就怕　宁愿　无所谓

(1) 喜欢学习什么专业（文学史　历史）

(2) 喜欢什么运动（游泳　滑冰　打球）

(3) 喜欢不喜欢旅行（什么时候　到什么地方）

(4) 谈谈春、夏、秋、冬四季

(5) 你新买了一件东西（质量　价钱　式样　颜色）

1．掌握下列词语：

Master the usages of the following words and phrases:

| | | | |
|---|---|---|---|
| (1) 工业中心 | 中心意思 | (2) 确实好 | 很确实 |
| 商业中心 | 中心工作 | 确实不错 | 不太确实 |
| 文化中心 | | 确实可笑 | |
| (3) 完全不同 | 完全可能 | (4) 特别薄 | 特别热烈 |
| 完全一样 | 完全可以 | 特别短 | 特别有名 |
| 完全正常 | 完全没想到 | 特别重 | 非常特别 |
| 完全正确 | | 特别疼 | 特别极了 |
| (5) 总产值 | 总面积 | (6) 失去工作 | 失去父母 |

74

　　　　总成绩　　　总（的）印象　　失去机会
　(7) 同学关系　师生关系　(8) 不同的风格　不同的地方
　　　 同志关系　母女关系　　　 不同的意见　不同的方向
　　　 爱人关系　姐妹关系　　　 不同的意思　不同的风味
　　　 语法关系　两国关系　　　 不同的时间　不同的式样
　　　 工业和农业的关系　　　　 不同的理想
　　　 城市和农村的关系

2．用汉语快速说出下列分数和百分数：

Say quickly in Chinese the following fractions and percentages:

$$\frac{1}{2}\quad \frac{2}{3}\quad \frac{3}{5}\quad \frac{7}{10}\quad \frac{4}{25}\quad \frac{17}{45}\quad \frac{49}{80}\quad \frac{5}{12}\quad \frac{3}{7}\quad \frac{1}{4}\quad \frac{9}{30}\quad \frac{7}{64}$$

5%　10%　35%　50%　64%　70%　80%　95%　100%

$$\frac{1}{1000}\quad \frac{5}{1000}\quad \frac{15}{1000}\quad \frac{75}{1000}\quad \frac{1}{10000}$$

3．选词填空：

Fill in the blanks with the proper words:

A．设计出来　写出来　准备出来　说出来　研究出来
　　洗出来

(1) 你喜欢这个灯笼吗？
　　——哎呀，是谁＿＿＿＿＿＿＿的，样子太好看了。

(2) 您要借的那几本旅游杂志我已经＿＿＿＿＿＿＿了，您什么时候来拿？
　　——太谢谢了，我现在就去拿吧。

(3) 张老师让咱们写的新疆见闻，你＿＿＿＿＿＿＿了吗？
　　——还没＿＿＿＿＿＿＿呢，真难写呀，我就怕写文章。

(4) 小王，你们在三峡照的相片＿＿＿＿＿＿＿了吗？给我看看。
　　——早就＿＿＿＿＿＿＿了。真可惜，你没跟我们一起去。

(5) 我们医院新_____的那种专治心脏病的药，你吃了
　　觉得怎么样？
　　——我觉得不错。

B. 嫌自己太胖　嫌麻烦　嫌这儿天气冷　嫌颜色不好看
　　嫌路远

(1) 小李，最近一个多月怎么一直没见到你爷爷？
　　——他_____，到南方过冬去了。

(2) 王阿姨，您作了这么多小飞机、小火车、小灯笼……，
　　真不_____。
　　——我是专为孩子们作的，他们可喜欢玩儿这些东西
　　了。

(3) 这件衣服的式样是新设计出来的，买这件吧。
　　——不，我_____，想定作一件蓝的。

(4) 王大爷，您怎么没跟他们去长城玩儿玩儿？
　　——我_____，我的身体受不了，宁愿在家看看书，
　　休息休息。

(5) 我看你最近吃的比以前少了，你不舒服了吗？
　　——不，我_____了，我希望瘦一点儿。

C. 挤　太挤　挤一挤　挤出半小时的时间　挤不进去
　　挤出一个座位来　挤坏　挤在一起

(1) 小李，你怎么不进去看？
　　——来看演出的人太多了，里边都是人，我简直_____
　　____。

(2) 今天是星期日，进城的人多，公共汽车上一定很____
　　____，我宁愿骑车进城。
　　——不一定吧，这条路上公共汽车比较多，车上不会
　　____对不起。

(3) 对不起，您能往里_____吗？给我这位朋友_____。

——可以，可以。

(4) 你的箱子里还有地方吗？我还有几件东西没地方放。

——＿＿＿＿＿还可以，可是你的东西不怕＿＿＿＿吗？

(5) 你们几个人＿＿＿＿干什么呢？

——我们在看一件最珍贵的礼物。

(6) 王老师每天都＿＿＿＿学习外语，我想咱们也应该那样作。

——你说得对，我们从明天作起，每天也＿＿＿＿学习英语。

D. 各占一半　占去了一个上午　占地方　占了你不少时间

(1) 这本字典太大，放在箱子里特别＿＿＿＿。

——那怎么办呢，不放在箱子里，怎么带走呢？

(2) 真对不起，今天我又＿＿＿＿。谢谢你的帮助。

——没关系，欢迎你常来。

(3) 这本汉语课本里，古代文学作品和现代文学作品都有吗？

——都有，这本书一共有二十篇文章，古代的和现代的＿＿＿＿。

(4) 昨天你们出去玩儿了吗？

——没有，洗衣服、收拾屋子就＿＿＿＿，下午又来了一位客人。

4．完成下列句子：

Complete the following sentences:

(1) 我国的艺术代表团到中国来的时候，大使馆＿＿＿＿欢迎他们。（专　为他们　举行）

(2) 你穿上这套衣服，再戴上墨镜，我＿＿＿＿。（简直认识）

(3) 哎呀，这个电话可能坏了，说话的声音太小了，我＿＿＿

77

＿＿。（简直　一点儿　听不清楚）

(4) 看,这些花绣得多好啊,＿＿＿＿＿。（简直　象…一样）

(5) 说老实话,我＿＿＿＿＿,可是一直没有找到合适的机会。（早就）

(6) 老大娘的爸爸、妈妈＿＿＿＿＿,她常常想,要是他们还活着,看看今天的上海该多好啊。（早已）

(7) 有的人说,要实现这个参观游览计划＿＿＿＿＿,因为时间不够。（不是　没有　困难）

(8) 对这些问题,人们＿＿＿＿＿。（不是　没有　争论）

(9) 关于神女峰的传说,这里的老人、小孩＿＿＿＿＿。
（没有　不　知道）

(10) 王师傅当了半辈子汽车司机,上海大大小小的街道,他＿＿＿＿＿。（没有　不　认识）

(11) 我＿＿＿＿＿,今天确实太忙了,挤不出时间来。
（不是　不愿意　陪　去外滩散步）

(12) 他＿＿＿＿＿,每月也要从自己的退休金里拿出十块钱来帮助有困难的朋友。（宁愿　俭朴一些）

(13) 人民生活的好坏＿＿＿＿＿。（跟…有很大关系　工业农业　发展）

(14) 她的文章写得这么好,＿＿＿＿＿。（跟…有关系）

5．选词填空:

Fill in the blanks with the proper words:

丁云:

　　你好!

　　你的来信我今天才接到。真对不起,我从上月二十七号到这个月五号＿＿＿＿＿没在北京。古波和我＿＿＿＿我的爸爸、妈妈去上海旅行了。今天下午＿＿＿＿＿回到学校。你＿＿＿＿＿吧!（刚陪着　没想到　一直）

78

我想你一定很希望知道我们这次旅游的情况。

我们是八月二十七号下午到上海的。从机场到饭店，一路上给我们_____的第一个_____是：上海是一个跟北京的风格____的城市。（完全　印象　不同　留下）

_____象人们介绍的那样，上海是中国最大的_____，_____有一千多万人。她的工业总产值_____全国的_____。中国的_____有_____是上海生产的。上海也是中国最大的_____。一天下午，我们坐船游览了黄浦江。江的____修建了很多_____，不少大货轮_____在那里，_____好看极了。（港口　工业城市　占　正　出口商品　八分之一　景色　码头　全市　停　两岸　三分之一）

我们还参观了有名的外滩和南京路。南京路是上海的_____，也是那个城市最_____的几条街道_____。听说到上海办事的_____都要到那儿去买些上海的_____和工业产品(chǎnpǐn, product)。在一家_____中式衣服的商店里，我还给你买了一件红绸子面儿的小棉袄，_____特别好看。我和妈妈都很喜欢。古波_____颜色太红了。我想你一定很喜欢。（专卖　嫌　商业中心　之一　外地人　热闹　特产　式样）

上海的天气比北京_____，古波_____怕热，所以他说北京和上海比较起来，他_____北京。你知道，我怕冷，我_____住在上海。我爸爸妈妈却觉得_____。这两座城市他们都很喜欢。（更喜欢　热一些　特别　无所谓　宁愿）

如果你也在中国，咱们一起去玩儿玩儿多好啊！再见！

　　　祝

好

　　　　　　　　　你的朋友

　　　　　　　　　帕兰卡

　　　　　　　　　九月五日

# 第 五 课

## 一、课　文

### 西 湖 边 的 神 话

"上有天堂，下有苏杭"，人们常用这句话来赞美杭州、苏州。布朗夫妇在杭州游览了三天，他们觉得西湖的景色真象天堂一样。他们来到西湖断桥的时候，翻译小李告诉他们，西湖不但风景很美，关于它还有很多美丽的神话。他们脚下的断桥，就是白素贞和许仙第一次见面的地方。接着，小李就给他们讲了《白蛇传》的故事。

很早以前有两条蛇：一条白蛇，一条青蛇。因为羡慕人间的幸福生活，它们变成了两个美丽的姑娘，来到了西湖边。一个穿白衣服，叫白素贞；一个穿青衣服，叫小青。她们在断桥上遇到一个叫许仙的青年，白素贞见他很老实，非常喜欢他。不久，在小青的帮助下，白素贞就和许仙结了婚。他们三个人来到镇江，生活过得很好。

镇江的金山寺有一个和尚叫法海，他总想拆散这一对幸福的夫妻。一天，他来到许仙家，对许仙说："你妻子是蛇变的，以后会害死你的。"许仙不相信，法海就让他在端午节①那天用雄黄酒来试一试她。

端午节那天，许仙在外边跟朋友喝了很多酒，他忽然想起了法海的话，回到家里就要白素贞陪他喝雄黄酒。白素贞知道自己不能喝，可是她怕丈夫怀疑，只好喝了一杯。谁知道酒刚喝下去，就觉得很不舒服，她立刻回到房里睡下了。

过了一会儿，许仙来看她。推开房门一看，哪里还有妻子，只见一条白蛇躺在床上！他惊叫一声，昏死过去。白素贞醒来以后，看到许仙昏死在地上，心里又着急又难过。她跑到很远很远的昆仑山②上，找到一种仙草，才把许仙救活。

许仙知道了妻子是蛇变的，虽然有些害怕，可是又觉得她很善良，不愿意离开她，夫妻感情还是很好。

法海和尚知道许仙还跟白素贞在一起生活，就把他骗到金山寺，关了起来。白素贞和小青到金山寺去找许仙，法海不让他们见面。白素贞和小青气极了，她们跟法海大战了一场，但是最后被法海打败了。

许仙从金山寺跑出来，又到了断桥。他想起跟白素贞第一次见面的情况，心里非常难过，就哭喊道："素贞！小青！你们在哪里呀？"这时，白素贞和小青也来到了断桥。小青看见许仙，非常生气。她恨他不该相信法海，恨他不该怀疑妻子，更恨他躲进了金山寺。她气得要杀许仙，白素贞连忙劝住。许仙非常感动，他发誓永远不再变心。这样，他们又一起回到家中。

过了新年，白素贞生了一个男孩儿，邻居都来祝贺，亲戚朋友也送来了不少礼物。许仙在家里准备了酒饭，正打算招待客人，谁知进来的第一个"客人"却是法海。他抛起一个金钵，要抓白素贞。小青正要跟法海拼命，只听白素贞大喊道："小青，快走！练好本领，给我报仇！"小青听了她的话，只好从窗口逃走了。这时许仙死死抓住法海不放，白素贞对他说了一句"一定要把孩子抚养成人"，就被法海抓走，带到西湖，压在雷峰塔下。法海对她说："你想出来，除非雷峰塔倒了！"

过了很多年，小青练好了本领，就来找法海。她跟这个和尚打了三天三夜，最后把他打败了。小青把白素贞从塔下救了出来。这时候，许仙带着孩子也到了这里，一家人又团圆了。

故事讲完了，布朗夫人非常感动，说："这个神话太美了！"小李说："我讲得不好，明天晚上也许能去看京剧《白蛇传》，那才有意思呢！"布朗先生还在想着那个故事，他问道："现在还能看到雷峰塔吗？"小李笑着说："雷峰塔已经没有了。不过，人们还喜欢到那儿游览。我们现在也去看看吧。"

二、会 话

怀 疑　不 肯 定

Doubt and uncertainty

（一）

A：这本《中国古代神话故事》你看过吗？

B：我看过。里边有一篇《白蛇传》，非常有意思。

A：咱们利用假期，把这个故事翻译成英文，好吗？

B：好啊！可是，我怀疑假期里能不能把它翻译完。

A：开学以后，我们还可以接着干。课后总还有点儿时间吧？

B：现在很难说，我不能肯定下学期一定有空儿。

（二）

A：小王今天怎么没有来？

B：他去外地旅行了。

A：是吗？昨天晚上他还说不去外地，这么快就走了，不会吧？

B：今天上午我经过火车站的时候，看见他在那儿，手里拿着行李。

A：也许他是送人，我不相信他会到外地去。

B：是吗？那么，我看到的那个人也可能不是小王。

注　释

① 端午节

端午节是中国的传统节日，在农历五月初五。相传古代诗人屈原在这天投江自杀。后人为了纪念他，把这天当作节日，有吃粽子、划龙船等风俗。

The Dragon Boat Festival (the 5th day of the 5th lunar month) is a traditional festival in China. It is said that Qu Yuan, a great poet in ancient times, drowned himself in a river on the 5th day of the 5th lunar month. In order to cherish the memory of this great poet, later generations made that day the Dragon Boat Festival. It has become a popular custom in China for people to eat zongzi and row dragon boats during the Dragon Boat Festival.

② 昆仑山

神话传说中，昆仑山是神仙居住的地方。

It is said in fairy tales that Mt. Kunlun was a place where immortals and supernatural beings lived.

## 三、生　词

| | | | |
|---|---|---|---|
| 1. 天堂 | （名） | tiāntáng | paradise; heaven |
| 2. 赞美 | （动） | zànměi | to praise; to eulogize |
| 3. 接着 | （动、连） | jiēzhe | to follow; to carry on; then; after that |
| 4. 蛇 | （名） | shé | snake; serpent |
| 5. 羡慕 | （动） | xiànmù | to admire; to envy |

| | | | |
|---|---|---|---|
| 6. 人间 | (名) | rénjiān | man's world; the world |
| 7. 幸福 | (形) | xìngfú | happy |
| 8. 变成 | | biàn chéng | to change into; to turn into; to become |
| 变 | (动) | biàn | to change; to become different |
| 9. 遇到 | | yù dào | to meet; to run into; to come across |
| 10. 在…下 | | zài…xià | under; beneath |
| 11. 和尚 | (名) | héshang | Buddhist monk |
| 12. 拆散 | | chāi sàn | to break up (a marriage; family, etc.) |
| 13. 对 | (量) | duì | couple; pair |
| 14. 夫妻 | (名) | fūqī | man and wife |
| 15. 害 | (动、名) | hài | to do harm to; to cause trouble to; harm; evil; calamity |
| 16. 相信 | (动) | xiāngxìn | to believe in; to accept sth; as true |
| 17. 雄黄 | (名) | xiónghuáng | realgar; red orpiment |
| 18. 忽然 | (副) | hūrán | suddenly; all of a sudden |
| 19. 丈夫 | (名) | zhàngfu | husband |
| 20. 怀疑 | (动、名) | huáiyí | to doubt; to suspect; doubt; suspicion |
| 21. 只好 | (副) | zhǐhǎo | to have to; to be forced to |
| 22. 妻子 | (名) | qīzi | wife |
| 23. 声 | (名、量) | shēng | sound; voice; *a measure word, used for sounds* |

| 24. | 昏 | (动) hūn | to faint; to lose cons- ciousness |
| 25. | 醒 | (动) xǐng | to wake up; to be awake |
| 26. | 仙草 | (名) xiāncǎo | a kind of plant used as a medicinal herb in an- cient times |
| 27. | 救 | (动) jiù | to save; to rescue |
| 28. | 害怕 | (动) hàipà | to be afraid; to be scared |
| 29. | 善良 | (形) shànliáng | good and honest; kind- hearted |
| 30. | 感情 | (名) gǎnqíng | feeling; emotion; affection |
| 31. | 骗 | (动) piàn | to deceive; to fool |
| 32. | 气 | (动) qì | to make sb. angry; to get angry; to be enraged |
| 33. | 战 | (动、名) zhàn | to fight; fight; war; battle |
| 34. | 场 | (名、量) chǎng | a level open space; a mea- sure word, used for sport or recreation |
| 35. | 打败 | dǎ bài | to defeat; to beat; to suf- fer a defeat; to be defeat- ed |
| 36. | 道 | (动) dào | to say; to speak; to talk |
| 37. | 生气 | shēng qì | to get angry; to be en- raged; to take offence |
| 38. | 恨 | (动) hèn | to hate |
| 39. | 躲 | (动) duǒ | to hide (oneself) |
| 40. | 连忙 | (副) liánmáng | promptly; at once |
| 41. | 劝 | (动) quàn | to try to persuade; to |

advise

| | | | |
|---|---|---|---|
| 42. 发誓 | | fā shì | to vow; to pledge; to swear |
| 43. 生 | (动) | shēng | to give birth to (a child) |
| 44. 抛 | (动) | pāo | to throw; to toss; to fling |
| 45. 金钵 | (名) | jīnbō | (gold) alms bowl (of a Buddhist monk) |
| 金 | (名) | jīn | gold |
| 46. 拼命 | | pīn mìng | to be ready to risk one's life (in fighting, work, etc.) |
| 47. 练 | (动) | liàn | to practise; to train; to perfect (one's skill) |
| 48. 本领 | (名) | běnlǐng | skill |
| 49. 报仇 | | bào chóu | to revenge oneself; to avenge |
| 50. 逃 | (动) | táo | to run away; to flee; to take flight |
| 51. 抚养成人 | | fǔyǎngchéngrén | to bring up (a child) |
| 抚养 | (动) | fǔyǎng | to foster; to bring up; to raise |
| 52. 压 | (动) | yā | to press; to push down; to keep under (control) |
| 53. 除非 | (连) | chúfēi | only if; only when |
| 54. 倒 | (动) | dǎo | to fall; to topple; to collapse |
| 55. 团圆 | (动) | tuányuán | to have a reunion |

| 56. | 也许 | （副）yěxǔ | perhaps; maybe |
| 57. | 不过 | （连）búguò | but; however |
| 58. | 肯定 | （动、形）kěndìng | to be sure; to be certain; sure; certain; definite |

## 专　名

| 1. | 西湖 | Xī Hú | The West Lake |
| 2. | 断桥 | Duàn Qiáo | The Broken Bridge |
| 3. | 《白蛇传》 | 《Báishézhuàn》 | *The Tale of the White Snake* |
| 4. | 白素贞 | Bái Sùzhēn | *name of a person* |
| 5. | 小青 | Xiǎoqīng | *name of a person* |
| 6. | 许仙 | Xǔ Xiān | *name of a person* |
| 7. | 镇江 | Zhènjiāng | Zhenjiang City |
| 8. | 金山寺 | Jīnshān Sì | Jinshan Temple |
| 9. | 法海 | Fǎhǎi | *name of a Buddhist monk* |
| 10. | 端午节 | Duānwǔ Jié | the Dragon Boat Festival (the 5th day of the 5th lunar month) |
| 11. | 昆仑山 | Kūnlún Shān | Mt. Kunlun |
| 12. | 雷峰塔 | Léifēng Tǎ | Lei Feng Pagoda |

## 四、词语例解

### 1. 赞美

他写了一首诗，赞美……

——赞美什么？

赞美春天的西湖，春天的西湖总是要受到人们赞美的。

2. 羡慕

(1) 我们都很羡慕她。

——你们羡慕她什么?

羡慕她能有机会到杭州去旅游。

(2) 她总是被人羡慕。

3. 在…下

(1) 白素贞和许仙在小青的帮助下,很快结了婚。

(2) 解放以前,他家破产了。在这种情况下,他爸爸从农村到上海,当了码头工人。

"在…下"用来说明条件或情况,作状语时,可用在主语前,也可用在主语后。

The prepositional construction "在…下" is to indicate a state of affairs or set of conditions. When used as an adverbial adjunct, "在…下" can be placed either before or after the subject.

4. 镇江的金山寺有一个和尚叫法海

(1) 杭州城里住着一个青年叫许仙。

(2) 青蛇变了个青衣姑娘叫小青。

(3) 很久以前西湖岸边有一座塔叫雷峰塔。

(4) 这本神话故事有三分之一是他爱人写的。

这类句子是兼语句的一种。

Sentences such as these are one type of pivotal sentence.

5. 怀疑

(1) 许仙对法海说的话,开始是怀疑的。他想:那样美丽的妻子能是蛇变的吗?不会吧!

(2) 后来许仙想:说不定法海的话是真的。他开始对妻子有了怀疑。

(3) 我有点怀疑他能把这件事办好。

**6. 只好**

    (1) 我听不懂这个神话，只好请他翻译一下。

    (2) 白素贞和小青被法海打败了，只好退了下来。

**7. 只见**

    (1) 许仙在断桥上，只见前面走过两个年轻美丽的姑娘：一个穿白衣，一个穿青衣。

    (2) 白素贞醒来，只见许仙已经昏死过去。

  "只见"常用来引出对眼前景象的描述，这一景象是特别吸引说话人的注意力的。"只见"用于后一分句的句首，前面不能再有主语。

  "只听"的用法与"只见"相同。

  "只见" is often used to describe a sight or scene which the speaker finds arresting, and appears at the beginning of the second clause of a compound sentence. No other subject precedes it.

  The usage of "只听" is similar to "只见".

    (3) 许仙正要和法海拼命，只听白素贞说："你一定要把孩子抚养成人啊!"

**8. 昏死过去**

    (1) 许仙看到床上躺着一条白蛇，立刻昏了过去。

    (2) 白素贞非常着急，不知道怎么样才能让丈夫活过来。

    (3) 许仙吃了白素贞给他找来的仙草，立刻醒了过来。

  表示失去知觉或正常状态用"过去"，恢复知觉或回到原来正常的状态用"过来"。从睡到醒，不用"过来"，只用"来"。

  "过去" is used to denote that a person has lost consciousness or is not in a normal state. "过来" is used to denote that a person has recovered consciousness or returned to a normal state. "来" rather than "过来" is used to indicate that a person has woken (from sleep).

## 9. 关了起来

(1) 法海把许仙关了起来，不让他回家。可是，白素贞和小青怀疑许仙躲了起来。

(2) 售货员同志，请把这件衬衫包上，好吗？

——好，我马上给您包起来。

复合趋向补语"起来"还可以表示从暴露到隐蔽的一种趋向。

The compound directional complement "起来" can also indicate that something becomes invisible as a result of an action.

## 10. 想起(来)

(1) 我想起一句话来，这句话是赞美苏州、杭州的。

(2) 我想起来了，人们常用"上有天堂，下有苏杭"这句话来赞美苏州、杭州。

(3) 当他们走到断桥的时候，小李想起了一个美丽的神话故事。

"想起"也可以说"想起来"。"想起…来"意思是"…回到记忆中来"。用"想起"时，后面一定有宾语；用"想起来"时，则可带可不带。

"想起" can be replaced by "想起来". "想起…来" means "recall, remember". "想起" rather than "想起来" must take an object. The object of "想起来" is optional.

## 11. 躲

(1) 我看见他们的时候，他们正在大树下边躲雨。

(2) 法海抛起金钵来抓白素贞，白素贞想躲开已经来不及了。

## 12. 除非

(1) 小青想，要救出白素贞，除非练好本领，把法海打败。

91

(2) 白素贞知道，除非找来昆仑山上那种仙草，才能救活丈
夫。

在条件复句中，用"除非"的分句表示某条件是唯一的先决条
件。"要（想）…，除非…"表示要想得到某种结果，一定要这样。
"除非…，才…"表示一定要这样，才能产生某种结果。

In a compound conditional sentence, the clause with "除
非" indicates the only necessary precondition. In the con-
struction "要（想）…，除非…"，"要（想）" introduces the aim to
be accomplished, and "除非" introduces the only means to
accomplish it. The construction "除非…，才…" indicates that
only when something is done, or the necessary precondition
comes true can the result be obtained or the aim accomp-
lished.

## 13. 难说

(1) 假期里你能把这篇小说翻译成英文吗？
　　——很难说，假期里我可能要出去旅行。

(2) 今天晚上七点半有京剧《白蛇传》，你能来吗？
　　——难说啊！我今天晚上也许没有空儿。

## 14. 变　改变

A．"变"多指人、物自身发生变化。

"变" mostly refers to a spontaneous change on the part
of a person or thing.

(1) 天气变了。

(2) 五、六年没见了，你一点儿也没变。

以上两句中的"变"都不能换成"改变"。

"变"可以带宾语，但宾语一般是指主语起变化的方面。

"变" in the above two sentences can not be replaced by
"改变"：

"变" can take an object, which usually says what the subject has become or turned into.

（3）这块布变颜色了。

（4）许仙对白素贞说，他永远不再变心。

"改变"一般指有意识地使人、物起变化。常带宾语，宾语在意义上不一定是属于主语的。

"改变" usually means to cause someone or something to turn into someone or something else. "改变" often takes an object, but this object does not always refer to what the subject has become or turned into.

（5）布朗先生决定改变原来的计划，提前出发。

（6）我们一定要改变这种情况。

以上两句中的"改变"都不能换成"变"。

"改变" in the above two sentences can not be replaced by "变".

B. "变"后也常带结果补语。

"变" is often followed by a resultative complement.

（1）今天突然变热了，可能要下雨。

（2）几个月没来，这里的街道变宽了。

（3）西湖岸边的树，慢慢地变绿了。

（4）白素贞喝了雄黄酒，又变成了一条白蛇。

"改变"一般不带表示主语自身变化的结果补语。上面的句子都不能用"改变"。

Generally "改变" does not take a resultative complement indicating what the subject has become or turned into. "改变" could not have been used in the above sentences.

C. "变"和"改变"都可用于"把…变（改变）成…"的格式。

Both "变" and "改变" can be used in the construction "把

…变（改变）成…".

他们要把这个地方变（改变）成一个公园。

D. "改变"常作动词"有"的宾语，"变"不能。

"改变" is often used as the object of the verb "有", but "变" is never used in this way.

三年以后你再来，我们这里一定会有很大的改变。

## 五、练 习

课文部分

1. 根据下列各图复述课文内容:

Retell the text with the help of the following pictures:

(1)（断桥相遇） (2)（在镇江）

(3)（喝雄黄酒） (4)（大战法海）

(5)（劝住小青）　　　　　(6)（白素贞被抓）

2．根据情境，模仿下面的例子造句：

Make up sentences based on the given situations, taking the following as models:

例：他去过西湖，你没有去过，你很想去。

　　——他去过西湖，我很羡慕他。

　　　我羡慕他去过西湖。

(1) 你最喜欢白绸衬衫，帕兰卡有一件式样很好的白绸绣花衬衫。

(2) 他在苏州买到了一幅白素贞和许仙在断桥相见的绣像，你没有买到。

(3) 你朋友的汉语学得很好，他能看懂那本《中国古代神话故事》，你看不懂。

　　　　　＊　　　　　　＊　　　　　　＊

例：你有一个朋友，她叫安娜。

　　——我有个朋友叫安娜。

(1) 昨天下午你不在家的时候，楼下有一个人，他来找你。

(2) 维吾尔族民歌里有一首歌儿，这首歌儿叫《吐鲁番的葡萄熟了》。

(3) 中国南方有一个风景迷人的城市，这个城市叫杭州。

(4) 青蛇变成一个穿青衣的姑娘，她叫小青。

例：听说新疆有的地方用地毯抬新娘，你不太相信。

　　　→听说新疆有的地方用地毯抬新娘，我有点儿怀疑。

(1) 许仙不相信法海的话，他相信自己的妻子。

(2) 安娜说那个演白素贞的演员是男的，你不太相信。

(3) 我以前认识一个人，他找不着自己东西的时候，总觉得是邻居拿走了。

例：要想治好这种病，只有住院。

　　　→除非住院，才能治好这种病。

(1) 白素贞想过幸福生活，只有到人间来。

(2) 要挡住沙漠的风沙，就要多种树。

(3) 要想买到这种竹筷子，只有到专卖中国特产的商店去。

(4) 那些裙子的颜色，你都不喜欢，你只喜欢黑的。

3．根据下列各图，用上"昏过去""想起(来)""醒过来""坐起来""抬起来""送到…去"说一段话：

　　Say something about the following pictures, trying to use "昏过去""想起(来)""醒过来""坐起来""抬起来" and "送到…去"：

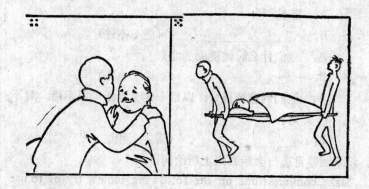

会话部分

1. 用上所给的词语, 回答对话中的问句:

Answer the questions in the dialogues, using the given words and phrases:

(1) A: 小李不在卧室里, 他到哪儿去了? 你知道吗?

　　B: _____。 (可能)

　　A: 他会不会躲到书房里翻译那本《白蛇传》去了?

　　B: _____。 (难说)

　　A: 他有没有可能出去散步呢?

　　B: _____。 (肯定)

　　A: 我们要不要去找找他呢?

　　B: _____。 (也许)

(2) A: 小张和他的女朋友什么时候举行婚礼?

　　B: _____。 (可能　不能肯定)

　　A: 我听说, 他们举行婚礼以后, 还要出去旅行, 是吗?

　　B: _____。 (肯定　不过)

　　A: 他们会不会到杭州去? 人们都说 "上有天堂, 下有

97

苏杭"啊！

B：＿＿＿＿＿＿＿＿＿。（可能　不过）

A：他们什么时候能回到北京？

B：＿＿＿＿＿＿＿＿＿。（难说　也许）

A：他们俩感情很好，以后一定会生活得很幸福，对不对？

B：＿＿＿＿＿＿＿＿＿。（肯定　相信）

2．就下面题目进行会话并用上所给词语：

Make conversations on the following topics, trying to use the given words and phrases:

怀疑　难说　肯定　也许　可能　除非　只好　不过　相信

(1) 你的朋友问你星期日能不能陪他去公园。

(2) 你的朋友住院了，你问他母亲，他什么时候能出院。

(3) 你去买茅台酒，可是卖完了，你问售货员什么时候再来茅台酒。

(4) 你和同学看球赛，你们两个争论谁能赢的问题。

(5) 你和朋友谈天气。

## 词语部分

1．掌握下列词语：

Master the usages of the following words and phrases:

| | | |
|---|---|---|
| (1) 幸福的生活 | (2) 变成现实 | (3) 遇到朋友 |
| 幸福的未来 | 变成盆地 | 遇到麻烦 |
| 感到幸福 | 变成农田 | 遇到机会 |
| | | 遇到危险 |
| (4) 拆开信封 | (5) 骗人 | (6) 感情很深 |
| 拆衣服 | 骗钱 | 感情很好 |
| 拆房子 | 受骗 | 没有感情 |

(7) 害人　　　　　(8) 跟…拼命　　(9) 抚养孩子
　　害处　　　　　　　拼命干　　　　　抚养弟妹
　　有害　　　　　　　拼命喊　　　　　抚养成人
　　受害　　　　　　　拼命逃　　　　　抚养大
(10) 肯定成绩
　　　肯定下来
　　　肯定的回答

2．用下列词语改写句子：

Rewrite the sentences using the following words and phrases:

　　抚养　发誓　劝　在…下　除非　不过　赞美　只见

(1) 小王帮助我学会了普通话。

(2) 安娜和小张争论问题的时候，引起了误会，小李让我去找她们谈谈。

(3) 只有每天锻炼，他的身体才能好。

(4) 这种酒确实不错，可是比较厉害，你还是少喝一点儿。

(5) 这个孩子从小没有爸爸、妈妈，是他的亲戚把他带大的。

(6) 小青说，她一定要练好本领给白素贞报仇。

(7) 穿过三峡的"大门"，江面越来越窄了，忽然出现了一座高高的山峰，挡在前边。

(8) 布朗夫人说，她要写一首诗来介绍三峡壮丽景色。

3．用括号里的词语完成句子：

Complete the following sentences with the words or phrases in the brackets:

(1) 向导对旅游者说："这里不但风景美丽，还有很多美丽的神话、传说。"＿＿＿＿＿＿＿＿。（接着）

（2）今天上午布朗夫妇参观了上海外滩，_____。
（接着）

（3）经过修建、整理，现在这儿有花儿，有草，有亭子，有小湖，简直_____。（变成）

（4）我已经有三年没到西湖来游览了，_____。
（变）

（5）这些树的叶子夏天的时候非常绿，到了秋天，_____。（变）

（6）我们很想在景色迷人的西湖岸边照几张照片，可是都忘了带照像机，_____。（只好）

（7）老大娘是上海人，不会说普通话，我又听不懂上海话，_____。（在…下）

（8）我们想到市中心去，可是公共汽车太挤，_____。（只好）

（9）飞机在机场降落时，我从窗口往外一看，_____。（只见）

（10）船就要过三峡了，我们和很多旅游者都站在甲板上，这时，_____。（只见）

（11）我可能在什么地方遇到过他，_____。（想不起来）

（12）今天早上我刚刚醒来，忽然_____。（想起来）

（13）船刚到码头，忽然下起雨来了，_____。
（躲）

（14）她生气了，但是我想这可能是个误会，_____。（劝）

（15）今年夏天我能不能出国度假，还很难说，_____。（肯定）

**4.用英文翻译下面的短文:**

Translate the following passage into English:

今年夏天，在中国朋友的帮助下，我们游览了很多地方。我们参观了北京的一些名胜古迹，尝到了新疆的葡萄和哈密瓜，欣赏了长江三峡的壮丽景色，访问了上海的退休老工人，……我们过得非常愉快。特别是杭州美丽的西湖给我们留下了难忘的印象。关于《白蛇传》的神话传说引起了我们极大的兴趣。我们都赞美热情、善良的白素贞，恨死了害人的法海。

后来我们又看了京剧《白蛇传》，听说演白素贞的演员是个男的，我真有点儿怀疑。他说话、唱、走路都跟女的一样，他演得非常好。小青演得也很可爱。我很喜欢京剧，有机会我还想去访问这些演员。

## 复 习（一）

**1.记住我们已经学过的有关旅游或地理方面的词汇:**

Remember the words and phrases concerning travelling and geography that we have learnt:

   (1) 旅游　游览　度假　欣赏　经过　航行　起飞　降落
      招待　迎接　陪

   (2) 名胜　古迹　景色　风景　文明　文物　神话　传说
      见闻　印象

   (3) 城市　农村　港口　码头　山峰　河流　湖　江　海岸
      峭壁　沙漠　盆地

   (4) 园林　建筑　亭子　塔　寺庙　清真寺　和尚　祈祷

   (5) 工业　工程　总产值　出口　商品　食品　特产　贸易
      商业

   (6) 美丽　壮丽　迷人　奇特　热闹　古老　危险　干燥
      繁忙　特别　有趣

2．翻译下列各组词：

Translate the following words and phrases:

{旅游 {神话 {名胜 {风景 {山 {港口 {园林
{游览 {传说 {古迹 {景色 {山峰 {码头 {公园

{美丽 {见闻 {有趣
{壮丽 {新闻 {有意思

3．用下列有关表示心理或情感状态的动词各造一个句子：

Make up sentences with the following verbs showing one's feeling or emotion:

羡慕 相信 怀疑 嫌 害怕 恨 吃惊 生气 感叹

4．用下列表示动作的动词各造一个句子：

Make up sentences with the following verbs showing actions:

抬 推 挡 撞 抛

5．选词填空：

Fill in the blanks with appropriate words:

(1) 这孩子三岁的时候，父亲和母亲就都死了，他是由一位邻居＿＿＿＿大的。（抚养 培养）

(2) 这个学院每年都为国家＿＿＿＿很多大夫。（抚养 培养）

(3) 今天下午他＿＿＿＿在画画儿，到现在还没有休息呢！（总是 一直）

(4) 每次我到他家，看见他＿＿＿＿在画画儿。（总是 一直）

(5) 谁不希望欣赏一下＿＿＿＿的长城景色呢？（壮丽 美丽）

(6) ＿＿＿＿的西湖吸引了很多中、外旅游者。（壮丽 美丽）

102

(7) 我们来到湖边，_____湖面上到处都是小船。（眼看 只见）

(8) 我们骑车来到路口，_____就要过去了，这时红灯却突然亮了。（眼看 只见）

(9) 这个话剧是_____几个学生翻译成中文的。（由 被）

(10) 我的录音机不见了，原来_____我弟弟拿到学校去了。（由 被）

6．阅读下边的故事，然后进行问答练习并复述这个故事：

Read the following story, and make questions on it and answer them, and then retell the story:

台湾岛 (Táiwān Dǎo, Taiwan Island) 上的日月潭 (Rìyuè Tán, *name of a pool*) 是中国最吸引人的名胜之一。为什么要叫它日月潭呢？这里边还有一个美丽的传说呢。

很久以前，在这个大潭(tán, huge pool)里住着两条龙(lóng, dragon)。这两条龙非常厉害。有一天，太阳从天上经过，一条龙飞上去一口把太阳吃了。晚上，月亮 (yuèliang, moon) 从天上经过，另(lìng, other)一条龙也飞上去，一口又把月亮吃了。这两条龙回到潭里，就把太阳和月亮吐 (tǔ, spit) 出来当球玩儿。它们玩儿得可高兴了，却没有想到失去了太阳和月亮，到处都是一片黑暗，人们怎么生活呢？

大尖(Dàjiān, *name of a person*)哥和水社 (Shuǐshè, *name of a person*)姐是两个善良的青年。他们不怕艰苦，要为千千万万的人把太阳和月亮找回来。他们日夜不停地爬山过水，最后来到了大潭边。可是怎样才能杀死这两条龙呢？他们躲在大石头后边，听龙谈话。原来这两条龙最怕压在阿里山 (Ā lǐ Shān, *name of a mountain*)下边的金斧头(fǔtou, axe)。

大尖哥和水社姐从阿里山下找到了金斧头。他们又回到大潭边，只见这两条龙正在潭里玩儿太阳和月亮呢。他们把斧头抛下潭去，两条龙都被杀死了。可是怎样让太阳和月亮再回到天上去呢？他们吃了龙的眼睛，一下子就变成了两个又高又大的人，象两座山，站在潭里。大尖哥把太阳抛起来，水社姐就用身边的一棵大树，托(tuō, support with the hand or palm)着太阳，一下一下地把太阳送上了天。接着，水社姐又把月亮抛了起来，大尖哥也用大树托着月亮，一下一下地把月亮送上了天。

太阳和月亮又在天上出现了，地上的花草又都活了。人们在唱歌跳舞，大尖哥和水社姐却还站在潭里。一年一年过去了，他们变成了两座大山，一座就是大尖山，另一座就是水社山。后来人们就把这个大潭叫作日月潭了。现在每年秋天还可以看到人们穿着美丽的衣服，拿着竹竿 (zhúgān, bamboo pole) 和球，来到日月潭边，表演大尖哥和水社姐把太阳和月亮送上天的舞蹈呢。

7．口头介绍：

Say something about the following subjects:

(1) 你们国家的名胜古迹。

(2) 你们国家的一个有名的城市。

(3) 你们那里是怎样过节的。

(4) 你们那里是怎样举行婚礼的。

8．用中文写一个你们国家的神话或传说（500—800字）。

Write in Chinese a fairy tale or legend of your own country (within 500—800 characters).

# 第 六 课

## 一、课 文

### 丁 大 娘 谈 家 常

今天是中秋节 ①，能在我们家里见到布 朗 先生和夫人，我们非常高兴！我女儿丁云*在国外，常常到你们家去。她给我来信说，你们非常热情，待她象 一 家人 一样。

---

*丁云是在《实用汉语课本》一、二册中出现的人物，在外国学习的中国留学生。她是丁大娘的女儿。

中秋节是家里人团聚的日子，所以今天我们特别想丁云。看见帕兰卡，又觉得象看见丁云一样，我真高兴。人们说："天上月圆，人间团圆。"今晚就让我们两家在一起团聚，热热闹闹地过个节吧。

布朗先生问我生活得怎么样，我想你们一定愿意知道，在中国，老人是怎么生活的，他们都想些什么。我就来说说我们家吧。

我们家一共六口人。丁云，你们早就认识了。现在在一起生活的有我们老两口儿、大女儿和女婿，还有个外孙女。我老伴儿和小两口儿工作都很忙，每天早出晚归。我虽然退休了，在家也闲不住。是啊，不能让他们干了一天工作，晚上再忙家务事儿。我就买买菜，作作饭，照顾一下孩子，这也是我对社会的一点儿贡献。中国的老人都是这样，对隔辈人特别喜欢。不知为什么，我就觉得这个外孙女比我那两个女儿小时候还可爱。每天从幼儿园回来，家里就热闹了，她有说不完的话。学会了新歌、新舞，我就是第一个观众。

小两口儿对我们老人可好啦。女儿就不用说了，女婿简直比亲儿子还好。当初，生了大女儿以后，我们就盼着再生个儿子，盼啊盼，谁知道，老二又是个女儿。当然了，我们还是高兴的，可总觉得生活里少点儿什么。我们家有吃有穿，还少什么呢？说明白了吧，就是少个儿子。旧社会有句话叫"养儿防老"，意思是说，有了儿子，人到老年才有依靠。新社会，一切都变了，这句话也就没人说了。可是我们老两口儿，特别是我老伴儿，还是希望有个儿子——一儿一女多好啊！这个问题一直到大女儿结了婚才解决。我这女婿真跟亲儿子一样，平常怕我累着，下班回家还要帮我干活儿。我要是有点儿不舒服，他就忙着请大夫、买药，作这作那让我吃。前年冬天，我老伴儿感冒发烧，女婿可着急了。那天正好他休息，他一夜都没睡好，给病人倒水、喂药、量体温。第二天厂里的领导同志来看我老伴儿，人人都说女婿好。大家问他，还盼儿子吗？他拉着女婿的手说："这回真是把儿子盼来啦！"大家听了都笑起来。

外孙女从小就知道孝敬我们。家里做了好菜，她总是先往我碗里送；买来水果，她先把最大的给我们。我们不吃，她还生气呢！

看到小两口儿能孝敬老人，又注意教育孩子，小夫妻俩感情也很好，我心里真高兴啊！人到老年就怕孤独。您想，家里要是就我们老两口儿，他一上班，我在家这日子就不好过了。孩子们也想到了这事儿，有空常陪我说说话，给我念念报，还跟我一起看电视。每到放假的时候，全家一起去公园玩儿玩儿，或者看看亲戚朋友。亲家②老两口儿都在，跟我们还常有来往。邻居们都说我们家庭很幸福。我想，一个老人，丰衣足食不是最大的幸福，能享受到家庭欢乐，才是最大的幸福。

唉，看我，只顾自己说了，你们喝茶啊。来，尝尝中国的月饼，吃点儿水果吧。

## 二、会　话

### 谈　亲　属

Talking about one's relatives

#### （一）

A：我给你们两个互相介绍一下：这是我弟弟，这是我的同学小李。

李：你弟弟长得真象你，你们一共哥儿几个？

弟：哥儿俩，还有一个姐姐是老大，我是最小的。

李：你姐姐跟你们住在一起吗？

A：不，她已经结婚了，住在婆家。

李：她公公、婆婆都在吗？

A：都在，而且都工作呢。

#### （二）

A：昨天在公园里我看见你跟你女朋友了。

B：别开玩笑了，那是我表妹，她已经有对象了。我到姨家去，吃了饭，跟他们一起去公园了。

A：啊，后面那个年轻人，就是她对象喽？

B：哪里，那是我表兄，是我姨的大儿子。他去年就结婚了。没看见我姨抱的孩子吗？那就是他的女儿。

A：对，那小孩是有点儿象她爸爸。

① 中秋节

中秋节是中国的传统节日，在农历八月十五日。这一天
有赏月、吃月饼的风俗。

The Mid-Autumn Festival (the 15th day of the 8th
lunar month) is a traditional festival in China. It has
become the custom among the Chinese people to enjoy
admiring the full moon and to eat moon cakes on this
day.

② 亲家

对女婿或儿媳妇的爸爸、妈妈都可称亲家。

"亲家" refers to the parents of one's daughter-in-law
or son-in-law.

## 三、生　词

| | | | |
|---|---|---|---|
| 1. 家常 | (名) | jiācháng | the daily life of a family |
| 2. 待 | (动) | dài | to treat; to deal with |
| 3. 日子 | (名) | rìzi | day; date |
| 4. 圆 | (形) | yuán | round; circular; spherical; (of the moon) full |
| 5. 口 | (名、量) | kǒu | mouth; *a measure word, for people or persons in a family* |
| 6. 老两口儿 | (名) | lǎoliǎngkǒur | an old married couple |
| 7. 女婿 | (名) | nǚxu | son-in-law |
| 8. 外孙女 | (名) | wàisūnnǚ | daughter's daughter; grand= daughter |
| 9. 老伴儿 | (名) | lǎobànr | (of an old married cou= |

109

| | | | |
|---|---|---|---|
| | | | ple) husband or wife |
| 10. 归 | (动) | guī | to go back; to return |
| 11. 闲 | (动) | xián | to stay idle; to be unoccupied; not busy |
| 12. 家务 | (名) | jiāwù | household duties; housework |
| 13. 照顾 | (动) | zhàogù | to look after; to care for; to attend to |
| 14. 贡献 | (动、名) | gòngxiàn | to contribute; to dedicate; to devote; contribution |
| 15. 老人 | (名) | lǎorén | old people; the aged |
| 16. 隔 | (动) | gé | to separate; to stand or lie between |
| 17. 辈 | (名) | bèi | generation |
| 18. 幼儿园 | (名) | yòu'éryuán | kindergarten; nursery school |
| 19. 啦 | (助) | la | *an auxiliary word performing the grammatical functions of mood* |
| 20. 亲 | (形) | qīn | dear; intimate |
| 21. 当初 | (名) | dāngchū | at that time; originally |
| 22. 盼 | (动) | pàn | to hope for; to long for; to expect |
| 23. 老二 | (名) | lǎo'èr | the second child or brother (or sister) |
| 老 | (头) | lǎo | *a prefix used before the surname of a person or a numeral indicating the order of birth of the chil-* |

dren in a family to in=
dicate affection or famil=
iarity

24. 当然 （形、副）dāngrán only natural; as it should
be; certainly; of course;
without doubt

25. 明白 （形、动）míngbai clear; obvious; to under=
stand; to realize

26. 养儿防老 yǎng'érfánglǎo (of parents) to bring up
children for the purpose
of being looked after in
old age

养 （动）yǎng to bring sb. up; to raise
(pig, etc.)

防 （动）fáng to defend; to prevent

27. 依靠 （动）yīkào to rely on; to depend on

28. 一切 （代）yīqiè all; every; everything

29. 平常 （名、形）píngcháng ordinary; common; usual=
ly; ordinarily

30. 下班 xià bān to come or go off work

31. 前年 （名）qiánnián the year before last

32. 病人 （名）bìngrén patient; invalid

33. 倒 （动）dào to pour; to tip

34. 喂 （动）wèi to feed

35. 拉 （动）lā to pull

36. 孝敬 （动）xiàojìng to respect; to give presents
(to one's elders or superiors)

37. 水果 （名）shuǐguǒ fruit

111

| 38. 教育 | (动、名) jiàoyù | to educate; to teach; education |
| 39. 孤独 | (形) gūdú | lonely; solitary |
| 40. 上班 | shàng bān | to go to work; to be on duty; to start work |
| 41. 亲家 | (名) qìngjia | parents of one's daughter-in-law or son-in-law; relatives by marriage |
| 42. 家庭 | (名) jiātíng | family; household |
| 43. 丰衣足食 | fēngyīzúshí | have ample food and clothing; be well-fed and well-clothed |
| 44. 欢乐 | (形) huānlè | happy; joyous; gay |
| 45. 唉 | (叹) ài | alas; Oh dear |
| 46. 顾 | (动) gù | to attend to |
| 47. 月饼 | (名) yuèbing | moon cake (esp. for the Mid-Autumn Festival) |
| 48. 长 | (动) zhǎng | to grow; to develop |
| 49. 哥儿 | (名) gēr | brothers; boys |
| 50. 婆家 | (名) pójia | husband's family |
| 51. 公公 | (名) gōnggong | husband's father; father-in-law |
| 52. 婆婆 | (名) pópo | husband's mother; mother-in-law |
| 53. 开玩笑 | kāi wánxiào | to play a joke; to make fun of; to joke |
| 玩笑 | (名) wánxiào | joke; jest |
| 54. 表妹 | (名) biǎomèi | female cousin, with a |

112

|  |  | | different surname (younger than oneself) |
| 55. 对象 | (名) | duìxiàng | boy or girl friend |
| 56. 姨 | (名) | yí | one's mother's sister; aunt |
| 57. 喽 | (助) | lou | *an auxiliary word performing the grammatical functions of mood* |
| 58. 表兄 | (名) | biǎoxiōng | male cousin, with a different surname (older than oneself) |
| 兄 | (名) | xiōng | elder brother |

## 专 名

| 中秋节 | Zhōngqiū Jié | the Mid-Autumn Festival |

## 四、词 语 例 解

### 1. 我女儿丁云

"我女儿"和"丁云"指的是同一个人，而且在句中同是主语。所以"丁云"是复指成分，复指"我女儿"。本课中的"我们两家"、"我们老两口儿"、"我们老人"、"小夫妻俩"等都是这种关系。

In the sentence "我女儿" or "丁云" refers to the same person and functions as the subject of the sentence. So "我女儿" is in apposition to "丁云". There are other such sentences in the text, such as "我们两家","我们老两口儿","我们老人","小夫妻俩" etc.

(1) 你和你爱人都是南方人吗？

——对，我们俩都是南方人。

(2) 我来介绍一下吧，这是我的女朋友张新。

113

（3）你们姐妹三个都作什么工作？

　　——我们姐儿三个都是中学老师。

（4）丁大爷和他老伴儿丁大娘都多大年纪了？

　　——他们老两口儿同岁，今年都是五十八。

## 2. 日子

"日子"含有以下几个意思：

"日子" has the following meanings:

A. 表示具有特定意义的某天。

　　a day possessing special significance

（1）今天是什么日子，您的儿子、女儿都回来了？

　　——今天是中秋节。

（2）古波，你回家探亲的日子定了吗？

　　——现在还决定不下来。放假的日子定了以后，我才能决定。

（3）三月二号那天是我最难忘的日子。

B. 表示时间，意思相当于"天"。

　　time counted by days

（1）这些日子怎么没见到你？身体好吗？

　　——我前些日子住院了，上星期才出院。

（2）你在国外的那些日子，你姥姥可想你了。

　　——是呀，我也觉得时间过得太慢了。

（3）你什么时候再来？

　　——我最近比较忙，过些日子再来看您。

C. 指生活（物质生活或精神生活）。

　　life (material as well as spiritural); livelihood

（1）王大娘，您的孩子都工作了，以后的日子会越来越好的。

　　——是啊，现在的日子已经不错了，以后就更好了。

（2）前几年，我丈夫在外地工作，我的日子可不好过了。

114

──现在你们好了，一家人团聚了。

（3）她生活很简朴，很会过日子。

## 3．……又觉得象看见丁云一样

（1）昨天，我们想去你家，又怕你不在，所以没去。

（2）真糟糕，盼着孩子们都放假回家了，我又要去外地办事了。

（3）奶奶总想替妈妈多干点儿家务事儿，可是身体又不好。

这里的"又"表示一种缓和的转折语气，用于转折复句中的第二分句，前面还可以用"可是"、"但是"等。

"又" here expresses an undertone of contrast. When used in the second clause of a compound sentence denoting contrast, "又" can sometimes be preceded by "可是", "但是", etc.

## 4．热热闹闹地过个节吧

（1）表妹结婚的那一天，咱们一定要热热闹闹地玩儿一天。

（2）为了干干净净地过新年，妈妈昨天忙了一个下午，又收拾屋子，又洗衣服。

（3）小兰早上去幼儿园，您还要送她吗？

──不用了。每天早上她自己就高高兴兴地去了。

（4）她把书整整齐齐地摆在桌子上。

汉语里，有些形容词可以重叠使用，以加强描述的效果。双音节形容词可按照"AABB"的格式重叠，做状语时，后面一般用"地"。

In Chinese, some adjectives can be reduplicated to make the description more vivid. When a disyllabic adjective is reduplicated, the syllables are repeated in the pattern "AABB". When used as an adverbial adunct, it is usually followed by "地".

## 5．干了一天工作

(1) 你表哥是干什么工作的？

—— 他现在是个篮球教练，原来是个运动员。

(2) 我以前没干过翻译工作，这是第一次，请多帮助。

(3) 权叔干了一辈子设计工作，对建筑艺术很有研究。

## 6. 贡献

(1) 爸爸常常教育我们说："要学好本领，多为人民作贡献。"

(2) 这位老人想，她在街道上干点儿工作，多为邻居们作些好事，也可以对社会作出贡献。

(3) 为了实现我们伟大的理想，青年们决心贡献出自己的一切。

## 7. 女儿就不用说了

"不用"是"不需要"的意思。"不用"后常是动词、动词结构或主谓结构。

"不用" means "need not"; "不用" is usually followed by a verb, verbal construction or subject-predicate.

(1) 我来介绍一下儿吧……

—— 不用介绍了，我们都认识了。

(2) 大妈，您不用送了，请回吧。

(3) 您老伴儿的病很快就会好的，请不用着急。

"不用说"常作为一个固定结构来用，表示"…尚且如此，…更是如此"。

"不用说" is often used as a set phrase and means "…let alone…".

(4) 张丽华对她爱人怎么样？

—— 我看，她对周围的朋友都那么好，对她自己的爱人就更不用说了。

(5) 您家里人这么多，过年过节的时候一定很热闹。

——是啊。您看，平常就这么热闹，更不用说过年过节了。

## 8. 女婿简直比亲儿子还好

这里的"还"表示"更进一层"的意思，用在"比"字句中，构成"A比B还…"格式。

The adverb "还" here means "even or moreover". "还" is used in a sentence with "比" to form the construction "A比B还…":

(1) 你家有几口人？
——六口。公公、婆婆，我们两口儿，还有俩孩子。
你家人真不少。
——我叔叔家的人还多呢，有八口。

(2) 邻居们都说小兰长得很好看，小丽长得怎么样？
——小丽比小兰长得还好看。

## 9. 盼啊盼

"动词＋'啊'＋重复的动词"表示行为动作反复进行，而且持续的时间长。这种格式后面常有表示结果的后续句子。动词多为单音节的，也可以在重复的动词后再加"啊"，如："盼啊盼啊"。

The construction "verb ＋'啊'＋ the reduplicated verb" indicates that the action is repeated again and again and is continued for quite some time. Such a construction is often followed by a resultative clause. The verb is mostly mono-syllabic, and an other "啊" can precede the reduplicated verb, e.g. "盼啊盼啊".

(1) 她们俩在一起总有说不完的话，她们说啊说，有时候连饭都忘了做了。

117

(2) 那天，我和表姐在公园门口等啊等，都快十点了，表妹和她的对象才来。

## 10. 可总觉得生活里少点儿什么

(1) 小顾生了一个又白又胖的儿子，咱们是不是应该买点儿什么去看看她。

(2) 孩子上幼儿园比在家里好，在幼儿园总能学点儿什么。

(3) 这么晚了，在家吃点儿什么再走吧，饭馆都快关门了。

疑问代词用在陈述句中并不表示疑问，也不要求回答，只代替不确定的人或事物。

The interrogative pronoun used in a declarative sentence, does not form a question but stands for an indefinite person or thing, so no answer is required.

## 11. 作这作那让我吃

(1) 每次到了三姨家，她总是忙着拿这拿那让我们吃。

(2) 他的老伴儿退休了，可是在家也闲不住，总是作点儿这，作点儿那。

(3) 前几天，邻居张阿姨又买这又买那，原来，她家大女儿要结婚了。

指示代词"这"、"那"对举着用时，指不确定的人或事物，表示众多或种类多。

When the demonstrative pronouns "这" and "那" are con-trasted in the same sentence, they stand for indefinite and various persons or things.

## 12. 家里要是就我们老两口儿，……

(1) 王大爷，您有几个孙子、孙女儿？
——我们就一个小外孙女。

(2) 小王，你的兄弟姐妹多吗？
——我们就哥儿俩。

(3) 你爷爷、奶奶还都在吗？

——就我奶奶了，我爷爷前年就死了。

副词"就"还可以表示"只"的意思。这样用时可直接放在名词结构、代词或数量词前面。

The adverb "就" can also mean "只". When used in this sense, "就" can be placed before the noun-phrase, pronoun or numeral-measure word.

### 13. 每到放假的时候

(1) 每到放假的日子，他们就带着孩子回姥姥家团聚。

(2) 每到我母亲过生日的那天，我们兄弟姐妹、亲戚朋友就都来了，家里非常热闹。

(3) 每到星期天，我表兄就来接我们去玩儿。

### 14. 亲家老两口儿都在

这里的"在"是"生存"、"活着"的意思。

"在" used here means "exist, be living".

(1) 你丈夫家人多吗？

——不多。他爸爸、妈妈早已不在了，现在家里就他和他弟弟。

(2) 船上那位老大娘说："要是我那两个孩子还在，现在也有三十多岁了。"

### 15. 只顾自己说了

(1) 爸爸只顾跟客人说话，把茶都倒在茶碗外边了。

(2) 我们不能只顾自己，不顾别人。

(3) 姐姐劝弟弟说："你不能只顾学习，不顾身体。"

(4) 家务事很多，他看妻子顾了这，顾不了那，就赶快去帮她做。

(5) 丁大娘对老伴儿说："咱们可要注意身体啊！要是病了，他们小两口儿是顾工作呢，还是顾咱们俩呢？"

"顾"的 宾 语 可以是名词、代词，也可以是动词、动词结构等。用肯定式时，很少单用，常带副词"只"、"就"等（否定式不受此限）。如果单用，多为并列形式。

"顾" may take a noun or pronoun or a verb or verbal construction as its object. When used in the positive (but never the negative) form, it seldom appears alone but usually goes with adverbs such as "只", "就", etc. "顾" seldom appears alone except when expressing an alternative.

## 五、练 习

课文部分

1. 根据课文回答问题：

Answer the following questions on the text:

(1) 丁大娘家里有几口人？都是谁？

(2) 布朗夫妇去她家的那天，丁大娘特别想谁？为什么？

(3) 丁云的姐姐结婚以前，丁大娘老两口儿为什么总觉得生活里少了点儿什么？

(4) 丁大爷现在还盼不盼儿子了？为什么？

(5) 丁大娘为什么觉得她的女婿简直比亲儿子还好？

(6) 丁大娘的亲家还在吗？他们跟丁大娘家的关系怎么样？

(7) 邻居们觉得丁大娘的家庭怎么样？为什么？

(8) 丁大娘觉得一个老人最大的幸福是什么？

(9) 中国旧社会有句话叫"养儿防老"，是什么意思？现在为什么没有人说了？

2. 根据情境，模仿下面的例子造句：

Make up sentences based on the given situations, taking

120

the following as models:

例：中秋节那天，丁大娘虽然特别想丁云，可是看见了帕兰卡，她就觉得象看见了丁云一样，高兴极了。

　　——丁大娘说："今天我特别想丁云，看见了帕兰卡，又觉得象看见了丁云一样，我高兴极了。"

(1) 新年是家里人团聚的日子，可是你妹妹不在家，你特别想她。

(2) 你总想应该常给家里写信，可是学习很忙，没有时间多写。

(3) 白素贞知道自己不能喝雄黄酒，可是她怕丈夫怀疑，只好喝了一杯。

(4) 许仙发现妻子是蛇变的，虽然有些害怕，可是，觉得她很善良，夫妻感情也很好，不愿意离开她。

＊　　　　　＊　　　　　＊

例：丁大娘觉得亲儿子好，可是她的大女婿更好。

　　——丁大娘说："大女婿简直比亲儿子还好。"

(1) 你的朋友对你说："平常觉得很忙，可是到了星期天觉得更忙。"

(2) 你朋友原来住的那套房子很好，现在又住了一套新房子，这套新房子更好。

(3) 你朋友家的老大长得象他妈妈，老二更象他妈妈。

(4) 你大姐对你很好，二姐对你更好。

＊　　　　　＊　　　　　＊

例：丁大娘老两口儿就盼着生一个儿子,他们盼了很长时间，第二个孩子还是一个女儿。

　　——丁大娘说："我们就盼着生一个儿子，盼啊盼，老二又是一个女儿。"

(1) 一天，你朋友带着孩子去动物园。公园门口人多极了,

121

孩子一下子不见了，他和爱人找了半个多小时才找到。

(2) 你家里两个多月没给你来信了，你每天盼着接到家信，今天上午可盼到了一封。

(3) 客人离开你家时忘了戴他的帽子，你发现后立刻跑出去找他，可是跑到公共汽车站时，他已经上车走了。

(4) 你和你的朋友说好，星期天上午八点在颐和园门口见面。那天，你们一家人一直等到九点钟，他们还没有来，你们只好先进去了。

\* \* \*

例：要是丁大娘有点儿不舒服，她的女婿就忙着作各种饭菜让她吃。

—→丁大娘说："要是我有点儿不舒服，他就忙着做这做那让我吃。"

(1) 每年回家探亲，你妈妈都给你做各种饭菜让你吃。

(2) 你朋友一见到你，就有好多话跟你说，一说起来就没完。

(3) 展览会上的工艺品好看极了，你哪个都想买，可是你带的钱太少了。

\* \* \*

例：丁大娘老两口儿只有两个女儿，他们总觉得家里少个儿子。她可以说：

—→我们总觉得生活里少点儿什么。

(1) 你叔叔下星期就要出院了，你跟你女朋友商量，说："要不要买点儿东西去看看他？"

(2) 去外地旅行的那天，你坐在汽车里就觉得忘了一件东西，到了火车站才发现照相机忘带了。

(3) 你朋友留你们在他家吃饭，你对他说："不要专为我们准备好吃的东西，咱们有什么吃什么。"

122

**3.** 参看课文的插图写一段话。

Write a passage on the pictures in the text:

会话部分

跟你的朋友就下列题目进行会话：

Make conversation with your friend on the following topics:

　　(1) 谈谈你自己的家庭情况。

　　(2) 谈谈你朋友家的情况。

　　(3) 谈谈你表姐或者表兄家的情况。

谈话时可包括下面几个内容，并尽量用上所给的词语。

Try to use as much as possible the given words and phrases in your conversation about the following subjects.

　　(1) 家里有几口人？都是谁？

　　　　（住在一起　跟…住在一起　还在　不在了　感情很好　孝敬）

　　(2) 家里人都作什么工作？在哪儿？工作得怎么样？

　　　　（早出晚归　上班　下班　照顾家　盼）

　　(3) 他们下班以后或者不上班的日子都做些什么？

　　　　（团聚　忙家务　教育孩子　看看电视　会过日子）

　　(4) 家里有什么亲戚、朋友？是不是常有来往？

　　　　（跟…来往　谈家常　表姐　表妹　表兄　叔叔　姨　关系很好）

词语部分

**1.** 掌握下列词语：

Master the usages of the following words and phrases:

　　(1) 照顾病人　　　　　　　照顾得很好

　　　　照顾家　　　　　　　　照顾得很周到

123

(2) 盼着跟家里人团圆　　(3) 隔(着)一条河
　　盼儿子长大成人　　　　　隔(着)两个人
　　盼了很长时间　　　　　　隔两个小时
　　盼到了这一天　　　　　　隔几天
　　把…盼来了

(4) 开了一个玩笑　　　　(5) 贡献大
　　跟…开玩笑　　　　　　　有贡献
　　跟…开了一个大玩笑　　　对…有贡献
　　开他的玩笑　　　　　　　贡献出一切
　　　　　　　　　　　　　　为…作出贡献

(6) 回国的日子　　　　　(7) 热热闹闹地玩儿一天
　　难忘的日子　　　　　　　辛辛苦苦地干了一天
　　这些日子　　　　　　　　舒舒服服地休息一会儿
　　前些日子　　　　　　　　高高兴兴地走了
　　过些日子　　　　　　　　整整齐齐地摆着
　　等些日子　　　　　　　　清清楚楚地写着
　　隔些日子
　　过着丰衣足食的日子

2．用所给词语完成下列对话：

Complete the following dialogues using the words or phrases given:

(1) 你们每天下午几点钟下班？

　　_____，只有星期六是五点下班。（平常）

(2) 他丈夫喜欢喝酒吗？

124

_____，到了过年过节的时候，才喝一点儿。（平常）

(3) 听说您大儿子跟他爱人关系不太好，是吗？

是啊，您知道_____，他们俩的兴趣不一样，怎么能生活在一起呢？（当初　劝　结婚）

(4) 昨天你们看的那个电影怎么样？有人说不错。

_____。（当然　很受教育）

(5) 回国的日子眼看就要到了，手续都办好了吗？

_____。（一切手续）

行李也都准备好了吗？

_____。（一切）

(6) 大夫，请问您这些药怎么吃？

_____。（隔）

(7) 您借的书早已过日子了，上星期就应该还了。

——对不起，我不知道，一次能借几天？

您看，墙上_____。（清清楚楚写着）

(8) 他们的爸爸、妈妈死了以后，他们是怎么生活的？

——他姨把他们接到她家去了，_____。（依靠长）

3. 将下列对话翻译成汉语：

Translate the following into Chinese:

(1) Aunt Wang, you are really very kind to your daughter-in-law! It is as if she were your own daughter.

— Oh, yes. She is kind to me too, even kinder to me than to her own mother. （待　亲）

(2) Is your mother-in-law's house far from yours?

— No, we both live in the same street, her house and mine are just a few doors apart. （同　隔）

(3) What does your mother do at home since she retired

125

from work?

— It seems to me that she gets even busier than before! She keeps herself busy all day long with shopping, cooking, looking after her grandsons and granddaughters. (比…还… 闲不住)

(4) They say that your wife is angry with you. Is it true?

—Probably, she often complains that I am so entirely absorbed in my own work that I neglect my children's education. But it doesn't matter; everything will be all right in a couple of days. (只顾干…工作 注意)

(5) Do you and your uncle see each other often?

— My uncle died long ago. But we still see his son. On holidays he and his family come to our house and we have a good time all day. (来往 不在每到)

(6) Have you got any relatives in Beijing?

— Yes, I have got one male and two female (maternal) cousins in Beijing. My aunt has been to Beijing recently. Since her husband died my (male) cousin is afraid that she may feel lonely, so he asked her to come to Beijing. I am going to get my parents to come to Beijing too when I get married. (前些日子 怕 接到)

# 第 七 课

## 一、课 文

## 他 们 俩 和 好 了

街道办事处 ①的刘大姐，这几天特别高兴，因为她让一对吵着要离婚的夫妻和好了。

一个多月以前，汽车修理厂的技术员王林忽然去找刘大姐，提出要跟妻子离婚。刘大姐听了很吃惊，问他为什么，他却不回答，只是低着头拼命地吸烟。后来，刘大姐把王林的爱人孙明英找来，明英也哭着说："他一定要离，就离吧!"刘大姐看出他们俩都很痛苦，好好的家庭，为什么会变成这个样子呢? 她决定先把情况了解清楚。刘大姐访问了他们的邻居，心里一下子明白了。

明英是第一小学的老师。两年前，她从学校毕业以后，和王林恋爱结了婚。婚后，两个人的感情很好。到了暑假，明英在家休息。每天王林下班回来，妻子总是作好了饭菜等着他; 换下来的脏衣服，明英立刻给他洗干净; 他也不用为买菜买米花时间。有时候，明英还陪着他去公园，或者到外边散散步。王林看到自己在家中的地位，觉得很得意，也为能有这样的妻子感到幸福。

一年以后，明英生了一个儿子。快三十岁的王林当爸爸了，他高兴极了。可是有了这个孩子，王林和明英的麻烦事也多了，这就给他们的小家庭带来了新问题。

白天，他们俩都上班，就把儿子放在一个邻居家里，每天中午、晚上接回家。中午明英又要买菜，又要作饭，王林就得看孩子。晚上下班以后，明英要改作业，有时候还到学生家里去访问，王林又得在家看孩子。开始，他只是觉得一回家就看孩子，不象个男子汉。他不高兴地对妻子说："是你当妈妈，还是我当妈妈？"后来，时间长了，他就常常发脾气。特别是一看见明英备课、改作业，就更生气。有一次，他竟把学生的作业本子锁进箱子里，气得明英直哭。明英要是在家给学生辅导，王林就说："一个孩子都管不了，你还把这么多孩子带到家里来！我别工作了，给你当阿姨②好了！"

一天晚上，明英正在作饭，一位家长带着孩子来谈学习的事儿。明英只顾跟人谈话，没注意，儿子把手烫了个大水泡。这一下儿，王林可气极了，他当着客人大喊道："你挣不了几个钱，可是比学校领导还忙。我和孩子你都不管，你还回家干什么？"明英为这事大哭了一场。从这以后，夫妻俩常吵架，王林喊着要离婚。家里的笑声没有了。

刘大姐了解到这些情况，就到王林的工厂和明英的学校去，请他们的领导帮助解决这个问题。第一小学的领导老张，把王林请到学校里来，向他详细地介绍了明英的工作情况。他对王林说："明英是一位好老师，同学们都很喜欢她。上学期她教的是一个困难班，由于她的努力，现在这个班的学生进步很快，成了全校的优秀班。老师们正在学习她的工作经验。我们希望你能支持她的工作。"老张还陪着王林去听明英的课。王林坐在教室里，看着孩子们那样注意地听，心里非常感动。他想，如果以后他们小儿子的老师也能这样热心，那多好啊！他觉得妻子那样地关心学生，那样地认真备课，确实应该受到尊重。

刘大姐还向王林介绍了杂志上的一篇文章。这篇文章描写了一对夫妻的爱情故事。妻子得病在床上已经躺了二十年，丈夫不但作好自己的工作，还把家务事儿都管了起来。二十年过去了，在他的关心和照顾下，妻子的病慢慢地好了。现在这一对夫妻过着非常幸福的生活。王林看了，觉得很惭愧。他决心改变自己对妻子的态度。不久，工厂的领导也跟他们家附近的一个幼儿园说好，让他们每天早上把孩子送去，晚上再接回来。

一天下午，明英在学校开会，回家晚了一个多小时。她一进门，只见桌上已经摆好了饭菜，丈夫正跟孩子玩儿呢。她简直不相信自己的眼睛了！这时王林对小儿子说："要妈妈尝尝爸爸作的菜，问妈妈，好吃不好吃？"明英很激动，她尝了一口，觉得从来没有吃过这么香的菜！

笑声又回到了他们的家里！

## 二、会　话

### 谈　婚　姻
Marriage

#### （一）

A：小张，你跟小王的事儿怎么样了？什么时候请我们吃糖？

B：我们已经结婚了。

A：是吗？我怎么一点儿也不知道。你们是什么时候结的婚？

130

B："五·一"节。我们是旅行结婚，没有举行婚礼，谁也没有告诉。欢迎你们有时间到我们家来玩儿。

A：一定，一定！我要去看看新娘子。别忘了给我补喜糖啊！

## （二）

A：老同学有什么消息吗？你现在还跟谁有联系？

B：我跟李华常见面。你还记得他吗？

A：记得。他是我们班上结婚最早的一个，是吗？

B：对，可是后来他跟他爱人离婚了，你知道吗？

A：不知道。为什么？

B：他们结婚以后，感情一直不好。大家劝他们，也没有用。后来到法院办了离婚手续。

A：现在呢？他还是一个人生活吗？

B：不。去年他又结婚了。

A：跟谁？

B：他们厂的一个女工。

A：他们有孩子吗？

B：还没有。听说他妻子已经怀孕了。

## 注 释

① 街道办事处

街道办事处是城市里最基层的政权机构。

In cities, the neighbourhood committee is an organ of political power at the grass-roots level.

② 阿姨

阿姨也是对保姆比较尊敬、亲切的称呼。

"阿姨" is a polite and intimate form of address for a children's nurse or a housekeeper.

## 三、生　词

| | | | |
|---|---|---|---|
| 1. 和好 | （动） | héhǎo | to become reconciled |
| 2. 办事处 | （名） | bànshìchù | office; agency |
| 3. 吵 | （动、形） | chǎo | to quarrel; to make a noise; noisy |
| 4. 离婚 | | líhūn | to divorce; to be divorced from (one's wife or husband) |
| 　婚 | （名） | hūn | marriage |
| 5. 修理厂 | （名） | xiūlǐchǎng | repair shop |
| 　修理 | （动） | xiūlǐ | to repair; to overhaul; to fix |
| 　厂 | （名） | chǎng | factory |
| 6. 技术员 | （名） | jìshùyuán | technician |
| 　技术 | （名） | jìshù | technology; technique; skill |
| 7. 只是 | （副） | zhǐshì | merely; simply; only; but |
| 8. 低 | （动、形） | dī | to lower (one's head); to let droop; to hang down; low |
| 9. 痛苦 | （形） | tòngkǔ | painful |
| 10. 小学 | （名） | xiǎoxué | primary school |
| 11. 毕业 | | bìyè | to graduate; to finish school |

| | | | |
|---|---|---|---|
| 12. | 恋爱 | (动) liàn'ài | to have a love affair; to be in love |
| 13. | 脏 | (形) zāng | dirty; filthy |
| 14. | 米 | (名) mǐ | rice |
| 15. | 感到 | (动) gǎndào | to feel; to sense |
| 16. | 地位 | (名) dìwèi | position; place; status |
| 17. | 得意 | (形) déyì | (be) proud of oneself; pleased with oneself; complacent |
| 18. | 白天 | (名) báitiān | daytime; day |
| 19. | 得 | (能动) děi | to need to; to have to do sth. |
| 20. | 看 | (动) kān | to look after; to take care of |
| 21. | 作业 | (名) zuòyè | school assignment; work; task; operation |
| 22. | 男子汉 | (名) nánzǐhàn | man (i.e. manly, masculine) |
| 23. | 发 | (动) fā | to send out; to show (one's feeling) |
| 24. | 脾气 | (名) píqì | temperament; disposition; temper |
| 25. | 备课 | bèi kè | (of a teacher) to prepare lessons |
| 26. | 竟 | (副) jìng | unexpectedly; actually; to go so far as to |
| 27. | 锁 | (动、名) suǒ | to lock up; lock |
| 28. | 直 | (形、副) zhí | straight; vertical; frank; |

directly; straightly

| | | | |
|---|---|---|---|
| 29. 家长 | (名) | jiāzhǎng | the parent or guardian of a child |
| 30. 烫 | (动) | tàng | to scald; to burn |
| 31. 水泡 | (名) | shuǐpào | bubble; blister |
| 32. 当 | (介) | dāng | just at (a time or place); on the spot |
| 33. 管 | (动) | guǎn | to manage; to be in charge of; to look after |
| 34. 吵架 | | chǎo jià | to quarrel; to have a row |
| 35. 领导 | (名、动) | lǐngdǎo | leadership; leader; to lead |
| 36. 解决 | (动) | jiějué | to solve; to resolve; to settle |
| 37. 向 | (介) | xiàng | to; towards |
| 38. 详细 | (形) | xiángxì | detailed; minute |
| 39. 困难 | (形、名) | kùnnan | difficult; difficulty |
| 40. 由于 | (介) | yóuyú | owing to; thanks to; as a result of |
| 41. 优秀 | (形) | yōuxiù | outstanding; excellent |
| 42. 经验 | (名) | jīngyàn | experience |
| 43. 支持 | (动) | zhīchí | to support; to back; to stand by |
| 44. 热心 | (形) | rèxīn | enthusiastic; ardent; warm-hearted |
| 45. 尊重 | (动) | zūnzhòng | to respect; to esteem |
| 46. 描写 | (动) | miáoxiě | to describe; to portray |
| 47. 爱情 | (名) | àiqíng | love (between man and woman) |

| | | | |
|---|---|---|---|
| 48. 惭愧 | (形) | cánkuì | (to be) ashamed |
| 49. 决心 | (名、动) | juéxīn | determination; resolution; to be determined; to be resolved; to make up one's mind |
| 50. 态度 | (名) | tàidu | manner; bearing; attitude; approach |
| 51. 附近 | (名) | fùjìn | nearby; neighbouring |
| 52. 开会 | | kāi huì | to hold or attend a meeting |
| 53. 从来 | (副) | cónglái | always; at all times; all along |
| 54. 香 | (形) | xiāng | fragrant; (of food) savoury; appetizing |
| 55. 补 | (动) | bǔ | to mend; to make up for |
| 56. 喜糖 | (名) | xǐtáng | sweet given on a happy occasion (esp. wedding) |
| 57. 联系 | (动、名) | liánxì | to integrate; to link; to get in touch with; contact; connection |
| 58. 法院 | (名) | fǎyuàn | court of justice; law court |
| 59. 怀孕 | | huái yùn | to be pregnant |

# 专　名

| | | |
|---|---|---|
| 1. 刘大姐 | Liú Dàjiě | *Liu is a surname, "大姐" is a polite form of address for a woman about one's own age* |

135

| | | |
|---|---|---|
| 2. 王林 | Wáng Lín | *name of a person* |
| 3. 孙明英 | Sūn Míngyīng | *a person's name* |
| 4. 老张 | Lǎo Zhāng | *a form of address for a person (Zhang is his sur= name) who is familiar to the speaker* |
| 5. 李华 | Lǐ Huá | *a person's name* |

## 四、词 语 例 解

### 1. 只是低着头拼命地吸烟

(1) 刘大姐问了半天，她只是哭，一句话也不说。

(2) 王林见明英回来以后只是坐在那儿低着头备课、改作业，心里很不高兴。

(3) 我问小张："你和小王什么时候请吃喜糖？"他却只是看着我笑，不回答我的问题。

这里的"只是"强调在某特定的情况下，唯有某种动作（而无其他动作）在持续。用于动词或动词结构之前。

"只是" here emphasizes one particular continued action (and no other) under specific circumstances. "只是" is placed before a verb or verbal construction.

### 2. 低

(1) 那张结婚照片挂得太低了。

(2) 新娘低着头，有点儿不好意思。

(3) 你说话声低一点儿，大家还没起床呢！

### 3. 他们俩

你的对象家里都有什么人啊？

——他有一个母亲。两个妹妹已经结婚了。平常只有母子俩一起过日子。

结了婚，你们俩可要孝敬老人啊！

——那当然，以后我们夫妻俩多作点家务事儿，也让老人在家享受享受。

他两个妹妹常回来吗？

——她们姐妹俩常回来。

## 4．痛苦

(1) 老伴儿死了以后，大娘感到很痛苦。

(2) 老人在旧社会苦了半辈子，现在我们俩不能让她再有一点儿痛苦，要让她的后半辈子过得非常幸福。

## 5．得

这是谁？你得给我介绍介绍。

——这是我的女朋友小王。

什么时候结婚，可得早一点儿告诉我呀！

——好，一定告诉你。

别人你可以不请，我，你可是得请。

——当然，咱们俩是十几年的老朋友了，别人不来，你也得来。对不对？

"得"没有否定形式，不能说"不得"。

"得" has no negative form. It is wrong to say "不得"：

## 6．竟

(1) 他们俩结婚那么多年，竟离婚了！

——什么？他跟他爱人离婚了？他竟没告诉我这个介绍人！

(2) 婆婆常常对人说："真没想到，我的儿媳（妇）竟比我的亲女儿还好！"

## 7．直

(1) 婚后八年他们一直没有小孩儿，当他知道妻子已经怀孕时，高兴得直跳。

(2) 已经很晚了，孩子还没回来，母亲直着急。

"直"在这里作状语，说明一种动作由于某种原因，自然或自发地连续不断地进行。

"直" is used here as an adverbial adjunct, indicating that an action, for some reason, continues naturally or spontaneously without any interruption.

8. 管

(1) 妻子是小学老师，她对我说过："孩子们的学习，上课时我要管，下了课我也要管。"我很同意她的意见。因此，家务事儿我让她少管一些，我多管一些。

(2) 老师管学生，家长管孩子，道理都是一样的，都是为了把他们培养教育成人。

9. 我别工作了，给你当阿姨好了

(1) 妻子生气地说："你再不管孩子，咱们离婚好了！"

(2) 这是我送给你的礼物，为什么要还给我呢？你要是不喜欢，就给别人好了。

(3) 这件事是应该他去做的，他不愿意去。怎么办？

——他不去，我去好了。

"好了"用于句尾，表示前面所说的是说话人认为根据当时情况可以或只能采取的作法。有时为了夸张，这一作法可能是极端的。句子多带有由于不满而赌气的口吻。

有时，"…好了"有"尽管…"的意思。

"好了" is used at the end of a sentence, indicating what the speaker thinks is the only way out under the circumstances. Sometimes, for exaggeration, the solution may be an extreme one. The whole sentence conveys a notion that the speaker is feeling wronged and unsatisfied and may be acting rashly：

138

Sometimes "…好了" means "not hesitate to".

(1) 你一直往前走好了，过了铁路就到了。

(2) 这本书你拿去看好了，我现在不用。

## 10. 这一下儿

"这一下儿"用来连接两个分句，表示由于前面的变化或作法，而产生了下面的结果。

"这一下儿" is used to link two clauses. "这一下儿" introduces the second clause indicating the consequence of the change or procedure mentioned in the first clause.

(1) 她把刚才说的上海话，又用普通话说了一遍，这一下儿，我全懂了。

(2) 我把哥哥最喜欢的一件瓷器打破了，这一下儿，他可发了脾气。

(3) 天突然冷了，这一下儿，又会有不少人感冒。

## 11. 尊重

(1) 丈夫和妻子应该互相关心，互相尊重。

(2) 只有尊重别人的人，才能受到别人的尊重。

(3) 青年工人都很尊重这位老师傅的意见。

## 12. 决心

(1) 王林决心把妻子照顾好，支持她的工作，把家务管起来。

(2) 王林想：自己错了，就应该下决心改。

(3) 咱们把今年的生产计划提前半个月完成，好不好？你们有没有决心？

　　——有！我们决心很大。

例(1)中的"决心"是动词，它后面的成分是它的宾语。名词"决心"常作"下"或"有"的宾语。

"决心" in sentence (1) is a verb and what follows it

its object. The noun "决心" is often used as the object of "下" or "有".

13. 附近

(1) 同志，街道办事处远吗？

—— 不远，就在附近。

(2) 附近有商店吗？

—— 有。那边有一个邮局，邮局附近有三四家商店呢！

14. 回家晚了一个多小时

(1) 今天我来早了，早了一刻钟。

—— 早一点儿比晚一点儿好，咱们先干起来吧！

(2) 我来晚了，请原谅！

—— 没关系，你只晚了三分钟，我们还没开始呢。

(3) 今天早上我去幼儿园上班，孩子们告诉我，我们班里多了一个小朋友，张老师班里少了一个小朋友。

"早"、"晚"、"多"、"少"等后面带上名词或数量结 构 作 谓 语，可以表示比较。

Words such as "早", "晚", "多" or "少" take a noun or numeral-measure construction as their predicate to indicate comparison.

15. 从来

(1) 他从来没想过要找对象，到现在还一个人生活呢！

(2) 他从来不跟我们开玩笑。

(3) 他们俩结婚已经十年了，从来没吵过架。

(4) 他们夫妻俩工作非常积极，从来都是早上班，晚下班。

"从来"表示从过去到现在(都是这样)。用"从来"的句子否定的较多，常说"从来没有…过""从来不…"。

"从来" is used to indicate that something remains unchanged. Sentences with "从来" are usually used in the negative, as "从来没有…过"，"从来不…"：

16. 补

(1) 明英班里的一个学生前几天病了，今天来她家补课。明英见他的衣服破了，就给他补好了。

(2) 上车以前我来不及给小孩买票了，请给他补一张，好吗？

(3) 你结婚也不告诉我们一声，喜糖也没给我们留。以后得补请我们一次。

17. 联系

(1) 你跟哪些老朋友还有联系？

——我和老王还常常写信联系。别的人都没有联系了。

(2) 星期六布朗夫妇想去访问一位书法家，你先去联系一下，好吗？

——好吧。要不要联系一下汽车呢？

当然要，你可以用电话联系，告诉他们九点半派车来就可以了。

18. 由于 因为

"由于"和"因为"意思差不多，都是表示原因和理由的。有时，在一个句子里可以用"因为"，也可以换用"由于"。

"由于" and "因为" are similar in meaning. Both of them indicate the cause or reason of sth., sometimes "由于" and "因为" can be interchanged in the same sentence.

(1) 她由于（因为）身体不好，没有去上班。

"因为"是连词，多用在第一分句中，有时也可放在第二分句句首。

"因为" is a conjunction and generally placed in the first clause, but sometimes at the beginning of the second clause.

(2) 王林因为妻子把学生带回家来辅导，发了很大的脾气。

141

(3) 王林不愿意看孩子、做饭，因为他觉得这不是男子汉应该干的事儿。

"由于"是介词，它的宾语多是词或词组。

"由于" is a preposition and usually takes a word or phrase as its object.

(4) 由于孙老师和同学们的帮助，他进步非常快。

## 五、练 习

课文部分

1. 根据课文回答问题：

Answer the following questions on the text:

(1) 一个多月以前，刘大姐遇到了什么问题？

(2) 王林和孙明英刚结婚的时候感情怎么样？为什么王林很得意？

(3) 一年以后，小儿子给王林带来了什么麻烦事？王林支持妻子备课、改作业、辅导学生吗？

(4) 他们的小儿子怎么把手烫了？王林的态度怎么样？

(5) 为了王林夫妇的事，刘大姐请第一小学的领导作了哪些工作？王林怎样看妻子的工作？

(6) 刘大姐给王林介绍了一篇什么文章？工厂的领导怎么样帮助他们解决看孩子的问题？

(7) 一天晚上，明英回家晚了一个多小时，到家以后她为什么很激动？

2. 根据情境，模仿下面的例子造句或回答问题：

Make up sentences or answer questions based on the given situations, taking the following as models:

例：如果你的发音不好，你应该怎么办？

142

——如果我的发音不好，我就得多练。

(1) 如果今年夏天你去南方旅行的计划不能实现，你怎么办？

(2) 白素贞怎么样才能救活许仙？

(3) 你喜欢画画儿，要是你觉得一个地方的风景很美，你会做什么？

(4) 你要去一个很远的地方，不能走着去，你怎么办？

＊　　　　＊　　　　＊

例：有的人除了自己的事以外，别人的事都不关心，请你谈谈你的看法。

　　——有的人只管自己的事，别人的事都不管，我觉得这样做不对，应该热情地帮助别人。

(1) 孩子如果不好好学习，学校和家长应该怎么办？

(2) 请你谈谈你们那儿的老人退休以后的情况。

(3) 在你们家，谁做饭，谁洗衣服，谁打扫房间？家务活儿由谁干？

＊　　　　＊　　　　＊

例：有一个小孩在哭，怎么劝也劝不好，你也不想管了，你对他说什么？

　　——你哭好了，我也不管了。

(1) 你给妹妹拿来几样东西，她都想要，你只好送给她，你怎么对她说？

(2) 一个孩子做错了事，母亲说他的时候，他认识到自己错了，并且决心改，他怎么对母亲说？

(3) 有一本导游(地)图，你的朋友想借去看看，你说什么？

＊　　　　＊　　　　＊

例：他昨天病了，没有做作业，今天他应该怎么办？

　　——他昨天没有做作业，今天应该补做。

(1) 少给了他们班一张电影票，怎么办？

(2) 足球赛就要开始了，还少一个运动员，怎么办？

(3) 你的鞋破了一点儿，但还想穿，怎么办？

            \*           \*           \*

例：你的朋友出国了，但是你还常常给他写信。

    ——我的朋友出国了，但是我们还常常联系。

(1) 为了教育好孩子，老师常常访问家长，家长也常常到学校去见老师。

(2) 你访问了一个中国农民的家庭，离开的时候你说，希望他们能给你写信，你也要给他们写信。

(3) 有很长时间，你不知道你的表妹在什么地方，后来才找到她。

(4) 毕业以后，同学们是不是还常常互相来往？

            \*           \*           \*

例：我们坐的火车应该九点钟到，结果九点半才到。（晚）

    ——我们坐的火车晚了半个小时。

(1) 我们厂原来只有三位技术员，从今天起又来了一位技术员。    （多）

(2) 刚才桌子上有五个作业本子，现在怎么只有四个？（少）

(3) 我穿九十公分的衣服，你买的是九十五公分的。（大）

---

| 会话部分 |

1．用上下列词语，说一段话。

Say something about the following situations, using the words and phrases given.

(1) 跟…结婚　　　举行婚礼　　　怀孕
是…结的婚　　　请…吃糖　　　生孩子
你遇到了一个老同学，她大学毕业以后结了婚，你问了她一些情况。

(2) 由于　竟　要离婚　痛苦　领导　解决　和好
有一对年轻的夫妻吵着要离婚，经过领导和朋友们的帮助，他们和好了。

2．用下列词语完成对话：

Complete the following dialogue with the words and phrases given:

地位　尊重　管　只是　下决心　竟　从来　好了　得
由于　感情　向　吵架　感到　吵　经验　详细　热心

A：你有对象了吗？

B：有了，她在我们工厂的幼儿园工作。

A：她怎么样？

B：她的脾气特别好。在幼儿园，孩子们都喜欢她。她_____没有发过脾气。我想，这太好了，因为我的脾气不太好，要是她的脾气也不好，我们 就 会 天 天_____的。

A：哎呀，我真没想到你_____是这样的态度。你应该_____改一改自己的脾气，将来结婚以后才会幸福。

B：我想没关系。她脾气好，又关心我，将来结了婚，她一定会把家务_____起来。那时候，吃饭、穿衣都不用我自己动手。我回家以后看看书，听听广播，可以享受享受了。

A：你还没有结婚就把自己放在这样的_____，这太危险了！在一个家庭里，夫妻要互相照顾，互相_____，这样＿＿＿＿＿才能好。要是象你刚才描写的家庭生活，你什么家务活儿也不管，都靠妻子去干，怎么可以呢？

B：是不是你在家里什么都＿＿＿＿＿听妻子的？

A：我不是说了吗？一定要相亲相爱，谁也不能只顾自己。有不少人就是＿＿＿＿＿没有这样做，夫妻关系越来越不好，两个人都很痛苦。有的还＿＿＿＿＿着要离婚呢！

B：是吗？听你这样一说，我可得好好注意了。你作丈夫，有什么好＿＿＿＿＿，可以给我＿＿＿＿＿地介绍介绍。

A：你要＿＿＿＿＿我学习吗？那就去问我爱人＿＿＿＿＿。她会告诉你我在家里怎么样。

B：结婚以前，我一定去访问你的妻子。

A：好。我也欢迎你的对象来访问我。我也会很＿＿＿＿＿地帮助她，给她介绍我爱人是怎么样作妻子的。

### 词语部分

1. 掌握下列词语：

Master the usages of the following words and phrases:

(1) 修理门、窗　(2) 有技术　　(3) 大学毕业
　　修理汽车　　　　懂技术　　　　小学毕业
　　修理箱子　　　　最新技术　　　从学校毕业

(4) 看大门　　(5) 详细了解　(6) 优秀运动员
　　看家　　　　　讲得很详细　　优秀的成绩
　　看自行车　　　比较详细　　　优秀学生

(7) 有经验　　(8) 有决心
　　丰富的经验　　下决心
　　介绍经验　　　决心努力学习

2. 用括号里的词语完成下列句子：

Complete the following sentences, using the words and

phrases in the brackets:

  (1) 老张是一个热心人，为了种好果树，他在研究一种新技术，我们＿＿＿＿＿＿＿。（支持）

  (2) 在这次的大学生运动会上，小王的成绩优秀，他一定有很多好的经验，＿＿＿＿＿＿＿。（详细）

  (3) 他讲的故事真有趣，逗得＿＿＿＿＿＿＿。（直）

  (4) 他虽然是个技术员，可是＿＿＿＿＿＿＿，在工作中还是遇到了不少问题和困难。（由于）

  (5) 你看他＿＿＿＿＿＿＿，他一定有什么高兴事。（得意）

  (6) 上个月，我坐船游览了三峡，那里有奇特的山峰，奔腾的江水，我＿＿＿＿＿＿＿。（描写）

  (7) 你找张大娘的老伴儿吗?他吃完饭就＿＿＿＿＿＿＿，你去那儿找他吧。（附近　散步）

  (8) 方老师备课、改作业都非常认真，每天都工作得很晚，＿＿＿＿＿＿＿。（从来）

3．用英文翻译下面的短文：

Translate the following passage into English:

  小丁生孩子了。星期日我去她家看她。一见到我，她非常高兴。她让我看看她的小女儿。哎呀，我从来没有见过这么有意思的孩子。她生下来才一个星期，可是眼睛大大的，象是在看着我笑。小丁说，她怀孕以后，她的丈夫对她很关心，照顾她照顾得很好。家务活儿都是丈夫干。衣服脏了，他洗；米吃完了，他买。有时候他还自己补衣服呢！正说着，小丁的丈夫给小丁端来一杯牛奶，小丁让丈夫坐下跟我们一起说话。我看着这一对幸福的夫妻，从心里感到羡慕。

# 第 八 课

## 一、课 文

### 在老队长家里做客

一天上午，布朗夫妇和翻译小李到北京郊区的一个人民公社参观。到了公社，由一位生产队的老队长陪着他们参观了菜地、果园、奶牛场，还访问了公社的学校和幼儿园。

从幼儿园出来，已经快十二点了。老队长对布朗夫

妇说:"时候不早了。我家离这儿不远,你们到我家休息一下儿,吃了午饭再走,怎么样?"布朗夫妇高兴地跟老队长一起到了他的家门口。老队长的老伴田大娘和女儿小华,正在家里作饭,听说有客人来了,连忙从屋里走出来。

　　这是一个典型的北方农村的院子。对着院门是五间朝南的新房子。房前种了很多花。院子中间有一株大枣树和一张石板桌子,桌子下边躺着一只大黄狗。看见来了不认识的人,大黄狗就大叫起来。老队长喊了一声,它才又回到桌子下边躺着。整个院子收拾得非常干净。

　　老队长让大家进了屋,只见窗户前边有一个占了半间屋子的砖台子,台子上左边整齐地放着几床被褥,中间摆着一张小桌子。小李告诉布朗太太,这叫炕。中国北方农村很多人家都有这种炕，白天在上边吃饭，休息，晚上在上边睡觉。到了冬天，下边生起火来，可以取暖，睡上去非常舒服。

田大娘请客人到炕上坐，又忙着给大家倒茶。这时候，小华端出了花生、大枣和葡萄。老队长笑着说："大家尝尝小华她们果园种的葡萄，甜极了。"原来，他们的女儿在公社的果园里工作。

"没有什么好的招待你们。"田大娘笑着对客人说，"今天正好家里吃饺子，就请你们尝尝我们农村的饺子吧！"

"我们去南方旅行，还没有吃过饺子呢！南方人不喜欢吃饺子吗？"布朗太太问。

"对了，南方人爱吃米饭，北方人爱吃饺子。特别是过年过节的时候，全家人团聚在一起，大家一边包，一边说说笑笑，又热闹，又有意思。"小李说。

"这也是一种家庭的乐趣啊！"布朗先生说。

布朗太太看到一个个的饺子整整齐齐地摆在那里，称赞地说："作得多好啊！简直是艺术作品，我想一定会很好吃的。包这么多，可不容易啊！"

"包饺子看起来麻烦，其实也很简单。"田大娘一边说，一边包给大家看。"这是饺子馅儿，里边是肉和菜，加上油、盐等作料就可以了。然后一个一个地擀皮儿，放好馅儿，再包成饺子。您看，这不是很快吗？"

这时，布朗太太已经下了炕，跟田大娘一起包了起来。

饺子都包好了。布朗太太高兴地说："这回我可知道怎么包饺子了。"

"别忙，煮饺子还很有学问呢！您最好再看一看饺子是怎么煮的。"小李插进来说，"我有一个朋友，是南方人，到了北方也想吃饺子，就跟别人学。擀皮儿、和馅儿、包饺子都学会了，就是没看人家是怎么煮的。回到家里，包了不少饺子，然后倒进锅里，用凉水煮，爱人、孩子等着吃他的饺子。谁知道，打开锅盖一看，成了一锅肉馅儿汤。"大家听了都笑起来。

正说着，饺子煮好了，小华端来了满满的一盘。布朗太太吃得非常香，她说："回去，我要开个中国饭馆，让更多的人吃到中国的饺子。"

布朗先生又笑起来，他说："我只怕你会让更多的人吃到肉馅儿汤呢！"

下午三点，客人要走了，大家握手告别。布朗夫妇上车的时候，忽然听见小华喊道："明年夏天一定再来，尝尝我们果园的大蜜桃。"

## 二、会 话

### 建 议 劝 告
Suggestion and advice

#### （一）

A：时候不早了，你就在我家吃饭，怎么样？

B：不，那太麻烦你们了。

A：一点不麻烦，我们又不专为你准备，家里有什么就吃什么，好吗？

B：好吧，你可别把我当作客人招待。

#### （二）

A：人们常说，在西方，法国菜最好吃；在东方，中国菜最好吃。北京菜是不是中国最好吃的呢？

B：那可不一定。中国地方很大，各地菜的风味都不一样。比如说，北方菜咸，南方菜甜。你们最好多尝尝各地不同的风味。

A：我们在国内也常去中国饭馆吃饭，只有这次来中国，我们才真的吃到了几种中国的名菜。

B：所以，我建议你们利用这次旅游的机会，把各地的名菜都尝一尝。

# 三、生  词

1. 队长　　（名）duìzhǎng　　team leader
2. 做客　　　　zuò kè　　　to be a guest or visitor
3. 郊区　　（名）jiāoqū　　　suburban district; out-skirts
4. 人民公社　　rénmín gōngshè people's commune
   公社　　（名）gōngshè　　commune
5. 生产队　　（名）shēngchǎnduì　production team
6. 菜地　　（名）càidì　　　vegetable plot
7. 果园　　（名）guǒyuán　　orchard
8. 奶牛场　　（名）nǎiniúchǎng　dairy farm
   奶牛　　（名）nǎiniú　　　milch cow; dairy cow
9. 对　　　（动）duì　　　to be opposite; to oppose; to face
10. 朝　　　（介）cháo　　　facing; towards
11. 石板　　（名）shíbǎn　　slab; flagstone
    …板　　　　…bǎn　　　board; plank; plate
12. 黄　　　（形）huáng　　yellow (colour)
13. 狗　　　（名）gǒu　　　dog
14. 整个　　（形）zhěnggè　whole; entire
15. 砖　　　（名）zhuān　　brick
16. 台子　　（名）táizi　　　table; desk
17. 被褥　　（名）bèirù　　　bedding; bedclothes
    被（子）　（名）bèi(zi)　　quilt
    褥（子）　（名）rù(zi)　　cotton-padded matress
18. 炕　　　（名）kàng　　　*kang,* a heatable brick bed
19. 生火　　　　shēng huǒ　to make a fire; to light

a fire

| | | | |
|---|---|---|---|
| 20. 取暖 | (动) | qǔnuǎn | to warm oneself (by a fire, etc.) |
| 21. 端 | (动) | duān | to hold sth. level with both hands; to carry |
| 22. 花生 | (名) | huāshēng | peanut; groundnut |
| 23. 正好 | (形、副) | zhènghǎo | just (in time); just right; just enough; to happen to; to chance to |
| 24. 米饭 | (名) | mǐfàn | (cooked) rice |
| 25. 乐趣 | (名) | lèqù | delight; pleasure; joy |
| 26. 称赞 | (动) | chēngzàn | to praise; to acclaim; to commend |
| 27. 其实 | (副) | qíshí | actually; that is not the case; in fact |
| 28. 简单 | (形) | jiǎndān | simple; uncomplicated |
| 29. 馅儿 | (名) | xiànr | stuffing; filling |
| 30. 肉 | (名) | ròu | meat |
| 31. 油 | (名) | yóu | oil |
| 32. 盐 | (名) | yán | salt |
| 33. 作料 | (名) | zuóliao | condiments; seasoning |
| 34. 擀 | (动) | gǎn | to roll (dough, etc.) |
| 35. 皮儿 | (名) | pír | (dough, etc.) wrappers; cover |
| 36. 回 | (量) | huí | ( *a measure word for matters or actions*) time |
| 37. 煮 | (动) | zhǔ | to cook; to boil |
| 38. 学问 | (名) | xuéwen | learning; knowledge |

154

| | | | |
|---|---|---|---|
| 39. 和 | (动) | huò | to mix; to blend |
| 40. 人家 | (代) | rénjia | other people |
| 41. 锅 | (名) | guō | pot; pan; boiler |
| 42. 凉 | (形) | liáng | cool; cold |
| 43. 满 | (形) | mǎn | full; filled; packed |
| 44. 盘 | (名、量) | pán | tray; plate; dishes; *a measure word used for dishes of food or coils of wire* |
| 45. 开(饭馆) | (动) | kāi(fànguǎnr) | to set up (a restaurant); to run |
| 46. 握手 | | wò shǒu | to shake hands |
| 47. 告别 | | gào bié | to leave; to bid farewell to; to say good-bye to |
| 48. 蜜桃 | (名) | mìtáo | honey peach; juicy peach |
| 桃 | (名) | táor | peach |
| 49. 当作 | (动) | dàngzuò | to treat as; to regard as; to look upon as |
| 50. 比如 | (动) | bǐrú | for example; for instance |
| 51. 咸 | (形) | xián | salted; salty |
| 52. 内 | (名) | nèi | inner; within; inside |
| 53. 建议 | (动、名) | jiànyì | to propose; to suggest; to recommend; proposal; suggestion; recommendation |

## 专　名

| | | |
|---|---|---|
| 1. 田大娘 | Tián Dàniáng | *Tian is a surname, "大娘" is a polite form of address for woman about one's* |

2. 小华　　　Xiǎohuá　　　a person's name

## 四、词 语 例 解

### 1. 整个

(1) 你要整个的苹果吧!

——不，我要半个就够了。

(2) 春天来了，整个公园变成了一个绿色世界。

(3) 整个下午她都在备课、改作业。

(4) 因为情况变了，计划也整个改变了。

### 2. 端

(1) 小华端过一把椅子来，请客人坐。

(2) 田大娘连忙倒好茶，端给大家。

(3) 客人端起碗来要吃饭，田大爷连忙说:"先别吃饭，再喝几杯酒吧!"接着，又端上两大盘菜来。

### 3. 正好

(1) 我要找生产队长联系一下参观的事，正好在路上遇到了他。

(2) 他坐在我前边，正好把我挡住，我得换个座位。

(3) 你想尝尝我们这里的哈密瓜吗？

——想啊，我正好没吃过。

(4) 今年夏天你跟我们一起到南方去度假，好吗？

——好。今年夏天我正好没事，可以跟你们一起去。

"正好"还有"正合适"的意思。

"正好" may also mean "suitable, right".

(5) 这件衣服你穿正好，不长也不短，不肥也不瘦。

(6) 把这瓶花摆在这儿正好。

### 4. 对了

156

（1）去公社果园是往这边走吧？

——对了，一直往前，过了小桥，就到了。

（不是，往那边走。）

（2）你们今天上午去访问社员家庭吗？

——对了，我们要到老队长田大爷家去。

（不，我们去参观奶牛场。）

回答时，表示同意提问的内容，就可以用"对了"。否则用"不"或"不是"。

In answer to a question, "对了" may be used to indicate an affirmative answer to what one has been asked. Otherwise "不" or "不是" is used.

## 5．包饺子看起来麻烦

（1）很多事情都是看起来容易，作起来难。

（2）那种枣看起来很大，吃起来可是不太甜。

（3）这种衣服虽然式样不太好，可是穿起来很舒服。

（4）听起来那个地方不错，其实风景不很美。

复合趋向补语"起来"还常用于从……方面或角度对事物进行估价的句子。"…起来"有时可以换成"…的时候"。"起来"后面的词语表示对主语的估价。"…起来"也可以放在主语前，如例（4）。

The complex directional complement "起来" is often used in sentences indicating that one examines the matter from certain aspects or angles. Sometime "…起来" and "…的时候" can be interchanged. What follows "起来" is one's estimate of the subject. "…起来" may be placed before the subject, as in sentence（4）.

## 6．其实

（1）看起来风很大，其实外边一点儿也不冷。你不相信，最好出去试一试。

（2）这件事看起来很简单，其实解决起来不那么容易。

（3）作饺子其实不难，你学一两次就会了。

（4）其实去他家不用送礼物，大家都是老朋友了。

"其实"可用于主语后或主语前。

"其实" may be used either before or after the subject.

### 7. 别忙

（1）别忙！你说你已经把这种技术完全学会了，我觉得，还
不能这么说。

（2）行李都在这儿了，赶快上车吧！

——别忙，最好让我检查一下，行李是不是都全了。

（3）田大娘说："小华，你倒茶、拿水果，招待客人。我去
买菜作饭。"客人说："田大娘，您别忙了。我们坐一会
儿就走，还要去别的地方呢！"

"别忙"表示不要急于下结论，如例（1）；也可以表示劝止，
劝别人不要急于作什么事情，如例（2）；还可以表示不要忙碌，
如例（3）。

"别忙" has the following meanings:

(A) "don't be impatient to draw a conclusion; don't
jump to conclusions" see sentence (1);

(B) "don't rush into a rash action" see sentence (2);

(C) "don't bother about sth. or don't bother doing sth."
see sentence (3).

### 8. 就是没看人家是怎么煮的

（1）我擀皮、包饺子都学会了，就是不会和馅儿

（2）矿泉水、桔子水都有了，就是没有冰棍儿。

（3）屋子很大，墙也很白，就是窗户比较小。

"就是"在这里有强调"只是""唯独"的意思。

"就是"used here emphatically means "only, alone";

## 9. 只怕

(1) 已经快十二点了，只怕他们上午不会来了。

(2) 他们都是广州人，不会说普通话，只怕你一句也听不懂。

(3) 他刚学会骑车，就到街上去，只怕要出危险的，你最好把他叫回来。

"只怕"表示根据目前的或前面所说的情况作出估计。作出这种估计时，往往带有担心的意味。

"只怕 (I'm afraid)" indicates a possibly worrying predic﹦
tion based on the present or the aforementioned situation.

## 10. 建议

(1) 明天我们怎么招待客人，希望你提个建议。

——好吧,我建议用南方菜来招待客人。你觉得怎么样?
你的建议不错。不过，最好也作两个北方菜，可能有的客人喜欢。

(2) 我劝你在招待会上别喝白酒。

——为什么?

白酒太厉害，对你的心脏不好。你最好喝点儿葡萄酒或啤酒。

——好吧。这是个好建议。我也建议你别喝得太多。

## 11. 时候 时间

A. "时候"表示时间里的某一点，用来说明在某个时候发生什么事情。常组成"…（的）时候"或"当…时候"，在句中作状语。如果"时候"之前有动词结构作定语时，则表示某事发生时，有另一情况存在或发生。

"时候" indicates a point in time at which sth. happens. It

is often used in the adverbial construction "…的时候" or "当…时候". Preceded by a verbal construction functioning as an attributive, "时候" indicates that something is simultaneous with sth. else or happens while a certain state of affairs exists.

(1) 你们什么时候去参观生产队的幼儿园？

(2) 这时候，我才看清楚果树上长着很多大蜜桃。

(3) 昨天晚上八点的时候，田大娘一家人正在看电视。

(4) 当我们准备到老队长家去作客的时候，外边突然下起雨来了。

(5) 我们到老队长家的时候，雨还没有停。

一般来说，以上"时候"都不能换成"时间"（少数地区也说"你们什么时间去参观？"）。

Generally speaking, "时候" as used above cannot be replaced by "时间". ("你们什么时间去参观？" is heard in a few areas.)

B. "时间"常用来表示一段时间。

"时间" is normally used to indicate a period of time.

(1) 经过一年多的时间，我对他的了解更深了。

(2) 她用了一天的时间，才把新课备好。

"时间"还可以表示"空闲"。

"时间" may also mean "leisure".

(3) 今天下午我没时间。

(4) 有时间，到我家来玩儿吧。

(5) 我没时间看小说。

另外，表示与空间相对的"时间"这一概念时，只能用"时间"，不能用"时候"。

Again, when "时间" indicates the concept of time as opposed to space, "时间", not "时候", must be used.

(6) 时间就是生命。

"时间" 也可以表示时间里的某一点，但要注意的是 "…的时间" 与 "…的时候" 意义不同，在句中充当的成分也不同。

"时间" may also indicate a point in time, but attention should be paid to the difference between "…的时间" and "…的时候" in meaning as well as in function.

(7) 我们开会的时间是下午三点。

(8) 我们开会的时候，他来了。

C. "时候" 和 "时间" 都可以表示时间的早晚或时间的长短，在句中一般作主语。

Either "时候" or "时间" may be used as the subject of a sentence indicating a point in time or a length of time.

(1) 时候（时间）不早了。

(2) 他是两点钟走的，时间（时候）不短了，可能快回来了。

## 五、练　习

课文部分

1. 根据课文回答问题：

Answer these questions on the text:

(1) 在人民公社，布朗夫妇参观了哪些地方？

(2) 请介绍一下老队长家的院子。

(3) 中国北方农村的炕是干什么用的？

(4) 老队长家里有几口人？他们是怎样招待布朗夫妇的？

(5) 田大娘怎样教布朗太太包饺子？

(6) 小李讲了什么，引得大家直笑？

（7）谈谈布朗夫妇和老队长一家人告别时的情况。

2．根据情境，模仿下面的例子造句或回答问题：

Make up sentences or answer questions based on the given situations, taking the following as models:

例：我们把全校打扫得干干净净。

　　——→我们把整个学校打扫得干干净净。

（1）去年寒假从开始到最后他都在中国旅游。

（2）昨天一个下午我都在李大娘家作客。

（3）果园里种满了桃树。

（4）六月一日那天，公园里都是孩子们欢乐的笑声。

　　　　　　＊　　　　　　＊　　　　　　＊

例：奶牛场的奶牛非常多，而且很肥，很大。

　　——→奶牛场的奶牛非常多，而且又肥又大。

（1）她包的饺子很好看，也很好吃。

（2）新疆姑娘不但爱唱歌，而且爱跳舞。

（3）果园里种的葡萄非常大，也非常甜。

　　　　　　＊　　　　　　＊　　　　　　＊

例：你想去看一个朋友，这时候他来了。

　　——→我想去看一个朋友，这时候他正好来了。

（1）你刚到火车站，你要接的朋友从车站里走出来了。

（2）你的汽车坏了，停在路上，这时候对面来了一辆汽车。

（3）这双鞋你穿着不大也不小。

（4）你请朋友晚上七点到你家，他不早不晚，就 是 七 点 到的。

　　　　　　＊　　　　　　＊　　　　　　＊

例：他的样子好象有点儿厉害，其实他很善良。

　　——→看起来他有点儿厉害，其实他很善良。

（1）这种米不白，做成饭却很好吃。

162

(2) 这种衣服式样很好看，可是穿的时候不舒服。

(3) 今天的天气很好，可是比较冷。

(4) 他的样子很年轻，其实他已经五十岁了。

\*　　　　\*　　　　\*

例：外面风很大，你的朋友没戴帽子就往外跑，你对他说什么？

——"别忙，给你帽子！"

(1) 你的小弟弟拿起一个没有洗的蜜桃就要吃，你对他说什么？

(2) 你的朋友来看你，你想留他吃了饭再走，就赶快去准备饭菜，这时候你朋友说什么？

(3) 你跟小丁一起看电影，他说一会儿要去郊区看朋友，怕晚了，想不看完就走，你对他说什么？

\*　　　　\*　　　　\*

例：除了作料以外，面和馅儿都准备好了。

——面和馅儿都准备好了，就是没有准备好作料。

(1) 除了安娜以外，别的人都还没有大学毕业。

(2) 除了丁大娘的外孙女，丁家别的人都工作吗？

(3) 中国只有北方农村有炕，南方没有。

\*　　　　\*　　　　\*

例：你看，天突然变了，我不希望下雨，但是很可能要下雨。

——你看，天突然变了，只怕是要下雨。

(1) 你包的饺子不太好，你想，煮的时候可能会破。

(2) 运动会是下午两点开始，他家离会场比较远，一点四十他才出发，可能要晚。

(3) 田大娘给小李倒了一杯茶，小李一直没喝，田大娘说，这茶可能凉了。

就下列题目进行会话：

Make conversation on the following topics:

1. 你建议你的朋友去西湖玩儿玩儿。

2. 你的朋友住院有一个星期了，他急着要出院，你劝他不要着急，等病好了再出院。

3. 你建议你的朋友到上海一定要去吃风味小吃。

词语部分

1. 掌握下列词语：

Master the usages of the following words and phrases:

|     |     |     |     |
| --- | --- | --- | --- |
| (1) 对着果园 | (2) 朝前 | (3) 凉水 | (4) 有学问 |
| 对着大街 | 朝上 | 凉茶 | 没有学问 |
| 对着镜子 | 朝里 | 凉风 | 学问大 |
| 对着窗口 | 朝东 | 凉饭 |     |
| (5) 简单介绍 | (6) 国内 | (7) 挂满 | (8) 开工厂 |
| 方法简单 | (学)校内 | 挤满 | 开水果店 |
| 技术简单 | 厂内 | 坐满 | 开小吃店 |
| 讲得很简单 | 场内 | 写满 |     |

2. 就以下题目写两段话：

Write two passages on the following subjects:

(1) 布朗夫妇在老队长家做客的情况。

(2) 你到一个朋友家做客。

做客　连忙　握手　一边…一边…　开玩笑　谈家常
盘　花生　端　倒　告别　热情　招待　收拾　干净　整齐
尝　团聚　满

3. 完成下列句子：

164

Complete the following sentences:

(1) 旅行的时候，我最喜欢做饭，比如做鱼汤，用树叶和草＿＿＿＿＿，在火上放个锅，锅里＿＿＿＿＿＿，作好的鱼汤＿＿＿＿＿＿。（作料　生火　起来　吃　香）

(2) 小华见布朗夫妇到她家来做客，高兴极了，＿＿＿＿＿＿＿。（连忙　端　招待）

(3) 一天,我去看朋友,他正在请客人吃饭,屋里＿＿＿＿＿＿,桌子＿＿＿＿＿,热闹极了。（坐　摆　满）

(4) 我和安娜已经很久没见了，那天她见到我，高兴极了，＿＿＿＿＿＿＿＿＿＿＿＿＿。（握手　一边…一边…）

(5) 张老师是专研究外国文学史的，他懂好几种外语，翻译了很多外国文学作品，＿＿＿＿＿＿＿。（学问　有）

(6) 我叔叔家有一块新疆地毯，设计得很好，颜色也漂亮极了，＿＿＿＿＿＿＿。（称赞）

(7) 她从小没有母亲,一直住在田大娘家,田大娘＿＿＿＿＿＿＿。（当作）

(8) 我在老队长家住了三天，今天该走了，早上起来后，我＿＿＿＿＿＿＿。（收拾　告别）

4．把下列句子翻译成中文:

Translate the following sentences into Chinese:

(1) In Beijing there are many scenic spots and historical sites such as the Palace Museum and the Great Wall. I suggest that you go and visit them. （比如　建议）

(2) I don't like my food too salty. Please don't put too much salt in when you cook. （咸　盐）

(3) It takes a lot of learning to make dumplings. If you don't make them well, they can easily break and

then you'll just have to drink meat stuffing soup.
(有学问　只好)

(4) This cup of tea has cooled down. Will you please give him another hot one? (凉　换)

(5) People always say that the countryside in the North is very cold in winter. But actually it is not so cold indoors. When I was sitting on the *kang* at Aunt Tian's it was hot and I felt warm. She told me there was a fire under it. What a funny thing! (其实 生火)

(6) When I left teacher Zhang's, his wife said goodbye and shook hands with me warmly. (时候　握手告别)

(7) In Xiao Wang's courtyard, there are peach trees as well as jujube trees, in addition to various kinds of flowers, but no vegetables. It would look better if there were some. (又…又…　就是)

(8) A: Are you free today? I would like to come and see you.
B: Fine. Today happens to my birthday. You are welcome to come as my guest. (时间　正好　做客)

5. 阅读下面短文：
Read the following passage:

兰各思开了个中国饭馆, 今天开始营业。为了庆祝 (qìngzhù, celebrate) 这件大事, 昨天他把我们请到他新开的饭馆吃饭。我到那儿的时候, 里面已经坐满了人, 大家都很高兴。兰各思连忙走过来说："你来得正好, 就要吃饭了。"好几个人热情地和我握手, 有的说："就差你了, 你来得正好！"

这时候，服务员开始收拾桌子，摆好碗筷，端上来茅台酒和凉菜。大家都坐好了。兰各思说："先喝酒吧！一会儿请大家尝一尝我们做的中国饺子。你们吃得越多，我越高兴！"人们一边喝着酒，一边谈着饺子。有的人吃过，说外边是面做的皮儿，里边是肉和菜做的馅儿，很好吃；我们没有吃过饺子的人听了这些，多想快点儿吃到啊！

　　饺子端上来了。真糟糕！我不会用筷子，怎么也挟(jiā; pick up) 不起来。我看着饺子直着急，再看看别人，不少人跟我一样。我们互相看着，笑了！我的朋友建议我们换叉子(chāzi, fork)，这才解决了我们的问题。人们吃着饺子，称赞着。有的人不爱吃咸的，建议兰各思以后可以少放点儿盐；有的人还建议多放点儿菜，少放点儿肉；有人还想学包饺子。整个屋子可热闹了。一直到很晚，我们才愉快地跟兰各思告别。

# 第 九 课

## 一、课 文

### 方 兴 的 爱 情

#### （一）

春节前的一天，方兴红着脸把一张电影票放到李玉手里，说了声"明天请你看电影"，转身就走了。姑娘接了票，心里很矛盾。她想：去，还是不去呢？跟这样的小伙子谈恋爱，别人会怎么样看自己？要是不去
……

两年前，方兴来到了他们这个建筑工程队。上班的第一天，大家就议论起来了：

"他以前偷过东西，还上了两年工读学校。咱们队来了这样的人，可真糟糕!"

"人家已经改好了。

听说他在工读学校表现很不错，要不，街道办事处也不会把他介绍到这儿来。"

听了这些议论，李玉想，以后可别跟他多来往。事情也巧，方兴就偏偏分配到了李玉那个小组。他们整天在一起，小伙子很少说话，只是老老实实地工作。他上班来得最早，下班走得最晚，还常常帮助别人干重活儿。慢慢地大家就改变了对他的看法。李玉发现方兴砌墙砌得又快又好，就问他是在哪儿学的，小伙子低着头只说了一句"工读学校"，就不再说话了。

不久，又发生了这样一件事儿。一天下班以后，组里让方兴一个人留下来挖地，为第二天的工程作准备。他正在挖地的时候，忽然挖出来一包东西，打开一看，是五个金戒指。他立刻把这些戒指交给了领导。领导在全队大会上表扬了他。这件事儿使李玉非常感动。姑娘开始对他有了好感，对他的身世也就关心起来。从别人那里她了解到，小伙子现在还是一个人生活，他的父母都死了，也没有亲戚。有一次，她看到方兴的衣服破了，就主动替他补好。方兴拿着补好的衣服，激动得连"谢谢"都忘了说。他们在一起工作的时间越长，了解得越多，两个人的感情也就越深……

现在，方兴终于主动请她看电影了。这是他们两个人第一次约会，姑娘不能不慎重考虑。

（二）

李玉拿不定主意，除了怕别人议论，更主要的还是

169

因为不知道父母对这件事的态度怎么样。

一年前的一个晚上，李玉跟爸爸、妈妈正在看电视，忽然听到有人敲门。妈妈去开门，很快就拿着一封信回来了。她对李玉的爸爸说："你的信。""谁送来的？""一个不认识的小伙子，没等我问姓名，他就走了。"

爸爸打开一看，信封里除了信，还有很多钱。信里写道：

"我是一个失足青年，三年前我偷过您家二百元钱。后来我被送到工读学校，在那儿受到了很深的教育。我决心改正错误，开始新的生活。我已经参加工作了，有了工资，现在把钱还给你们。这是我用自己的劳动挣来的。"

看着这封信和二百元钱，李玉一家都很想见一见这位没有留下姓名的青年。李玉的妈妈不住地说："这样的事情是从来没听说过的啊……"

是啊，社会、学校、家庭一起进行教育，失足青年是完全可以成为一个新人的。有的人不是还当上了领导吗？——李玉觉得，她可以把妈妈说服。

晚上，全家人坐在一起吃饭的时候，李玉试探着提起方兴请她看电影的事。虽然她在家也常常谈到方兴，可是，妈妈没有想到女儿要跟他谈恋爱。今天，了解到这个情况，她很不放心地说："方兴现在是不错，可是以后会怎么样呢？就是家里没意见，别人的议论你受得了吗？"爸爸听了，不同意妈妈的看法。他说："只要小伙子真改好了，就不怕别人议论。小玉，这是你自己的事儿，你要慎重考虑。有机会可以请他到我们家来玩儿玩儿。"

## （三）

第二天，李玉来到了电影院门口。方兴看见李玉，高兴极了。看完电影，李玉让方兴到她家去。方兴不好意思，可是姑娘又那样热情，使他不能推辞。他跟着李玉去了。不知为什么，快到李玉家的时候，方兴突然不安起来，他一次又一次地问李玉：“你家住几号？”李玉笑着对他说：“一会儿你就知道了。”说着说着，就到了家门口。这时，李玉发现方兴象要转身往回走的样子，就开玩笑地说：“原来你这样怕羞啊，简直象个大姑娘了!”方兴只好低着头，跟小李进了屋。

李大娘眼睛好，一下子就认出了方兴。她对女儿说：“小玉，你真有办法，你是从哪儿把这个小伙子找到的？”

李玉一听，觉得很奇怪，问妈妈：“怎么，您认识他?"

"那封信和钱就是这个小伙子送来的啊!"

李玉听了,又惊又喜,不知道说什么才好。这时,李玉的爸爸也走了出来,热情地对方兴说:"快进来,我正不知道到哪儿找你呢。"方兴羞得满脸通红,他没有想到有这么巧的事儿。他不好意思地说:"伯父,伯母,我先走了,以后再来吧。"说到这儿,李玉才想起来,还没给他们介绍呢,她立刻说道:"这就是方兴!"两位老人一听这话,都愣住了。过了一会儿,才明白过来。李大娘拉着方兴的手笑着说:"来了就不能走,快坐下。我和李玉到厨房准备晚饭去,你跟你伯父在这儿好好聊聊。"

## 二、会 话

### 道 歉  承 认 错 误
Apologies and admissions of error

(一)

A: 星期天你怎么没有到颐和园去?

B: 啊! 我把这件事儿忘了。真糟糕!

A: 我们在门口等了你半个多小时。

B: 哎呀,真对不起,我得向大家道歉。我是真忘了,你们不会生我的气吧?

(二)

A: 昨天我的态度很不好, 我不应该发脾气。后来

172

想想，觉得很惭愧，我要向你道歉。

B：没关系，昨天的事儿我也有不对的地方，我说了一些不应该说的话，请你原谅。

A：好了，让我们都忘了这件事儿吧。

(三)

警察：请您下来，马路上不能骑车带人！你们不知道交通规则吗？

骑自行车的人：啊！真对不起，这是我们的错误，以后一定注意，再也不骑车带人了。

注　释

① 工读学校

工读学校是对有违法和轻微犯罪行为的青少年进行特殊教育的半工半读学校。

The reformatory is a part-work and part-study school, which gives special education to teen-agers who have committed illegal activities or minor criminal offences.

三、生　词

| | | | |
|---|---|---|---|
| 1. 脸 | （名） | liǎn | face |
| 2. 转身 | | zhuǎn shēn | (of a person) to turn round; to face about |
| 转 | （动） | zhuǎn | to turn; to shift; to |

|       |                |            | change |
|-------|----------------|------------|--------|
| 3. 矛盾 | （形、名）máodùn | contradictory; contradiction |
| 4. 小伙子 | （名）xiǎohuǒzi | lad; young fellow; youngster |
| 5. 议论 | （动、名）yìlùn | to comment; to talk about; to discuss; discussion |
| 6. 偷 | （动）tōu | to steal; to pilfer |
| 7. 工读学校 | （名）gōngdú xuéxiào | the reformatory; reform school |
| 8. 表现 | （动、名）biǎoxiàn | to show; to display; expression; manifestation |
| 9. 事情 | （名）shìqing | affair; matter; thing; business |
| 10. 巧 | （形）qiǎo | opportunely; coincidentally; as it happens |
| 11. 偏偏 | （副）piānpiān | *indicates that sth. turns out just the opposite of what one would expect or what would be normal* |
| 偏 | （形、副）piān | inclined to one side; slanting; *when used as an adverb, "偏" is equivalent to "偏偏"* |
| 12. 分配 | （动）fēnpèi | to assign; to distribute; to allot |
| 13. 组 | （名）zǔ | group |
| 14. 整（天） | （形）zhěng(tiān) | the whole (day); all (day) |

174

| 15. 看法 | (名) kànfǎ | way of looking at a thing; view |
|---|---|---|
| 16. 发现 | (动) fāxiàn | to find; to discover |
| 17. 砌 | (动) qì | to build by laying bricks or stones |
| 18. 发生 | (动) fāshēng | to happen; to occur; to take place |
| 19. 挖 | (动) wā | to dig; to excavate |
| 20. 地 | (名) dì | the earth; soil; land |
| 21. 包 | (量) bāo | bundle; packet |
| 22. 戒指 | (名) jièzhi | (finger) ring |
| 23. 表扬 | (动) biǎoyáng | to praise; to commend |
| 24. 使 | (动) shǐ | to make; to cause; to enable |
| 25. 好感 | (名) hǎogǎn | good opinion; favourable impression |
| 26. 主动 | (形) zhǔdòng | (to take the) initiative |
| 27. 替 | (动、介) tì | to take the place of; to replace; for; on behalf of |
| 28. 终于 | (副) zhōngyú | at last; in the end; finally |
| 29. 约会 | (名) yuēhuì | appointment; engagement |
| 30. 慎重 | (形) shènzhòng | cautious; careful; prudent |
| 31. 考虑 | (动) kǎolǜ | to think over; to consider |
| 32. 拿主意 | ná zhǔyi | to make a decision; to make up one's mind |
| 33. 定 | (动) dìng | to decide; to fix; to set |

175

| 34. | 主要 | （形） | zhǔyào | main; principal; major |
| 35. | 失足 | | shī zú | to take a wrong step in life |
| 36. | 改正 | （动） | gǎizhèng | to correct; to amend; to put right |
| 37. | 错误 | （名） | cuòwù | mistake; error; blunder |
| 38. | 工资 | （名） | gōngzī | wages; pay |
| 39. | 进行 | （动） | jìnxíng | to carry on; to carry out; to conduct |
| 40. | 试探 | （动） | shìtàn | to sound out; to probe; to feel out |
| 41. | 推辞 | （动） | tuīcí | to decline (an appointment, invitation, etc.) |
| 42. | 不安 | （形） | bù'ān | uneasy; disturbed; restless |
| 43. | 怕羞 | | pà xiū | coy; shy; bashful |
| 44. | 办法 | （名） | bànfǎ | way; means; measure |
| 45. | 喜 | （动、名） | xǐ | to be fond of; to like; to be happy; to feel pleased; happiness; delight |
| 46. | 通红 | （形） | tōnghóng | very red; red through and through |
| 47. | 伯父 | （名） | bófù | father's elder brother; uncle; *a polite form of address for a man who is about the age of (usu. older than) one's father* |
| 48. | 伯母 | （名） | bómǔ | wife of father's elder brother; aunt; *a polite form* |

of address for a woman who is about the age of (*usu. older than*) one's mother

| | | | |
|---|---|---|---|
| 49. 愣 | (动、形) | lèng | to look distracted; to stare blankly; distracted; stupefied; blank |
| 50. 聊 | (动) | liáo | to chat; to have a chat |
| 51. 道歉 | | dào qiàn | to apologize; to make an apology |
| 52. 原谅 | (动) | yuánliàng | to excuse; to forgive; to pardon |
| 53. 警察 | (名) | jǐngchá | police; policeman; policewoman |
| 54. 交通 | (名) | jiāotōng | traffic; communications |
| 55. 规则 | (名) | guīzé | rule; regulation |

## 四、词语例解

**1. 春节的前一天**

(1) 电影三点半开演 (kāiyǎn, ⟨of play, movie, etc.⟩ begin)，我两点半就来这儿等你了。

——是吗？开演的前一个小时你就来了！真对不起，让你久等了。

(2) 方兴到工程队来工作的前一天晚上，激动极了，一夜也没睡好。

——是啊，我前几天看见他，他说，从现在起他要好好儿地干，开始新的生活。

**2. 议论**

177

(1) 我们组里很多人都在议论李玉和方兴的事，你听说了吗？

——我早就听说了。对于他们俩，我们组里也有不少议论。

你听到的议论都是些什么？

——有各种议论。不过，很多人都说李玉作得对，我也支持她的作法。

3. 人家

"人家"常用于：

"人家" is generally used as follows:

A. 泛指上下文提到的某人或某些人以外的人，相当于"别人"。

referring to any person or persons not mentioned in the immediate context, and is equivalent to "别人 (other people)".

(1) 李玉，你跟我交朋友，不怕人家议论吗？

——只要你认真改正错误，做个新人，人家议论也没关系。

(2) 我听人家说，工读学校是对失足青年进行教育的好地方。

——我也听人家这样说过。以后有机会，咱们去参观一下儿。

B. 指某人或某些人，相当于"他"或"他们"，"人家"所指代的名词，大都在上文中出现过。

referring to a person or persons, equivalent to "他" or "他们". The noun which "人家" refers to will usually have been mentioned above.

(1) 方兴在工读学校学过砌墙，看，人家砌得多好！

——真不错，咱们应该跟人家学学。

(2) 孩子，关于你和方兴的事，我们希望你能慎重考虑。

178

——妈妈，你们放心吧。我已经问过好多人了，人家对他的印象都不错。

**4．偏偏**

A．表示事实跟所希望的恰恰相反。

"偏偏" indicates that the speaker finds that what has happened is contrary to what he wished or expected.

(1) 方兴没有想到李玉的家偏偏就是他送过信的那一家。

(2) 李玉的妈妈说："事情真巧，怎么小玉找的对象偏偏就是送钱的那个小伙子！"

(3) 大家都觉得太巧了，当初方兴怎么就偏偏分配到了他们的工程队，而且还偏偏分配到李玉那个组。

B．表示固执地或故意地作和别人的愿望、估计相反的事情。有时单用一个"偏"。

"偏偏" indicates that someone stubbornly or deliberately does something which is contrary to what is expected or desired. In this case, "偏" is preferred to "偏偏".

(1) 昨天伯母有点儿不高兴了，是吗？

——那当然了，人家请你在家里吃饭，你偏要走。

那可太对不起她了，请你替我向伯母道歉，请她原谅。

(2) 我说去海边度假，她偏要去杭州。你来评一评，谁的主意好。

——我怎么能当你们俩的裁判！不过，我想问问你，为什么她要去杭州，你却偏要去海边呢？

**5．整天**

"整"是形容词，表示完整、全部在内的意思。常用在"年""月""天""夜"等名词之前。

The adjective "整" means "whole, complete or entire". It is often used before nouns such as "年", "月", "日" or "夜"：

(1) 爸爸出去工作以后，我和母亲整年住在姥姥家。

(2) 最近两天我总是整夜睡不着觉。

——是不是太累了？听说在工程队里，你整天一个人低头干活儿，很少休息。

## 6．看法

许多动词的后面可以加上"法"构成名词。如"做法""写法""念法""用法"等等。这里的"法"是方法、方式的意思。

Many verbs may be followed immediately by the word "法" to form a noun, such as "做法", "写法", "念法", "用法". "法" as used here means "way or method":

(1) 这个汉字有两种念法。

(2) 这种录音机的用法很简单。

有少数几个动词加上"法"以后，有特殊的意思："看法"表示见解或意见；"想法"表示感想或打算。

There is a small number of verbs which have special meanings when they are used together with"法"。"看法" in-dicates one's view or way of looking at a thing；"想法" ex-presses an opinion or intention.

(3) 他到工程队以后，同志们对他有什么看法？

——各人的看法不一样。有人说他已经改正了错误，可以原谅。可是也有人不同意这种看法，怀疑他会真的改好。

人们对李玉和他交朋友有什么想法吗？

——当然有想法。有人支持李玉的做法，也有人怕她受骗。

## 7．主动

(1) 你为什么还生他的气？人家已经主动向你道歉了。

——我没生他的气。他的态度很主动，我已经原谅他了。

（2）到工程队来以后，方兴表现得怎么样？

——表现得很好，工作很主动。小伙子每天早来晚走，主动找脏活儿重活儿干，还常常去帮助别人。

## 8．越…越…

"越…越…"这个格式用来表示某情况随着另一情况的发展而发展。可以作谓语。

The construction "越…越…" is used to indicate that a state of affairs develops in direct proportion to another state of affairs. It may function as a predicate.

（1）雨越下越大了，咱们走不了了。真让人着急！

——别着急，先给他们打个电话吧。

哎呀，电话号码是多少，我越着急越想不起来了。

两个"越"可分别用在两个分句中，分句的主语可以相同，也可以不同。

The two "越" can be used separately in two clauses which may or may not have the same subject.

（2）我越走，越觉得路远，怎么还不到呢？

（3）你越锻炼，身体会越好。

"越…越…"也常作程度补语。

"越…越… (more…more…)" is also often used as a complement of degree.

（4）明天你去得越早越好。

（5）这些都是专为你作的，你吃得越多越好。

## 9．终于

"终于"表示经过较长的过程（努力或等待），所预料、估计或期望要发生的事情发生了。一般用于主语后。

"终于" is used to indicate that sth. turns out just as expected or as originally planned after quite some time (spent

181

in waiting or making an effort). "终于" is usually placed after the subject.

(1) 在老师和同学们的教育和帮助下，方华终于承认了自己的错误。

(2) 在工读学校学习两年以后，很多失足青年终于改正了错误，变成了新人。

(3) 几个月以后，笑声终于又回到了王林的家里。

**10. 没等我问姓名，他就走了**

(1) 方兴把电影票放在李玉手里，没等李玉说话，转身就走了。

(2) 因为孩子把手烫了一个大泡，王林气得没等客人走就跟明英发起脾气来了。

"没等…就…"这个格式表示一个动作尚未发生或尚未完成的时候，就发生了另一动作；强调这另一动作发生得快或急。"没等"之后多为主谓结构或动词结构。

The construction "没等…就… (no sooner had…than…)" indicates that an action occurs before another has begun or finished with emphasis on the immediacy of the second action. "没等" is generally followed by a subject-predicate construction or a verbal construction.

**11. 进行**

"进行"一般用于持续性的比较正式严肃的行为，而不用于短暂的和日常生活方面的行为。

"进行" is usually used for activities which are serious and formal and continue for quite a long time, rather for short-term or everyday activities.

(1) 你们的学术会议进行几天了？

(2) 代表团明天就要离开北京去西安进行参观访问了。

182

(3) 方兴对组里的同志说："我是一个失足青年，请大家对我多进行教育和帮助。"

"进行"可以带宾语，宾语多为双音节动词，而不能是动宾结构。我们可以说"进行研究"，不能说"进行研究问题"，但能说"对问题进行研究"。个别情况，也可带动宾结构充当的宾语，如"进行谈话"。

"进行" may take an object which is usually a disylla-bic verb but never a verb-object construction. It is correct to say "进行研究"，"对问题进行研究"， but wrong to say "进行研究问题". In a few cases however "进行" may take a verb-object construction as its object, e.g. "进行谈话".

## 12. 当上

(1) 有人说跟方兴这样的人结婚，将来是不会过上好日子的。

——这种看法不对，我们应该相信他会越变越好。最近他不是还考上电视大学了吗？

(2) 工厂又修建了两座宿舍楼，青年工人很快就可以住上新房子了。

"上"是结果补语，用在某些动词后表示达到了说话人认为不易达到的地步或标准。

When used after certain verbs the resultative complement "上" indicates that something has reached to a certain state or standard that the speaker thinks is very difficult to achieve.

## 13. 一次又一次

"又"前后重复同一数量结构（"一"＋动量词），表示行为动作连续地多次发生。在句中作状语。

When "又" is inserted between the same two numeral-measure constructions ("一"＋ verbal measure word), it indicates that the action is repeated continuously many times. This construction functions as an adverbial adjunct.

(1) 我们一次又一次来麻烦您，真对不起。

——没关系，欢迎你们来。

(2) 当初，你一遍又一遍地劝我，我都听不进去，现在想起来，真对不起你。

——事情都过去了，你也不用一次又一次地向我道歉了，我们都朝前看吧！

如果数量结构是"一"＋名量词，则表示数量多，并有连续不断的意思。在句中作定语。

When "又" is inserted between the same two numeral-measure constructions ("一" + noun measure word), indicating that the articles which are modified are a great many and counted successively. This construction functions as an attributive.

(3) 一件又一件的破衣服她都替我们补好了。

(4) 一封又一封的感谢信，寄到我们饭店来。

## 14. 说着说着

(1) 方兴正在挖地，挖着挖着，挖出来五个金戒指。

(2) 快到李玉家门口了，方兴走着走着，突然停住了。

(3) 他怎么看着看着电视哭起来了？

——这几个镜头使他想起了过去的痛苦生活。

"动词＋着"的重叠形式如"说着说着"，表示施事者在进行某一动作时，又发出了另一动作，从而使前一动作中断。用于这种格式中的动词多为单音节的。

The duplication "verb + 着" e.g. "说着说着", indicates that the action performed by the doer of the verb is in process, while another action happens at same time, so that the first action comes to an end. Generally speaking, only mon-osyllabic verbs can be used in this way. The object, if the verb takes one, should be placed after the reduplicated verb.

## 15. 这时

现代汉语的许多双音节词是由古代汉语的单音节词发展来的。其中一部分单音节词现在仍然使用，特别是在书面语里。

In modern Chinese a great number of disyllables have been formed out of the monosyllables of classical Chinese. Some of the monosyllabic words are still used, esp. in the written language.

时——时候　　前——以前　　后——以后　　已——已经
知——知道　　应——应该　　因——因为　　但——但是
除…外——除了…以外

## 16. 不知道说什么（才）好

"不知道…（才）好"这个格式表示在一件事情面前，一时想不出办法或者拿不定主意。"不知道…好"中插入的都是带疑问代词的动词结构。"好"前常用副词"才"。

The construction "不知道…（才）好" indicates that faced with a certain situation one doesn't know how to act or can't make up one's mind what to do. An interrogative verbal construction is generally inserted in "不知道…好". The ad-verb "才" often precedes "好".

(1) 方兴见了李玉的妈妈、爸爸，不知道说些什么好。

(2) 李玉的妈妈见方兴来她家吃饭，不知给他做些什么好吃的才好。

有时"不知道…好"表示一种极端的程度。

Sometimes "不知道…好" is used in an extreme sense.

(3) 你这样关心我，我简直不知道怎么感谢你才好。

## 五、练　习

1. 根据课文回答问题：

   Answer the following questions on the text:

   (1) 李玉接到方兴的电影票后，她是怎么想的？为什么有这些想法？

   (2) 方兴来到建筑工程队后，人们对他有什么议论？

   (3) 后来人们对方兴的看法有了哪些改变？

   (4) 方兴为什么主动送给李玉一张电影票？

   (5) 一年前是谁给李玉家送去了一封信？信的内容是什么？这件事说明了什么？

   (6) 李玉和她的爸爸、妈妈对这封信有什么感想？

   (7) 李玉带着方兴走到她家门口时，方兴为什么又想转身往回走？

   (8) 当李玉把方兴介绍给她的爸爸、妈妈时，他们怎么样？为什么？

2. 根据情境，模仿下面的例子造句：

   Make up sentences based on the given situations, taking the following as models:

   例：方兴红着脸，把一张电影票放到李玉手里，只说了一句话："明天请你看电影。"说完就立刻往回走了。

   ——方兴红着脸，把一张电影票放到李玉手里，说了声"明天请你看电影"，转身就走了。

   (1) 方兴第一次给李玉家送去一封信。

   (2) 李玉第一次给方兴补好一件衣服后，很不好意思地还给他。

186

(3) 你哥哥下班回到家以后，放下手里的东西，立刻又出去了，他说外面有人等他。

(4) 你的朋友跟你借了一本字典，用完后，又来还给你。

*　　　*　　　*

例：李玉特别怕跟方兴多来往，可是方兴正好被分配到了她那个小组。

  ——事情也巧，李玉特别怕跟方兴来往，可是方兴就偏偏分配到了她那个小组。

(1) 方兴没有想到他女朋友的家就是他还过钱的那一家。

(2) 王林不愿意他爱人只顾工作，不管孩子。有一天，明英和一位学生家长正在谈话的时候，孩子的手烫了，王林非常生气。

(3) 古波特别希望跟布朗夫妇一起去三峡，可是就在他们出发的前一天晚上，帕兰卡病了，他只好留下来陪着她。

*　　　*　　　*

例：李玉听她母亲说，方兴就是那个把钱送回来的小伙子，这时，她怎么样了？

  ——李玉听她母亲说，方兴就是那个把钱送回来的小伙子，她又惊又喜，简直不知道说什么才好。

(1) 李玉第一次接到方兴送给她的电影票。

(2) 李玉知道了她的爸爸、妈妈同意她和方兴交朋友。

(3) 方兴在电影院门口看见李玉来了。

(4) 方兴第一次在全队大会上受到表扬。

*　　　*　　　*

例：方兴在工读学校一定表现得不错，街道办事处才把他介绍到建筑工程队来。

  ——方兴在工读学校表现得不错。要不，街道办事处也不会把他介绍到建筑工程队来。

187

(1) 李玉对方兴非常热情，一定要请他到家里去做客，方兴才同意跟她去了。

(2) 李玉知道了她爸爸、妈妈的态度以后，才决定第二天跟方兴一起去看电影。

(3) 李玉发现方兴确实表现得不错，才考虑跟他交朋友，谈恋爱。

*      *      *

例：如果说家里对你们俩的事情没有意见，别人也会议论的，你不怕吗？

——就是家里没有意见，别人也会议论的，你不怕别人议论吗？

(1) 李玉想：只要方兴决心改正错误，作个新人，别人议论，我也要跟他结婚。

(2) 明英想，王林天天发脾气，她也不能放下工作不管，只顾自己的小家庭。

(3) 人们相信，犯 (fàn, commit) 了很大错误的青少年，在工读学校的教育帮助下，也都能改好。

*      *      *

例：方兴和李玉经过长时间的来往和互相了解，方兴决定送给李玉一张电影票，请她看电影。

——方兴和李玉经过长时间的来往和互相了解，方兴终于主动送给李玉一张电影票，请她看电影。

(1) 李玉差不多每天都要跟她妈妈谈谈她和方兴的事，希望得到母亲的同意。最后，她把母亲说服了。

(2) 在刘大姐的帮助下，王林和孙明英最后还是和好了。

(3) 经过几次争论和听了帕兰卡对新疆的介绍，布朗太太改变了主意，同意了布朗先生的旅游计划。

3. 根据课文内容和所给词语，完成下面两篇日记：

Complete these two diary entries based on the text, using the words and phrases given:

### 三月二十四日　　　星期三　　　晴

今天我们队里来了一个新同志，男的，二十多岁，名字叫方兴。休息的时候，听到组里的同志都在议论他，有人说……（失足青年　工读学校　由于　表现　分配　工程队　当　工人）；也有人说……（真　这样的人　改好　能　吗）？（整天　跟　太　没有意思）。我也怀疑……。我总觉得……（一下子　改好）。（整年整月　干活　跟……一起　确实　不方便）。以后我……（少　来往）。

### 四月十七日　　　星期六　　　阴转晴

真没想到，那个新来的工人……（偏偏　我们组　分配）。我只好整天跟他在一块儿干活。不过，从这些天的情况来看，小伙子……（确实　表现）。每天（早来晚走　干活　起来　主动），（总是　要　脏活儿　重活儿），有时候还……（别人　帮助主动），可就是不爱说话，……（整天　低头　干活儿），（从来跟　说话）。听组长说，小伙子……（对　过去　做过　错事　自己心里　感到　惭愧），（打算　用　自己　挣　工资　把钱　还给被偷）。从这些表现来看，小伙子……（真的　改正　错误决心　做个新人）。

4．写出课文第（三）部分的大意。

Write out the main ideas of the third part (Part Three) of the text.

---

会话部分

---

跟你的朋友进行下面的对话，并把这段对话改写成短文：

189

You and your friends, each of you pick out a role, read the following dialogue and then you rewrite it as a passage:

A
B：啊，你可来了，我们一直在等着你呢。

C：真对不起！因为有点儿事儿我来晚了。你们生气了吧？

A：没关系，今天请你来吃饭，是为了祝贺你大学毕业，怎么还会生你的气呢？

C：今天我很早就出来了，在路上看见一个小伙子骑车不注意，撞倒了一位老人。我帮助他把老人送到医院看了看，所以现在才来，让你们久等了。

B：撞得厉害吗？老人的情况怎么样？

C：还好，就是腿上破了一点儿。

A：这个小伙子可真愣，他不懂交通规则吗？

C：我也这样对他说。那时候，他看见老人被撞倒了，连忙向老人道歉，问老人怎么样。开始的时候老人象是要发脾气，后来见他道歉，就原谅了他。小伙子也觉得很惭愧。

B：现在老人还在医院吗？

C：没有。大夫说，过两天就会好的。小伙子给老人买了药，又把他送回家去了。

A：没出危险就好。你看，只顾说话了，把锅里煮的饭都忘了。（对B）你去看看饭好了没有。

B：哎呀！白米饭都快变成黑的了。真糟糕！这可怎么办？

A：（对C）现在该我向你道歉了，真遗憾！可是总不能请你吃这种饭呀！请你再等一会儿，我去作一锅新的。

C：可别麻烦了，都是因为我。我带来一些面包，吃面包不是也很好吗？

A：好吧，我们就吃面包吧。真是对不起！

190

1. 根据拼音写出下列词组：

Write out the following words or phrases in characters from their phonetic transcriptions:

(1) 改变 kànfǎ
    改变 zhǔyi
    改变 tàidu
    改变 fāngxiàng
    改变 jìhuà

(2) 发现 wèntí
    发现 máodùn
    发现 cuòwù
    发现 qíngkuàng

(3) 发生 wèntí
    发生 máodùn
    发生 shìqing
    发生 wēixiǎn

(4) 受到 biǎoyáng
    受到 jiàoyù
    受到 zūnzhòng
    受到 chēngzàn
    受到 huānyíng

(5) shènzhòng 考虑
    rènzhēn 考虑
    考虑得很 zhōudào

(6) 主要的 wèntí
    主要的 guīzé
    主要的 jīngyàn
    主要的 shìqing

(7) 主动 chéngrèn cuòwù
    主动 bāngzhù biérén
    主动 jièshào qíngkuàng
    主动 xiàng…dàoqiàn
    主动 zhàogù bìngrén

(8) 进行 jiànshè
    进行 yánjiū
    进行 bǐjiào
    进行 xuǎnjǔ
    对质量进行 jiǎnchá
    对青年进行 jiàoyù

2. 掌握下列词语：

Master the usages of the following words and phrases:

(1) 表现得很好

(2) 写法　念法

　　　　　　爱表现　　　　　　　　做法　用法
　　　　　　表现自己　　　　　　看法　想法
　　　　　　　　　　　　　　　　对…有看法
　(3)　分配工作　　　　(4)　整天　整夜
　　　　分配到…地方　　　　　整月　整年
　　　　分配到…工厂　　　　　整天整夜地看书
　　　　把…分配给…　　　　　整年整月地住在海边
　(5)　说一声　　　　　(6)　满脸通红
　　　　叫一声　　　　　　　满头大汗
　　　　问一声　　　　　　　满满一碗饭
　　　　喊一声　　　　　　　满满一屋子书
　　　　告诉一声　　　　　　坐得满满的
　　　　谢一声　　　　　　　写满了字
　　　　咳嗽一声　　　　　　倒满了水

3．选择适当的词语，完成下列各组对话:

Complete the following dialogues, using the appropriate
set phrases:

　(1)　说得越多，语法错误越多　你越说我越听不懂了　越听
　　　　越不明白

　A:　对不起，_____，请你再说一遍，好吗？

　B:　是吗？那真糟糕! 我汉语说得不好，可能_____，你就
　　　_____了。

　(2)　过上幸福的生活　当上了小组长　骑上了一辆新自行车
　　　　住上一套新房子　买上了一台电视机

　A:　昨天我在路上遇到方兴的领导刘队长了。

　B:　是吗？真太巧了，方兴怎么样？很好吧!

　A:　老刘说，方兴到那儿以后表现得很不错，现在已经____
　　　____了。

192

B: 他结婚了吗?

A: 已经有了一个小家庭,小两口儿＿＿＿＿＿,＿＿＿＿＿＿。他爱人特别会过日子,两个人挣的工资虽然不多,可是家里什么都有了。最近＿＿＿＿＿,两个人一人＿＿＿＿。

(3) 没等我说完话,他就发起脾气来了 没等我开门,就回去了 没等我问他姓名,就走了 没等我把饭做完,就着急地走了

A: 今天下午有一个小伙子来找过你三次。

B: 是谁? 妈妈。

A: 第一次来,他进屋一看,你不在家,＿＿＿＿＿。第二次来,是下午五点钟,我请他在咱们家一边吃饭,一边等你,可是他坐了一会儿＿＿＿＿＿。第三次是七点半,他敲敲门问我你回来没有,我刚说了一句"还没有呢",他＿＿＿＿。他有什么急事吗?

B: 我想不会的。昨天, 我们在一起商量一件事,＿＿＿＿＿。今天他一次又一次地来找我,可能是来向我道歉的。

4. 把下列句子译成中文:

Translate the following sentences into Chinese:

(1) On the Spring Festival, Fang Xing went early in the morning to meet Li Yu at the cinema gate. He kept on waiting for her for a whole hour, and Li Yu turned up at last. (整 终于)

(2) On meeting each other, both of them felt so happy that they did not know what to say. (不知道说些什么才好)

(3) After the film, Li Yu invited Fang Xing to have lunch at her home. The two of them kept on talking while walking in high spirits. Li Yu also told him

about her family's attitude towards him. (一路上
一边…一边…)

(4) The more Fang Xing heard, the more excited he got.
He burst into tears without waiting for her to finish
what she was saying. (越…越… 没等…就…)

(5) When Li Yu saw that Fang Xing was struck dumb
she asked him eagerly, "What did you start crying
for while you were listening?" (愣 听着听着)

(6) Fang Xing was so moved that he took her hand and
of his own accord inquired whether she would give
him more help. They kept on talking until they got
to Li Yu's house. (主动 说着说着)

# 第 十 课

## 一、课　文

### 一个太极拳辅导站

#### （一）

　　早上，布朗夫妇在旅馆附近的一个公园里散步。他们看到前边的小树林里，有三、四十个人正在打太极拳，录音机里放出优美的中国古典音乐。不远的地方，还有七、八个人在练太极剑。布朗夫妇走过去，站在那里

看起来。这时，走过来一位白胡子老人，他穿着一身典型的中式衣裤。老人笑着问布朗先生："您也喜欢打太极拳吗？"布朗先生回答道："我对中国的武术和太极拳都很感兴趣。"老人很热情地介绍说："我们这里是一个太极拳辅导站，不论春、夏、秋、冬，每天早上都有人来带着大家打太极拳。会打的人可以跟着一起打，不会打的人，就从开始学起。"布朗先生问道："我听说打太极拳还能治病，有的病医院都治不好，可是病人坚持打太极拳，慢慢地竟恢复了健康。这是真的吗？"老人听完笑了。他说："我现在就能给您举一个例子。您看，前边那位穿灰衣服的女同志，练太极剑练得多好。可是，谁能想到，十年前她已经病得不能工作，整天躺在床上呢？"布朗太太是个大夫，听到这儿她更感兴趣了，说道："您说说她得了什么病，怎么治好的？"老人接着说："她以前在工厂工作，十年前得了肝炎，身体很弱，一天吃不了两小碗饭，连等公共汽车的几分钟都站不住，得坐在路边儿等。回到家里就躺在床上，什么活儿也干不了。那时候，她才三十多岁。一位朋友看她还很年轻，竟病成了这样，劝她学学太极拳。她就到了我们这个辅导站。开始，她每天只学一点儿，累了就靠着树休息休息，以后再补课。这样，在辅导站同志的热情帮助下，她学会了比较复杂的太极拳和太极剑。到后来，每天锻炼三个小时，加上吃药治疗，她的身体恢复得很快。一年多以后，她吃饭吃得比以前多了。两年以后，大夫同意她每天工作半天。不久，她就能全天工作了。

这两年还被评上了工厂的先进工作者。"听完老人的话，布朗先生说："您讲得太好了，从明天开始，我也来学太极拳。要办什么手续吗？"老人答道："辅导站的人都是太极拳的爱好者，他们都有自己的工作，只是在业余时间在这里义务辅导大家，所以不要办手续。您如果喜欢太极拳，每天早上都可以来学。"

"那太好了。这儿也有人练气功吗？"

"有。你们看亭子里的那几位就是在练气功呢。"

"我也来试试练气功怎么样？"

"看来您对我们民族的传统体育项目都很感兴趣。"

"是的，不但想学太极拳、气功，我还想学别的武术项目呢。"

布朗夫人插进来笑道："什么都想学，怎么学得了呢？我听到中国人常说：'不能一口吃成个胖子'，我看你就想一口吃成个胖子！"

"不，不！我想学太极拳，就是为了减肥，哪儿还会想一口吃成个胖子呢？"

## （二）

下午四点多钟，布朗先生买完东西回来，经过一个居民区。在一座大楼前，他停住了脚。原来这里有一个砖砌的乒乓球台，球台中间放了几块砖，当作球网。这时一个八、九岁的男孩儿和一个二十多岁的青年人正打得十分激烈。旁边有很多小孩儿在看他们比赛，大家都为那个小朋友加油。那青年人打得很不错，但看来却打不过这小对手。他虽然个子高，条件好，最后还是被小男孩儿打败了。

　　布朗先生也看得入了迷。他不知道这青年人是孩子的什么人：是孩子的叔叔，还是他的邻居？或者是他的老师？但是布朗先生想，这个人其实正在对孩子起着一个教练的作用，也许他现在就正在培养着一个未来的世界冠军呢！

## 二、会　话

## 体　育　运　动
### Sports activities

### （一）

A：你每天都锻炼身体吗？

198

B：我每天早上跑步，下午有时候打打乒乓球。你最喜欢什么体育运动？

A：冬天我喜欢滑雪，夏天每天都去游泳。

B：听说你们一家都是体育爱好者，是吗？

A：对了。我爱人年轻的时候是体操运动员。两个孩子对武术简直入了迷，他们都在业余体育学校学习武术。

B：是啊，现在年轻人都对武术感兴趣。

A：老人也是这样，我爸爸每天早上晚上都要练太极剑。他还是个足球迷，电视里有足球赛，他总要看的。

## （二）

A：这次全国排球锦标赛，你觉得青年队有希望得冠军吗？

B：女排有希望。男排不行，我看亚军也很难拿到。上次他们不是一比三输给了上海队吗？

A：不过最近几场比赛，他们打得很不错。上星期他们跟北京队的那场比赛，你看了吗？

B：没有。谁赢了？

A：他们赢了。

B：几比几？

A：三比二。这场比赛打得非常激烈。开始他们先输了两局，后来又打成二比二。最后一局从四平打到八平、十平、十二平，最后以十六比十四赢了这一局。

# 三、生　词

1. 旅馆　　　　（名）lǚguǎn　　hotel
2. 树林　　　　（名）shùlín　　woods; grove
3. 放出　　　　　　　fàng chū　to let off; to give out
4. 优美　　　　（形）yōuměi　　graceful; fine
5. 太极剑　　　（名）tàijíjiàn　*taijijian*, a kind of traditional Chinese swordplay
6. 胡子　　　　（名）húzi　　beard; moustache or whiskers
7. 身　　　　　（量）shēn　　*a measure word used for clothes*, suit
8. 裤（子）　　（名）kù(zi)　　trousers; pants
9. 武术　　　　（名）wǔshù　　*wushu*, martial arts such as shadow-boxing; swordplay, etc. formerly cultivated for self-defence, now a form of physical culture
10. 感（兴趣）　（动）gǎn(xìngqù)　to feel; to take (or have) an interest in sth.
11. 不论　　　　（连）búlùn　　no matter (what, who, how, etc.); whether ···· or····; regardless of
12. 坚持　　　　（动）jiānchí　　to persist in; to uphold; to insist on
13. 举　　　　　（动）jǔ　　to lift; to hold up;

200

to cite; to enumerate

| | | | |
|---|---|---|---|
| 14. 例子 | （名） | lìzi | example; instance |
| 15. 肝炎 | （名） | gānyán | hepatitis |
| 肝 | （名） | gān | liver |
| 16. 弱 | （形） | ruò | weak; feeble |
| 17. 钟 | （名） | zhōng | clock; time as measured in hours and minutes |
| 18. 复杂 | （形） | fùzá | complicated; complex |
| 19. 加上 | | jiā shàng | to put in; to add; plus |
| 20. 治疗 | （动） | zhìliáo | to treat; to cure |
| 21. 恢复 | （动） | huīfù | to recover; to regain |
| 22. 评 | （动） | píng | to judge; to choose (by public appraisal) |
| 23. 先进 | （形） | xiānjìn | advanced |
| 24. 爱好者 | （名） | àihàozhě | lover (of art, sport, etc.); fan |
| 爱好 | （动、名） | àihào | to like; to be fond of; to be keen on; interest; hobby |
| 25. 业余 | （形） | yèyú | sparetime; amateur |
| 26. 义务 | （名） | yìwù | volunteer; voluntary; duty; obligation |
| 27. 气功 | （名） | qìgōng | *qigong*, a system of deep breathing exercises |
| 28. 传统 | （名） | chuántǒng | tradition |
| 29. 体育 | （名） | tǐyù | physical culture; physical training; sports |
| 30. 项目 | （名） | xiàngmù | item |

| | | | |
|---|---|---|---|
| 31. 胖子 | (名) | pàngzi | fat person; fatty |
| 胖 | (形) | pàng | fat; plump |
| 32. 减肥 | | jiǎn féi | to lose weight |
| 减 | (动) | jiǎn | to reduce; to decrease |
| 33. 居民 | (名) | jūmín | resident; inhabitant |
| 34. 区 | (名) | qū | area; district |
| 35. 乒乓球台 | (名) | pīngpāngqiútái | table-tennis table |
| 乒乓球 | (名) | pīngpāngqiú | ping-pong; table tennis |
| 球台 | (名) | qiútái | table (for games using balls) |
| 36. 球网 | (名) | qiúwǎng | net (for ball games) |
| 37. 激烈 | (形) | jīliè | intense; acute |
| 38. 加油 | | jiā yóu | to make an extra effort; to cheer sb. on |
| 39. 打不过 | | dǎ bu guò | not to be able to beat or defeat sb.; to be no match for |
| 40. 对手 | (名) | duìshǒu | opponent; adversary; match |
| 41. 个子 | (名) | gèzi | height; stature; build |
| 42. 条件 | (名) | tiáojiàn | condition; factor |
| 43. 入迷 | | rù mí | to be fascinated; to be enchanted |
| 44. 起…作用 | | qǐ…zuòyòng | to play the role of… |
| 作用 | (名、动) | zuòyòng | effect; to play a role |
| 45. 冠军 | (名) | guànjūn | champion |
| 46. 跑步 | | pǎo bù | to run |
| 47. 滑雪 | | huá xuě | skiing |
| 48. 体操 | (名) | tǐcāo | gymnastics |

| 49. | 足球迷 | (名) | zúqiúmí | football fan |
| | …迷 | | …mí | fan; enthusiast |
| 50. | 锦标赛 | (名) | jǐnbiāosài | championship contest; championships |
| | 锦标 | (名) | jǐnbiāo | prize; title |
| 51. | 不行 | | bù xíng | to be no good at; not be capable |
| | 行 | (形) | xíng | all right; capable; competent |
| 52. | 亚军 | (名) | yàjūn | second place (in a sports contest); runner-up |
| 53. | 以 | (介) | yǐ | by; with; |
| 54. | 局 | (量) | jú | *a measure word used for games*, set; round |
| 55. | 平 | (形、动) | píng | flat; level; equal; to make the same score; to tie; to draw |

## 四、词语例解

**1. 不论…都（也）…**

(1) 不论哪种武术表演，我都感兴趣。

(2) 不论天气多么冷，他都坚持打太极拳。

(3) 不论刮风还是下雪，老两口儿都要一起出去散一会儿步，因为他们觉得这是一种乐趣。

(4) 每天不论忙不忙，他都要用半个小时练气功。

(5) 他的脚坏了，但是还想参加排球赛。我们不论怎么劝，他也不听。

203

(6) 不论工作、学习还是劳动，他都非常认真。

"不论…都（也）…"表示的意思是：在哪种条件下，结果或情况都不会改变。"不论"后面常常用一个疑问形式的结构来表示条件（如用疑问代词或正反、选择等并列格式）。句子里还要有"都""也"等一类副词和它呼应。否定式多用"也"。

"不论…都（也）… (no matter what, who, how, etc.)" means: no matter what the conditions may be, the result or state of affairs remains unchanged. "不论" is often followed by an interrogative construction (e.g. an interrogative pronoun, affirmative-negative construction or alternative question) indicating the conditions. In such sentences, "都" or "也", etc. is used together with "不论". "也" is generally used in the negative.

2. 带

(1) 新的广播（体）操，我们还不会，你带着我们作吧。

(2) 请问，去景山公园怎么走？我们不认识路。

——我带你们去，我家就在公园附近。

(3) 星期日我们常常带孩子去（城）市中心买东西。

(4) 我的两个孩子都是姥姥带大的。

(5) 真糟糕，我忘了带照相机了，这么好的风景也不能照下来了。

3. 坚持

(1) 他是个武术爱好者，一直坚持业余在辅导站工作。

(2) 张老师最近身体不太好，但是每天还坚持上两节课。

——她太认真了。我怕她总这样累，身体要坚持不住的。

(3) 只要坚持打针、吃药和锻炼，你的病就一定会好。

(4) 坚持，就能成功。

(5) 布朗太太和布朗先生争论的时候，她总要坚持自己的意
　　见，除非女儿出来作裁判。

"坚持"可以带宾语，也可以不带，它的宾语常常是动词或动
词结构，但也可以是名词。

"坚持" may serve as a transitive or intransitive verb.
When used as a transitive verb, "坚持" generally takes a verb
or verbal construction as its object, but may take a noun.

## 4. 恢复

(1) 他大病了一场，现在身体刚刚恢复。

(2) 修建工人经过一个月的努力以后，又使这座古老的建筑
　　恢复了原来的样子。

(3) 这个地方的一种名酒，现在又恢复生产了。

## 5. 加上

(1) 咱们一起去打乒乓球，好吗？

　　——好，咱们三个人加上小刘，一共四个人，正好双打。

(2) 晚上出去有点儿凉，你加上一件衣服吧！

(3) 我年纪大了，再加上身体不好，所以打算提前退休。

(4) 今天比较冷，再加上刮风，所以出来锻炼的人比平常少
　　多了。

例 (1) (2) 中的"加上"是增添的意思。例 (3) (4) 的"加
上"用来补充说明条件或原因。有时为了强调，还可以用上副词
"再"。

"加上" in sentences (1) and (2) means "add, plus";
in sentences (3) and (4) means, "in addition, moreover"
giving further explanation of the condition or cause. Some-
times the adverb "再" may be used for emphasis.

## 6. 看来

(1) 风这么大，又这么凉，看来要下雨了。

　　——很可能要下雨。看来，这场足球赛得改时间了。

(2) 这场球他们打得很艰苦啊，看来赢不了了。

(3) 这个男孩儿看来只有七、八岁，可是武术练得真不错。

　　——是啊！看来，他可能是业余体育学校的。

"看来"表示通过对客观事物的观察，而后得出自己的判断或预测。

"看来" indicates a judgment or prediction based on observation of the objective situation.

## 7. 打不过

(1) 咱们的篮球队员个子小，可能打不过他们。

　　——不一定！个子小，可是跑得快，可能打得过。

(2) 争论起来，布朗先生是说不过布朗太太的。

(3) 你们俩赛跑吧！看看你跑得过他跑不过。

　　——不用赛，我肯定跑不过他。他在大学生运动会上得过百米赛跑第一名呢！

动词＋"得"（"不"）＋"过"，表示在哪方面能（不能）胜过。

The construction "verb + 得 (or 不) + 过" indicates that someone or something is superior or inferior to someone or something else in a certain aspect.

## 8. 作用

(1) 你要是想学中国传统的武术，最好请个老师教，我只能起个辅导员的作用。

(2) 能不能成为一个优秀的运动员，教练的培养是有很大作用的。

(3) 这场足球赛我们赢了，老张起的作用很大。

## 9. 是啊

(1) 布朗先生非常爱好中国的武术。

——是啊，我看，他都有点儿入迷了。
(2) 只要有足球赛，我弟弟就去排队买票，真是个球迷！
——是啊，一点儿不错。我每次买票都遇到他。
看来，你也是个足球迷啊！
(3) 天气不冷了，早上出来锻炼的人越来越多了。
——是啊，我们家除了我妈妈，我们三口人都出来跑步。

"是啊"在对话中，表示同意对方的观点，而且往往要对此观点加以补充或印证。

In conversation, "是啊" indicates agreement with what the other person has said and often that the speaker would like to add some comment or provide further evidence,

## 10. 行

(1) 你教我滑雪，好不好？
——不行，我不会，我教你滑冰还行。
好！那么，咱们明天就开始，行吗？
——行。
(2) 今年的先进工作者咱们评老张，怎么样？
——行，他够条件。
(3) 明天那个国家的体育代表团来，你当翻译行不行？
——不行，我的英文水平不行，怎么能当翻译呢！
你的水平怎么不行？行，肯定行！你就来吧！

## 11. 以

(1) 我们要以最大的热情来欢迎他们。
(2) 他以九秒九五的成绩打破了男子一百米的世界纪录。
(3) 他以二十一比十三拿下了第一局，但是第二局却以十二比二十一输给了对手。
(4) 昨天那场足球赛，我们学院以零比零和清华大学踢成了

207

平局。

"以"是一个文言介词，有"拿"、"用"的意思。它的宾语一般是抽象名词。"以…"作状语表示方式、手段等。口语中不常用。

"以", a preposition in classical Chinese, means "拿" or "用" and often takes an abstract noun as its object. "以…" used adverbially indicates manner or means. It is seldom used in spoken Chinese.

## 五、练 习

课文部分

1．根据课文回答问题：

Answer the following questions on the text:

(1) 早上，布朗夫妇散步的时候看到了什么？

(2) 那位白胡子老人怎样热情地给他们介绍这个太极拳辅导站的情况？

(3) 那位穿灰衣服的女同志正在做什么？十年前她身体怎么样？后来她是怎么恢复健康的？

(4) 听了老人的介绍，布朗先生对练太极拳感兴趣吗？

(5) 布朗先生还想学习练气功和别的武术项目，布朗夫人说什么？

(6) 布朗先生经过一个居民区的时候，被什么情况吸引住了？

(7) 看了这场有趣的乒乓球赛，布朗先生有什么感想？

2．根据情境，模仿下面的例子造句或回答问题：

Make up sentences or answer questions based on the given situations, taking the following as models:

例：布朗夫妇去参观一个人民公社，那里的人，从老人到小孩儿都很热情。

　　——→布朗夫妇去参观一个人民公社，那里的人，不论老人还是小孩儿都很热情。

(1) 中国南方，有的地方夏天、秋天、冬天的天气都跟春天一样。

(2) 牛奶和咖啡你都爱喝。

(3) 小丁说，他去新疆旅行的时候，那里的维吾尔族人常常请客人跟他们一起跳舞，会跳的和不会跳的，都得跳。

(4) 到了中国，哪儿他都想去看看。

* 　 * 　 *

例：孩子们刚学游泳，怕他们出危险，教练怎么办？

　　——→孩子们刚学游泳，教练怕他们出危险，就带着他们练。

(1) 布朗夫妇来参观人民公社了，老队长是让他们自己去各处参观的吗？

(2) 老张去过两次长城了。小王没去过，但是很想去。小王对老张说什么？

(3) A：今天晚上我们在学校礼堂演话剧，你来看吗？
　　　B：我不认识你们学校的人，不好意思去。
　　　这时A说什么？

* 　 * 　 *

例：老李身体不太好，他就每天都锻炼身体。这样锻炼了一年，他的身体好多了。

　　——→老李身体不太好，他就每天都锻炼身体。这样坚持了一年，他的身体好多了。

(1) 虽然很多人劝他不要那样作，他还是不改。

(2) 老丁参加一万米长跑，他虽然跑得不太快，但是他却跑完了。

（3）小李有一个特点，他不容易改变自己的意见。

例：那张桌子坏了，经过修理以后，又跟原来的样子一样
了。

——那张桌子坏了，经过修理以后，又恢复了原来的样
子。

（1）王林和明英的感情跟以前一样好了。

（2）去年这个商店关门，不营业了，今年又开门了。

（3）这些寺庙经过修理以后，跟以前一样了。

（4）一年以前他们俩是好朋友，吵架以后互相不再联系了；
朋友们劝了他们几次，今天才又好起来。

例　他作教育工作很久了，经验丰富，平常备课又认真，所以
他的课讲得很好。

——他作教育工作很久了，经验丰富，再加上平常备课认
真，所以他的课讲得很好。

（1）今天老田的儿子结婚，又是他的生日，他简直高兴极
了。

（2）小许昨天有点儿累，晚上睡觉的时候又没关窗户，今天
就感冒了。

（3）蓝颜色里放上点儿黄颜色就会变成绿颜色。

例　有的病，打太极拳能治，太极拳可以起什么作用？

——打太极拳对有的病可以起治疗作用。

（1）安娜学汉语，张红帮助她改正语法错误，张红起了什么
作用？

（2）好的电影可以教育人。它起了什么作用？

（3）在车间里，那个小伙子干什么事情都很主动，他起了什

么样的作用?

1．选用以下词语进行会话：

Try to use the following words and phrases in conversa=
tion:

是啊　不行　以…比…(输)赢　(打)踢成　冠军

亚军　乒乓球　排球　足球　跑步　有的…有的…

(1) 你和朋友谈你们喜欢的体育运动。

(2) 介绍一下你们学校的体育活动。

(3) 你向朋友介绍一场足球赛的情况。

2．请你把本课课文(一)改写成对话。

Rewrite the first part(Part One) of the text as a dialogue：

3．用括号里的词语完成下列对话：

Complete the following dialogue, using the words or
phrases in the brackets:

A：布朗，你打太极拳打得真不错啊，跟谁学的？

B：（中国老师傅　学　是…的）。

A：你在中国只住了几个月的时间，怎么就有机会学太极拳
　　呢？

B：事情很巧。（住的旅馆　辅导站　附近　有），（早晨
　　每天　教）。（过去　对…感兴趣　因为　中国武术
　　特别　机会　这样　有　当然）。

A：你打得这么好，学了多长时间？你以前一定也会一点儿
　　吧？

B：（半个多月　只）。（以前　不会　一点儿…也…
　　每天　老师　学着打　跟着）。（老师　认真　特别

211

热情）。（除了…以外，还… 带着 辅导 一个一个地
用不了 所以 几天 学会 能），（当然 还 不能
准确）。

A： 去辅导站学习，要经过考试吗？

B： （这样 象 辅导站 很多 都有 居民区），（要是…
就… 想学 自己 每天 去 可以）。（是 一些
老师 太极拳爱好者），（自己的工作 有 业余时间
只是 大家 辅导）。（办手续 不 考试）。

A： 我真羡慕你有这样一个好机会。我还听人家说，坚持打太
极拳对身体有好处，是吗？

B： 是的，我听说到那里去锻炼 的，有些人是有慢性病
(mànxìngbìng, chronic disease) 的，（坚持 打 健康
恢复 快）。（看来 你 对…感兴趣 也 太极拳）。
（学 想）？（如果 嫌 不 打得不好 教 愿意）。

A： 那太好了。（最近 不好 身体），（吃饭 香 睡觉）。
（医院 去 检查 什么病）。（大夫 让 多 运动），
（中国画报上 介绍 医疗作用 中国太极拳），（想学
没有地方）。

B： （我想 坚持 慢慢 好起来）。（辅导站 气功 太极剑
教 除了…以外，还…），（要是 有兴趣 可以
教）。

A： 啊！在这么短的时间里，你学会这么多东西，太让人羡
慕了。

---

词语部分

1．掌握下列词语：

Master the usages of the following words and phrases:

212

(1) 举手 （2）复杂的问题 （3）先进工人
举旗子 复杂的关系 先进方法
举起（来） 复杂的情况 先进技术
举得高 复杂的事情 先进班

(4) 爱好音乐 （5）业余时间 （6）义务劳动
有很多爱好 业余教育 义务演出
业余爱好 业余体育工作者 我们的义务

(7) 传统节日 （8）学习条件 （9）京剧迷
传统节目 工作条件 球迷
好传统 条件很差 书迷
文化传统 不够条件 武术迷

2．分别用"减""比"说出以下减式和比分：
Read out the following expressions of subtraction and proportion:

| | | | |
|---|---|---|---|
| 114－70 | 201－120 | 7：4 | 9：6 |
| 9026－6005 | 3004－2400 | 2：3 | 1：1 |
| 1250－310 | 8050－460 | 0：0 | 12：8 |
| 11000－502 | 10007－709 | 5：2 | 22：24 |
| 20000－9080 | 120000－106081 | 19：16 | 2：0 |

3．完成下列句子：Complete the following sentences:

(1) ＿＿＿＿＿＿，他都坚持早上跑步，打太极拳。（不论）

(2) ＿＿＿＿＿＿，他才能有这样好的成绩。（坚持）

(3) 我们班不论男同学还是女同学都非常喜欢打球，＿＿＿

＿＿＿。（举…例子）

(4) 汉字简化以后＿＿＿＿＿＿。（复杂）

(5) 我刚开始学汉语时，有一些困难，＿＿＿＿＿＿。（加上）

(6) 我们班有五个中国武术的爱好者，＿＿＿＿＿＿。（加上）

(7) 希望你认真治疗，好好休息，＿＿＿＿＿＿。（恢复）

（8）他工作积极、认真，表现一直很好，＿＿＿＿＿。（评上）

（9）下个月我们学校的同学要去西山种树，＿＿＿＿＿。（义务）

（10）春节是中国人的＿＿＿＿＿。（传统）

（11）他们俩意见不同，谁也说服不了谁，所以争论起来了，而且＿＿＿＿＿。（激烈）

（12）给我们上课的几位老师经验都非常丰富，学校的图书馆也很大，＿＿＿＿＿。（条件）

（13）这次排球锦标赛，A队二号运动员打得很主动，＿＿＿＿＿＿＿＿＿＿。（起…作用）

（14）我哥哥特别喜欢看京剧，＿＿＿＿＿。（…迷）

3. 把下面的一段对话译成中文：

Translate the following into Chinese:

A: There was a table-tennis match on the TV yesterday evening. Did you watch it?

B: Of course I did. I am a table-tennis fan. I never miss a match, no matter who is playing whom. (不论)

A: Some friends came to see me, so I didn't watch it through to the end. How was it? (打)

B: Very exciting. At first the Youth Team lost by 19 to 21, then won two games; but lost the fourth. In the fifth set the Youth Team won by 23 to 21. In the end the Youth Team beat its opponents by 3 to 2. (以)

A: So the Youth Team seems to have hopes of getting the championship in this year's championship contest. (看来)

214

B: Yes, I hope they get it.

## 复 习 (二)

1. 记住我们已经学过的关于婚姻、家庭方面的词汇：

Remember the following vocabulary that you have learned concerning family and marriage:

亲戚　亲家　婆家　公公　婆婆　儿媳　女婿　家长

爷爷　奶奶　姥姥　伯父　伯母　叔叔　姨　　表兄

表妹　孙女　外孙女

对象　新郎　新娘　爱人　夫妻　丈夫　妻子　老两口

老伴儿

爱情　好感　感情　婚礼　喜糖　家务　家常　乐趣

爱　恋爱　结婚　离婚　怀孕

照顾　尊重　孝敬　抚养　教育　吵　吵架　发脾气

和好　待　管　看　享受

欢乐　痛苦　幸福　困难　孤独　惭愧　丰衣足食

用"跟"和下列动词组成词组：

Use the following verbs with "跟" to form phrases:

结婚　离婚　吵架　和好

2. 在下列名词前填上适当的动词：

Fill in an appropriate verb in each of the blanks to form a phrase:

____婚礼　　____对象　　____恋爱　　____好感

____爱情　　____感情　　____家务

3. 写出带有下列汉字的词或词组：

Write out the words or phrases consisting the following character:

215

| | |
|---|---|
| 看 (kàn) | 和 (hé) |
| 看 (kān) | 和 (huó) |
| 长 (cháng) | 好 (hǎo) |
| 长 (zhǎng) | 好 (hǎo) |
| 倒 (dào) | 为 (wèi) |
| 倒 (dǎo) | 为 (wéi) |
| 种 (zhǒng) | 往 (wǎng) |
| 种 (zhòng) | 往 (wàng) |
| 难 (nán) | 着 (zhe) |
| 难 (nàn) | 着 (zháo) |
| 当 (dāng) | 亲 (qīn) |
| 当 (dàng) | 亲 (qìng) |

**4. 翻译下列各组词并用每个词造一个句子：**

Translate the following phrases and use them to make up sentences:

| | |
|---|---|
| 决心 | 支持 |
| 决定 | 坚持 |
| 时候 | 看来 |
| 时间 | 只见 |
| 照顾 | 激烈 |
| 只顾 | 热烈 |
| 发现 | 建议 |
| 发生 | 议论 |
| 称赞 | 感到 |
| 赞美 | 觉得 |

**5. 将下面的对话改写成一篇短文，介绍王大爷的家庭：**

**Rewrite the following dialogue as a passage about Uncle Wang's family:**

216

阿　里：大爷，您贵姓？

王大爷：我姓王。你是留学生吧？

阿　里：对了，我叫阿里，在北大学习。王大爷，您常常到这个
　　　　公园来吧？

王大爷：我每天早上都要在这儿打太极拳。

阿　里：您身体真好。今年多大岁数了？

王大爷：快七十了。

阿　里：是吗？不象，真不象。

王大爷：你想，我退休都快十年了。

阿　里：这个小姑娘是您的什么人啊？

王大爷：这是我的孙女。小春，快叫叔叔。

阿　里：小姑娘长得真漂亮。有她陪着您，家里一定很热闹吧？

王大爷：是啊，她妈妈生她以前，我们家可不象现在这样热闹。
　　　　儿子、儿媳妇白天一上班，家里就我和我老伴儿，也没
　　　　什么事情做，真没意思。有了她以后，全家人都高兴极
　　　　了。

阿　里：她爸爸、妈妈现在都工作吗？

王大爷：都工作。每天下班回家，就帮着我们老两口儿干活儿。特
　　　　别是我那儿媳妇，可孝敬我们了，每隔一两天就买回点
　　　　儿我们爱吃的东西。家务事她也干得最多，总怕我们累
　　　　着。

阿　里：您还有别的孩子吗？

王大爷：我还有个女儿。

阿　里：也跟您住在一起吗？

王大爷：对了。不过，她不常在家。她作翻译工作，常陪外国旅
　　　　游团到外地去参观。

阿　里：还没有结婚吗？

王大爷：没有，但是已经有对象了。我那未来的女婿还常到家来

　　　　看看我们呢。

阿　里：他以后一定是个孝敬老人的好女婿。王大爷，您的家庭
　　　　真幸福。

6. 阅读下面的短文后，进行问答练习并复述这个故事：

Read the following passage, make questions and answer
them and then retell the story:

　　1964年春天，25岁的大学生张建国认识了公社技术员周巧
英。巧英是一个热情、美丽的姑娘，她决心把自己的一切都贡献
给农村的建设。张建国很快就爱上了她。小伙子工作认真，待人
热心，巧英对他也有好感。不久，他们就建立了爱情。

　　没想到这一年冬天，他们正准备结婚的时候，巧英突然得了
病。开始，她的两条腿红肿(zhǒng, swollen)，发热，很快手也
肿了。到医院检查，发现是一种很厉害的病。大夫说这种病治好
是很困难的，发展下去很可能瘫痪(tānhuàn, paralize)。巧英想，
我爱建国，可是我不能害他一辈子。建国想，她一定很痛苦，在
这种情况下，她更需要 (xūyào, need) 我。巧英试探地对他说：
"建国，你不要再跟我好了。"建国说："不，咱们现在就结婚。"
巧英问："你没有考虑到我可能瘫痪吗？"建国回答说："我考虑的
是在你身边更好地照顾你，把病治好！"

　　1965年夏天，张建国和周巧英结婚了。婚后半个月，巧英就去
外地治病。她去了市医院，又去了省(shěng, province)医院，可
是不论打针还是吃药，都治不好她的病。1967年秋天，巧英终于瘫
痪了。她整天躺在床上，不用说管家务了，就是自己的生活也得别
人照顾。建国下班以后，不但要背(bēi, carry on one's back)着
妻子到医院打针，还要帮她换衣服、洗澡。他每天端着饭碗一口
一口地喂巧英，从来也不觉得辛苦。

　　丈夫照顾得越周到，巧英心里越痛苦。她想，由于有了她这样
的妻子，建国生活得太不幸福了。怎样才能改变这种情况呢？她

218

竟想到了死。她不再去医院治疗，而且连饭也不愿意吃了。建国发现了她这种想法，非常着急。他不住地劝妻子："你为了我的幸福，才不想活下去。可是，你为什么不想想，失去了你，我会多么痛苦？"巧英听了，哭着说："原谅我吧，建国，我也不愿意离开你啊！"为了鼓励（gǔlì, encourage）妻子活下去，他把他哥哥的小女儿接来。当孩子叫巧英"妈妈"时，巧英高兴得不知说什么好。有了孩子，家里就热闹了。建国还在小屋窗前、门外种上了很多花草。每天中午回家作饭的时候，要是天气好，就把巧英背到门外，让她欣赏他种的花儿。妻子最爱看京剧，当剧场演出京剧时，他总要高高兴兴地用车推着妻子去看戏。

瘫痪了十几年的巧英，从来没有听到建国叫一声累，更没有看见他发过一次脾气，多么好的丈夫啊！邻居们也都被建国对妻子的爱情深深地感动了，他们都来帮助这对夫妻解决困难。一位大夫听说有一家医院正在研究这种病的治疗方法，就介绍她去试试。经过长时间的治疗，她能看一点书报，也能自己吃饭、洗脸了。更重要的是，她有了治好病的信心（xìnxīn, confidence）。她常激动地对人说："有建国在，就有我的欢乐和幸福。"

# 第 十 一 课

## 《贵妃醉酒》和《罗密欧与朱丽叶》

### （一）

　　晚上，帕兰卡请爸爸、妈妈看京剧《贵妃醉酒》①。帕兰卡快变成京剧迷了，她收集了很多京剧的图片和资料，准备写一篇介绍中国京剧艺术的文章。布朗太太对女儿说："看戏以前，你最好先给我讲一讲怎么欣赏京剧艺术。"

帕兰卡指着图片说，京剧是中国的一种传统的民族艺术，已经有一百多年的历史了。京剧是综合性的艺术，它综合了文学、音乐、舞蹈、美术和武术的艺术形式，包括了话剧、歌剧、舞剧表演艺术的特点。帕兰卡觉得把京剧翻译成"北京歌剧(Beijing Opera)"是不准确的，因为这个词包括不了这样丰富的内容。

布朗先生听了，点了点头说："这样翻译，是不太理想，可是大家已经习惯了，也就不要改了。我建议你好好研究一下京剧的表演艺术。传统京剧舞台上很少有高山、大河这些布景，但是通过演员的表演，观众就象看到了高高的峭壁和奔腾的江水。再比 如演员手里的马鞭，你别看它简单，可 是 演员拿着它，就可以表演出上马、骑马、下 马 等各种优美的动作。京剧的表演艺术能使人产生丰富的想象。《三岔口》②这出戏你看过了吧，舞台上两个人在灯光下的武打动作，让观众想象到，他们是在黑暗中搏斗。"

布朗太太指着一张照片说："京剧的服装真漂亮，演员脸上的化妆也很有艺术特色。"

帕兰卡告诉她，京剧不论演古代什么时候的故事，演员穿的服装都是明代的式样。京剧 的脸谱可有学问了，不论红脸、黑脸、白脸，都 是 用夸张的手法来表现人物性格的。可以说，京剧的脸谱又是独立的艺术。

布朗先生问女儿："今天晚上的《贵妃醉酒》是梅派③演员演的吗？"

"是梅派演员演的。"

布朗先生说，梅兰芳是世界闻名的京剧表演艺术大师，他和电影艺术大师卓别林是很好的朋友。早在三十年代，梅兰芳先生就把京剧艺术介绍给西方国家的观众了。他通过自己几十年的舞台实践，创立了梅派表演艺术。帕兰卡告诉布朗先生，她正在看梅先生写的《舞台生活四十年》这本书呢!

这时，布朗太太看了看表，笑着说:"咱们该走了，你们再谈梅兰芳，可就欣赏不到梅派艺术了。"

## (二)

布朗先生在报上看到一篇文章，这篇文章介绍了第一次用藏语演出莎士比亚作品的情况。

上海戏剧学院藏族表演班的学生，在毕业的时候，用藏语演出了《罗密欧与朱丽叶》。演出非常成功，很好地体现了莎士比亚的艺术风格。

这个藏族表演班，有三十个学生。他们的父母大多数以前都是农奴。这些学生，有的曾经是工人，有的是农民，有的当过战士。他们都不懂汉语，不少人藏文水平也不高。开始学习的时候，困难是很大的。老师们专为他们准备了一套教材和教学方法。在四年的学习时间里，第一年学汉语，后三年学专业。在老师的培养下，经过四年的艰苦学习，他们取得了优秀的成绩。这次毕业演出，演罗密欧和朱丽叶的两位藏族青年，演得非常成功，深受观众欢迎。

这次演出，也得到了中外戏剧专家们的称赞，一位英国戏剧家看了这出戏以后说："莎士比亚的戏，在各国舞台上都演出过，但是，用藏语演，在世界上这还是第一次。如果他们到莎士比亚的故乡去访问演出，一定会受到观众的热烈欢迎。"

## 二、会　话

### 评论戏剧、电影

Stage and screen reviews

（一）

A：你看昨天晚上的电视了没有？

B：你是说电视剧《武松》吧，那还能不看！

A：这个剧改编得很不错，比较好地体现了古典小说《水浒传》④的风格。

B：几个主要演员也都演得很好，他们的表演非常真实。剧中的武松正跟我想象的一样。

A：我印象最深的还是这个剧的武打，那才是真正的中国武术。看这样的表演，观众会得到一次很好的艺术享受。

（二）

A：你觉得这个话剧怎么样？

B：没意思。早知道是这样的话剧，我就不来了。

A：不能这么说吧，我觉得这个剧的情节还是比较紧张的，布景和服装也很吸引人。

B：可是故事太不真实了，剧中的人物也都没有自己的性格。

A：演女主角的还是一位有名的演员呢！

B：这次她演得可不成功。

## 注 释

① 《贵妃醉酒》

这是京剧中的一出名剧，它描写了杨贵妃的苦闷心情。经梅兰芳艺术加工之后，成为梅派艺术的保留剧目。

*The Drunken Beauty*, portraying the infinite sadness and depression of Yang Yuhuan, the imperial concubine, is a famous Beijing Opera. As reworked by Mei Lanfang, it is now included in the repertoire of the Mei Lanfang School.

② 《三岔口》

这出戏的故事发生在北宋。有位旅店主人刘利华，为救遭奸臣陷害的宋将焦赞，与暗中保护焦赞的人在旅店发生了误会，双方在黑夜中搏斗。它是一出有名的京剧武打戏。

The story of *At the Crossroads* is set in the Northern Song Dynasty. Jiao Zan, a Northern Song general, is falsely accused due to the machinations of traitorous courtiers. At an inn where the party has put up for the night, the inn-keeper in the dark runs into the man who has secretly undertaken to protect the general and the two have an amusing

fight. In the end they discover that they are of the
same party. This is a well-known Beijing Opera of
the 'fight' genre.

③ 梅派

梅派指梅兰芳先生创立的京剧旦角表演艺术的流派。梅先
生是京剧艺术大师。一八九四年出生于北京的一个著名京
剧演员的家庭，一九六一年逝世。

Mei Lanfang, who performed female roles in Beijing
Opera, opened up a school under his own name.
Mr. Mei, China's best-known Beijing Opera artist
was born into the family of a famous Beijing Opera
actor in 1894 in Beijing and died in 1961.

④ 《水浒传》

《水浒传》是明代著名长篇小说，约成书于元末明初，相
传作者是施耐庵。武松是《水浒传》中一个很重要的英雄
人物。

"*Shuihuzhuan* (The story of Water Margin)" is a
celebrated novel of the Ming Dynasty. It was completed
towards the end of the Yuan Dynasty or in the early
Ming Dynasty. It is said to have been written by
Shi Naian. Wu Song is one of the central heroes of
the novel.

三、生　词

1. 收集　　（动）shōují　　to collect; to gather
2. 资料　　（名）zīliào　　data; material
3. 戏　　　（名）xì　　　　drama; play; show

| | | | |
|---|---|---|---|
| 4. 民族 | （名） | mínzú | nation; nationality |
| 5. 综合性 | （名） | zōnghéxìng | synthesis |
| 综合 | （动） | zōnghé | to synthesize; to sum up |
| 6. 包括 | （动） | bāokuò | to include; to consist of; to comprise |
| 7. 舞蹈 | （名） | wǔdǎo | dance |
| 8. 美术 | （名） | měishù | the fine arts; art |
| 9. 形式 | （名） | xíngshì | form; shape |
| 10. 歌剧 | （名） | gējù | opera |
| 11. 舞剧 | （名） | wǔjù | dance drama; ballet |
| 12. 表演 | （动） | biǎoyǎn | to perform; to act; to play |
| 13. 特点 | （名） | tèdiǎn | characteristic; distinguishing feature |
| 14. 准确 | （形） | zhǔnquè | accurate; exact; precise |
| 15. 内容 | （名） | nèiróng | content; substance |
| 16. 习惯 | （名、动） | xíguàn | habit; custom; usual practice |
| 17. 舞台 | （名） | wǔtái | stage |
| 18. 布景 | （名） | bùjǐng | (stage) set |
| 19. 通过 | （动、介） | tōngguò | to pass through; by means of; by way of; through |
| 20. 演员 | （名） | yǎnyuán | actor or actress; performer |
| 21. 马鞭 | （名） | mǎbiān | horsewhip |
| 22. 动作 | （名） | dòngzuò | movement; motion; action |
| 23. 产生 | （动） | chǎnshēng | to produce; to engender |
| 24. 想象 | （动） | xiǎngxiàng | to imagine; to fancy |
| 25. 出 | （量） | chū | *a measure word for dramas, plays or operas* |

227

| 26. | 灯光 | (名) | dēngguāng | (stage) lighting; light |
|------|------|------|-----------|-------------------------|
| 27. | 武打 | (名) | wǔdǎ | acrobatic fighting in Chinese opera or dance |
| 28. | 搏斗 | (动) | bódòu | to wrestle; to fight; to struggle |
| 29. | 服装 | (名) | fúzhuāng | dress; clothing; costume |
| 30. | 化装 | (动) | huàzhuāng | (of actors) to make up |
| 31. | 特色 | (名) | tèsè | characteristic; distinguishing feature or quality |
| 32. | 脸谱 | (名) | liǎnpǔ | types of facial makeup in operas |
| 33. | 夸张 | (动) | kuāzhāng | to exaggerate; to overstate |
| 34. | 手法 | (名) | shǒufǎ | skill; technique |
| 35. | 性格 | (名) | xìnggé | nature; disposition; temperament |
| 36. | 独立 | (动) | dúlì | to be independent; to stand alone |
| 37. | 派 | (名) | pài | group; school; faction |
| 38. | 大师 | (名) | dàshī | great master; master |
| 39. | 年代 | (名) | niándài | a decade of a century |
| 40. | 实践 | (动) | shíjiàn | to practise; to put into practice |
| 41. | 创立 | (动) | chuànglì | to found; to originate |
| 42. | 戏剧 | (名) | xìjù | drama; play; theatre |
|      | 剧 | (名) | jù | drama; play; show |
| 43. | 体现 | (动) | tǐxiàn | to embody; to reflect; to give expression to |
| 44. | 父母 | (名) | fùmǔ | father and mother; parents |

| 45. | 大多数 | （名） | dàduōshù | great majority |
| | 多数 | （名） | duōshù | majority |
| 46. | 农奴 | （名） | nóngnú | serf |
| 47. | 曾经 | （副） | céngjīng | an adverb indicating sth. happened in the past, once |
| 48. | 战士 | （名） | zhànshì | fighter; soldier |
| 49. | 水平 | （名） | shuǐpíng | level; standard |
| 50. | 教材 | （名） | jiàocái | teaching material |
| 51. | 教学 | （名） | jiàoxué | teaching and studying |
| 52. | 专家 | （名） | zhuānjiā | expert; specialist |
| 53. | 故乡 | （名） | gùxiāng | native place; hometown; birthplace |
| 54. | 系列片 | （名） | xìlièpiān | film series |
| 55. | 改编 | （动） | gǎibiān | to adapt; to rearrange; to revise |
| | 编 | （动） | biān | to edit; to compile; to compose |
| 56. | 真实 | （形） | zhēnshí | true; real |
| 57. | 情节 | （名） | qíngjié | plot |
| 58. | 紧张 | （形） | jǐnzhāng | intense; strained; tense |
| 59. | 主角 | （名） | zhǔjué | leading role; lead |

## 专　名

1. 《贵妃醉酒》　《Guìfēi Zuì Jiǔ》 *the Drunken Beauty*
2. 《罗密欧与朱丽叶》
　　　　　　《Luómì'ōu yǔ Zhūlìyè》
　　　　　　*Romeo and Juliet*
3. 《三岔口》　《Sānchàkǒu》　*At the Crossroads*

| | | | |
|---|---|---|---|
| 4. | 明代 | Míngdài | the Ming Dynasty |
| 5. | 梅派 | Méipài | the Mei (Lanfang) School |
| 6. | 梅兰芳 | Méi Lánfāng | *name of an artist* |
| 7. | 卓别林 | Zhuōbiélín | (Charlie) Chaplin |
| 8. | 莎士比亚 | Shāshìbǐyà | (William) Shakespeare |
| 9. | 上海戏剧学院 | | |
| | | Shànghǎi Xìjù Xuéyuàn | |
| | | | Shanghai Theatrical Institute |
| 10. | 藏族 | Zàngzú | Tibetan Nationality |
| 11. | 藏语 | Zàngyǔ | Tibetan (language) |
| 12. | 藏文 | Zàngwén | Tibetan (language) |
| 13. | 武松 | Wǔ Sōng | *name of a person* |
| 14. | 《水浒传》 | 《Shuǐhǔzhuàn》 | *Water Margin* |

## 四、词 语 例 解

1. **收集**

   (1) 他收集了很多珍贵的历史资料，对我们研究中国戏剧史很有帮助。

   (2) 他收集的邮票有六十几个国家的，都非常好看。

2. **综合性**

   (1) 北京大学是一个综合性大学。

   (2) 帕兰卡对研究京剧的表演艺术积极性很高。

   (3) 你要是写小说，一定要注意人物的典型性。

   (4) 这是一本艺术性很高的文学作品。

"性"是名词词尾，很多动词、形容词或名词加"性"可以构成抽象名词。"…性"表示事物或人所具有的性质、性能、特性等。

"性", a nominal suffix, may be used after a verb, adjective or noun to form an abstract noun indicating the nature, property or characteristic of a person or thing.

## 3．是不太理想

(1)《贵妃醉酒》这出戏很不错。你觉得怎么样？

——是很不错。演员把杨（Yáng, *a person's surname*）贵妃这个人物的性格表现得多好啊！

(2) 小刘是没有姐妹吗？

——是没有。他家就他们哥儿俩，没有女孩子。

(3) 正象你说的，这个问题是不容易解决。咱们得好好考虑一下。

"是"在这里是副词，有"确实""的确"的意思，在句中要重读。有时出现在转折复句中的前一分句里，表示肯定、确认某一情况，后面分句则表明说话人要强调的另一方面情况。

"是", used here as an adverb, means "surely or certainly"; and should be stressed. In a compound sentence of contrast, "是" may appear in the first clause indicating certainty or affirmation; the second clause then indicates sth. the speaker emphatically contrasts with this.

(4) 天气是冷，可是不锻炼也不行啊！

(5) 他的建议是应该好好研究一下，不过，最近大家都很忙，下个星期再研究吧！

## 4．……好好研究一下京剧的表演艺术

形容词"好"重叠后作状语，基本上可以表示两种意思：①情况正常或方式合适地；②尽力地、尽情地。

When the adjective "好" is reduplicated and used as an adverbial adjunct, it basically implies one of the two meanings: (1) normally or properly (2) to the best of one's ability; to one's heart's content.

(1) 帕兰卡病了，布朗太太对她说："孩子，听大夫的话，好好躺着，别起来。"（按照正常情况或符合要求地 in the normal way, as required）

(2) 你要好好跟他谈，别吵架，要说服他。（态度好、方式合适地 amiably, properly）

(3) 那些农奴的孩子说："我们一定要好好学习，更快地提高藏文水平。"（努力地、尽力地 diligently, to the best of one's ability）

(4) 你最近工作太紧张了，应该好好休息一下。（尽量地 to the best of one's ability）

(5) 他对京剧很有研究，明天让他给咱们好好介绍一下京剧的脸谱艺术。（尽力地、详细地 to the best of one's ability, in detail）

(6) 听说今天晚上有梅派戏《贵妃醉酒》，我得去好好欣赏欣赏。（尽情地 to one's heart's content）

## 5. 别看

"别看…"就是"不要只看到…"的意思，在转折复句的从句句首，用来提出一种情况，而主句表示的意思，与这种情况可能导致的结论相反。句中常有"可是""其实""却"等。

"别看"means "don't only see or notice that…". It is used at the beginning of a compound sentence of contrast to introduce a situation, to which the main clause may introduce a contrary conclusion. "可是""其实" or "却" is often used in such sentences.

(1) 别看他年轻，工作经验却非常丰富。

(2) 这个演员是戏剧学院的学生，别看她还没毕业，可是表演的艺术水平却很高。

232

（3）别看他不是中国人，可是还会唱京剧呢！

（4）别看外边风很大，其实一点儿也不冷。

## 6．早在三十年代

"早在…"中的"早"用来强调某事发生的时间（多指年代）早。句中常有副词"就"。

"早" in the construction "早在…" is used to emphasize that something happened a long time ago (usu. a period of years). The adverb "就" is often used in such sentences.

（1）早在一百年前，京剧演员就穿这种式样的服装了。

（2）早在四十年代，她就成了一个很有名的歌剧演员了。

（3）早在十九世纪，就有人把这本古典小说改编成戏剧了。

## 7．咱们该走了

（1）现在几点了？该吃午饭了吧？

——现在才十一点，还不该吃午饭呢！

（2）下一个节目该你了，快点儿准备吧！

——不该我，该他了，我的节目在他后边。不过，我该化装了。

（3）现在已经是五月了，该热了，怎么天气还这么凉呢？

"该"是能愿动词，可用在动词、形容词前，也可用在名词、代词前。否定时一般用"不"。

The optative "该" may precede a verb, adjective, noun or pronoun. Its negative is normally "不".

## 8．后三年学专业

（1）他准备用一年的时间写一篇小说：前半年收集资料，后半年写。

（2）学术会议一共开了五天，前三天开大会，后两天开小组会。

（3）奶奶的前半辈子是在旧社会度过的，生活很苦；后半辈

233

子，我们一定要让她过得非常幸福。

### 9. 在世界上这还是第一次

"还"表示说话人认为某种情况是听话人没有想到的，因而对此可能感到意外。

The adverb "还" indicates that the speaker thinks what he is going to tell might be a slight surprise to the listener.

(1) 你以前来过杭州吧？

——不，我这还是第一次。

(2) 这件事我还是刚听说的，以前一点儿也不知道。

(3) 我们还是第一次参加这样盛大的招待会。

### 10. 你是说电视剧《武松》吧

(1) 我是问这个作家的艺术风格怎么样，不是问别的情况。

(2) 你是想听听戏剧学院的课吧？

——不，我不是想听课，我是想买一些教材。如果你们能简单介绍一下教学情况，那就更好了。

(3) 我说这出戏不错，是指它的武打动作。

(4) 这篇文章是长，不是难；是生词多，不是句子复杂。

"是"作谓语主要动词，宾语也可以是动词、形容词或主谓结构等。这种句子往往带有解释、说明或分辩的语气。

When "是" is the main verb of the predicate in a sentence, it may take a verb, adjective or subject-predicate construction as its object. Such sentences are often used for explanation or making a distinction.

### 11. 那还能不看

副词"还"在反问句中有加强反问语气的作用。

The adverb "还" may also be used in a rhetorical question for emphasis.

(1) 你这么累，还不休息休息！别去看晚上的舞剧了。

——我是个舞蹈演员，这么好的舞剧还能不看！听说这个剧很有民族特色，而且演出很成功。

当然，男女主角都是有名的舞蹈家，演出还能不成功！

(2) 这些孩子的父母都是农奴，他们以前连饭都吃不上，还能去念书？

## 12. 早知道…就…

"早知道"用在假设复句的从句句首，表示"如果能早些知道……"的意思。主句表示假设的情况所导致的结果，句中常有"就"。全句有时带有后悔的语气。

"早知道" used at the beginning of an supposed conditional sentence, means "if only it had been known…". The main clause indicates the outcome of the supposed condition and "就" is often used. The whole sentence conveys a sense of regret.

(1) 早知道这个话剧不好，我就不买票了。（我已买了票）

(2) 早知道今天的京剧有《三岔口》，我就买票了。（我没有买票）

(3) 早知道你也懂藏语，我就不请翻译了。（我已请了翻译）

(4) 早知道你没有喝咖啡的习惯，我就给你准备茶了。（我准备的是咖啡）

## 五、练 习

课文部分

1. 根据课文回答下列问题：

Answer the following questions on the text:

(1) 为什么说帕兰卡快变成京剧迷了？

235

(2) 为什么帕兰卡说把京剧翻译成"北京歌剧"是不准确的？

(3) 布朗先生怎样看京剧的表演艺术？

(4) 帕兰卡怎样向布朗夫人介绍京剧的服装和化装的艺术特色？

(5) 布朗先生怎样介绍梅兰芳先生？

(6) 布朗先生在报上看到一篇什么文章？

(7) 这个藏族表演班的学生，开始学习的时候为什么困难很大？后来怎么样？

(8) 那位英国戏剧家看了他们演的《罗密欧与朱丽叶》以后，说了些什么？

2．根据情境，模仿下面的例子造句或回答问题：

Make up sentences or answer questions based on the given situations, taking the following as models:

例：A：今天太阳好，又没有风，天气不错。

(B同意A的看法，他说什么？)

→B：今天天气是不错。

(1) A：我的肝不太好，打球这种运动太激烈，练气功对我比较合适。

　　B：＿＿＿＿＿＿＿＿＿＿。

(2) A：你看那个演员的脸谱，鼻子上有一块白，真有意思！

　　B：＿＿＿＿＿＿＿＿＿＿。

(3) A：《三岔口》那出戏表演得真紧张，我看的时候心都快跳出来了。

　　B：＿＿＿＿＿＿＿＿＿＿。

(4) A：那个失足青年在工读学校真变好了，他们可真有办法。

　　B：＿＿＿＿＿＿＿＿＿＿。

• • •

例：A：听说小王和他爱人最近总是吵架，你说怎么办？

→B：咱们好好劝劝他们，我看他们能和好。

(1) A：我朋友很喜欢美术，我买了很多现代名画的照片送给他，他会对我说什么？

    B：＿＿＿＿＿＿＿＿＿＿＿＿＿＿＿。

(2) A：这个收音机是一个朋友送给我的，我很喜欢它，可是最近坏了，你说怎么办？

    B：＿＿＿＿＿＿＿＿＿＿＿＿＿＿＿。

(3) A：最近我常常感冒，怎么样才能不感冒，你有什么好办法吗？

    B：＿＿＿＿＿＿＿＿＿＿＿＿＿＿＿。

(4) A：演出就要开始了，可是我的戏票放在哪儿了？你看见了吗？

    B：＿＿＿＿＿＿＿＿＿＿＿＿＿＿＿。

\*      \*      \*

例：A：听说苏州那个城市比较小。

→B：你别看它小，风景可是闻名世界呢！

(1) A：吐鲁番盆地的周围都是干燥的沙漠，怎么会有那么多的葡萄和哈密瓜呢？

    B：＿＿＿＿＿＿＿＿＿＿＿＿＿＿＿。

(2) A：李华总是那么瘦，不知道他身体怎么样？

    B：＿＿＿＿＿＿＿＿＿＿＿＿＿＿＿。

(3) A：这种蜜桃样子不太好看，好吃吗？

    B：＿＿＿＿＿＿＿＿＿＿＿＿＿＿＿。

(4) A：这辆自行车这么旧，好骑吗？

    B：＿＿＿＿＿＿＿＿＿＿＿＿＿＿＿。

\*      \*      \*

例：他解放前就是一个技术工人。

　　──▶早在解放前，他就是一个技术工人了。

(1) 这个神话传说几百年前就有了。

(2) 他参加工作以前，就对中国历史发生兴趣了。

(3) 二十年前他们就认识了。

(4) 旅游计划在一个月以前就决定了。

* * *

例：离开车还有二十分钟，是走的时候了。

　　──▶离开车还有二十分钟，该走了。

(1) 已经十二点了，是吃午饭的时候了。

(2) 今晚演两出戏，先演《三岔口》，再演《贵妃醉酒》。现在《三岔口》快演完了，一会儿就是《贵妃醉酒》了。

(3) 里边正在进行考试呢，现在是小张在考，下一个就是我，再下一个才是你。

---

**会话部分**

**1.** 根据话题，选用下列适当的词语进行会话：

Make conversation on these topics, choosing the appropriate words and phrases given below:

是　那还能　跟…一样　那才是　很不错　比较　早知道
吸引人　情节　成功　真实　化装　舞台　服装　布景
灯光　性格　舞蹈　改编

(1) 谈一本写得不好的小说。

(2) 向你朋友介绍一处名胜古迹。

(3) 谈一场大家都很关心的足球赛。

(4) 谈一个演出比较成功的舞剧。

**2.** 朗读下面的对话：

Read aloud the following dialogue:

A：昨天晚上的那场京剧你看了吗？

B：你是说《白蛇传》吗？

A：当然了！

B：那还能不看！我跟你一样，是一个京剧迷。演白素贞的演员唱得好极了，听说她是梅兰芳的学生，是吗？

A：是的，她是有名的梅派演员。小青也演得不错，别看唱得不多，她的武打可不容易呢。

B：我特别爱看金山寺前搏斗的那场戏，我觉得那场戏的灯光、布景、武打都非常吸引人。

A：早知道你这样喜欢京剧，我就跟你一起去看了。我收集了一些关于京剧的资料，你要感兴趣，我可以借给你看看。

B：那太好了。谢谢你。

词语部分

1．掌握下列词语：

Master the usages of the following words and phrases:

| | | |
|---|---|---|
| (1) 民族性 | (2) 生活习惯 | (3) 通过广场 |
| 准确性 | 劳动习惯 | 通过实践 |
| 习惯性 | 习惯性动作 | 通过……介绍 |
| (4) 产生矛盾 | (5) 体现……的风格 | (6) 曾经演过 |
| 产生感情 | 体现……的特色 | 曾经学习过 |
| 产生误会 | 体现……的关心 | 曾经认识 |
| (7) 技术水平 | (8) 真实的感情 | (9) 紧张地劳动 |
| 演出水平 | 真实的情节 | 紧张地工作 |
| 提高水平 | 真实的生活 | 紧张地搏斗 |

2．用所给的词语回答问题：

Answer these questions, using the words and phrases given:

239

（1）你们那儿的阅览室怎么样？（资料）

（2）这本汉语书有哪些内容？（包括）

（3）那位老人正在打太极拳，他打得怎么样？（动作）

（4）一走进田大娘家的院子，布朗夫妇觉得怎么样？（特色）

（5）你知道中国北方人怎么样过春节吗？（传统 习惯）

（6）你看过老舍的作品吗？你觉得老舍的作品怎么样？（内容 优美 情节）

（7）要想学会游泳，除了知道游泳的动作以外，还应该怎么样？（实践）

（8）安娜他们班的同学，学了一年就可以用汉语演小话剧了。他们的汉语学得怎么样？（水平 准确）

3．参考课文和下面的短文，用汉语对中国京剧作一个简单的介绍。

Give a brief introduction to Beijing Opera in Chinese. (The text and following passage are for your reference.)

别看我是一个话剧爱好者，我对京剧的兴趣可也不小呢！这两年，我收集了一些关于京剧的图片和资料。在中国留学的时候，我常去看京剧演出，它丰富了我的历史知识，也使我对中国的文化传统有了更深的了解。

我最欣赏京剧的表演艺术。传统京剧的布景很简单，但通过演员的舞蹈动作和有民族特色的音乐，观众就能了解戏里面的人物在什么时候、什么地点做什么事。如骑马、坐船、上山、下水、开门、关门、刮风、下雨、白天、黑夜等，都不用灯光、布景，只通过演员的表演，就可以让观众产生丰富的想象。这种艺术的真实，会使观众觉得这是一种美的享受。我想研究京剧的表演艺术，把它体现到话剧中去。

4．用上本课有关戏剧的词语，用中文写一篇介绍你们国家戏剧

的短文:

Write in Chinese an article on the theatre of your own country, trying to use the words and phrases you have learned in the text concerning drama.

(1) 简单介绍一下某种戏剧的发展历史。

(2) 简单介绍一下这种戏剧的表演艺术。

(3) 观众是怎样称赞这种戏剧的。

# 第 十 二 课

## 一、课 文

### 神奇的针灸和华佗的故事

#### （一）

　　午饭后，布朗先生感到肚子不太舒服。他躺在床上，想休息一下，但总是睡不着。布朗太太问他是不是午饭吃得不太合适。布朗先生说，也许是，现在肚子越来越疼了。于是布朗太太决定陪他到附近的医院去看看。

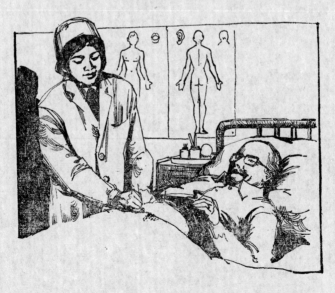

在门诊室里，布朗先生疼得更厉害了。经过大夫检查，确诊是胃炎。布朗太太要求先给病人止痛。医生建议使用中国传统的针灸止痛法。布朗先生让他太太陪他一起去。

大夫开始给布朗先生治病了，她一边扎针一边问："您有没有酸、麻、胀的感觉？"

"什么？什么叫酸、麻、胀？"布朗先生刚说完，忽然觉得象触电一样，一股电流从扎针的地方传下去。他不禁叫了起来："哎哟，哎哟……"大夫看着布朗先生脸上的表情，笑着说："对，对！这就是酸、麻、胀的感觉！"屋里的人都笑了。

过了一会儿，布朗先生的胃果然不疼了。

"太神奇了！"布朗先生看着站在身旁的护士说："今天我可亲身体验了针灸止痛的作用了。太感谢你们了！"布朗太太一边扶他下床，一边对他说："到这儿来生病，你真幸运！"

布朗先生风趣地说："你这样羡慕我，是不是也想扎几针试一试呢？"

（二）

华佗①是中国古代最有名的医学家。他是中国医学史上第一个使用全身麻醉进行手术的医生。

一天，华佗从外面给人看病回来。一进门，他的学生就对他说，有一个病人正在家里等他看病。华佗连忙进去，只见病人脸色苍白，不断地喊肚子疼。华佗慢慢地解开他的衣服，在痛的地方按了一下，病人立刻"啊——"地大叫一声。华佗对他的学生说，这是阑尾炎，针灸、吃药都来不及了，要开刀，并且让他们快去作准备。

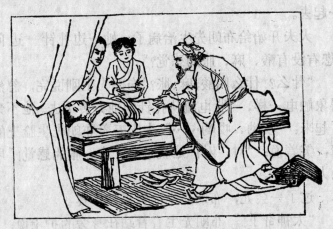

病人的家属，听说要开刀，很不放心，他们不太相信这样的病能用开刀的办法治好。华佗对他们说："请放心，这种病我已看过多次，会治好的。"他很快把药配好，又倒了一碗酒，让病人把酒跟药一起喝下去。他说："这是麻醉药，一会儿病人就会昏迷的，那时就可以开刀了。"

过了一会儿，病人果然昏迷过去了。华佗在病人的肚子上用刀切开一个小口，在他学生的帮助下，很快找到溃烂的阑尾，仔细地把它切掉，然后用线扎好，涂上药，最后把刀口缝好。

手术作完了，华佗又摸了摸病人的脉，看到一切都很正常，才出去对病人家属说："病人已经没有生命危险了，等麻药作用过去，就会醒来。"

"他以后还能干活吗？"病人家属问。

"一个月后，刀口长好，就可以干活。"

华佗看到病人很穷，就把病人给的钱，还给了他的家属。华佗说："你们用这些钱给病人买点儿好吃的东西吧！"

正直、善良的华佗医生，心里想的只是怎样把人们的病治好，却从来没有想到，由于这种创造性的疗法，他已经成了中国历史上第一个使用全身麻醉开刀的医生。

## 二、会　话

### 健　康　看　病
Health and consulting the doctor

#### （一）

A：听说你最近身体不太好，是吗？

B：是啊，我常常头晕，吃不下饭，夜里也睡得不好。

A：看上去你瘦多了。去医院检查了吗？

B：去了，大夫说没有发现什么大问题。

A：可能是太累了。你应该注意休息，还要多锻炼锻炼。

B：对了，我现在每天都打太极拳、作气功。

#### （二）

A：大夫，我的牙疼得厉害。

B：哪一个牙疼？

A：左边的，在这儿。

B：啊，这儿有一个洞。

A：可以补一补吗？

B：不行，没法补了，要把它拔掉。

A：大夫，今天就拔吗？

B：不，先吃点药，三天以后再来拔。

## （三）

A：您是病人家属吗？

B：是的。大夫，病人得的是什么病？

A：他得了阑尾炎。

B：需要作手术吗？

A：最好是现在就作手术。当然也可以用吃药、打针的办法。你们的意见怎么样？

B：那就作手术吧。

A：您现在可以去办住院手续了。

注 释

① 华佗

华佗(140—208)是东汉末年著名的医学家，精通医术，擅长外科。他创用麻醉方法作大型外科手术，取得了惊人的成就，对后世医学的发展影响很大。

Hua Tuo (140—208), a celebrated medical scientist who lived towards the end of the Eastern Han Dynasty, was proficient in medicine and specialized in surgical operations. His pioneering of a method of performing major operations under anaesthesia and his amazing achievements have exerted a tremendous influence on the development of medical science.

## 三、生　词

1. 神奇　　　（形）shénqí　　　magical; mystical; miraculous

2. 针灸　　　（名、动）zhēnjiǔ　　acupuncture and moxibustion; to give or have acupuncture and moxibustion

3. 肚子　　　（名）dùzi　　　belly; abdomen

4. 于是　　　（连）yúshì　　　thereupon; as a result; consequently

5. 门诊室　　（名）ménzhěnshì　　clinic; outpatient department (or consulting room)

　　室　　　（名）shì　　　room

6. 确诊　　　（动）quèzhěn　　to make a definite diagnosis

7. 胃炎　　　（名）wèiyán　　gastritis

　　胃　　　（名）wèi　　　stomach

8. 止痛　　　　　zhǐ tòng　　to relieve pain; to stop pain

　　止　　　（动）zhǐ　　　to stop

9. 医生　　　（名）yīshēng　　doctor

10. 止痛法　　（名）zhǐtòngfǎ　method of relieving pain

11. 扎针　　　　　zhā zhēn　　to give or have an acupuncture treatment

|  | 扎 | （动）zhā | to prick; to run or stick (a needle, etc.) into |
| 12. | 酸 | （形）suān | sour |
| 13. | 麻 | （形）má | (to have) pins and needles; tingling |
| 14. | 胀 | （动）zhàng | to swell; to be bloated |
| 15. | 感觉 | （动、名）gǎnjué | to feel; to become aware of; feeling; sense; perception |
| 16. | 触电 | chù diàn | to get an electric shock |
| 17. | 股 | （量）gǔ | a measure word |
| 18. | 电流 | （名）diànliú | electric current |
| 19. | 传 | （动）chuán | to transmit (heat); to conduct (electricity) |
| 20. | 哎哟 | （叹）āiyō | hey; ow |
| 21. | 表情 | （名）biǎoqíng | (facial) expression |
| 22. | 果然 | （副）guǒrán | really; as expected |
| 23. | 亲身 | （副、形）qīnshēn | personal; oneself |
| 24. | 体验 | （动）tǐyàn | to experience |
| 25. | 扶 | （动）fú | to support with hand; to help sb. up |
| 26. | 幸运 | （形）xìngyùn | lucky; fortunate |
| 27. | 风趣 | （名、形）fēngqù | humour; wit; humorous; witty |
| 28. | 医学家 | （名）yīxuéjiā | medical scientist |
|  | 医学 | （名）yīxué | medical science; medicine |
| 29. | 使用 | （动）shǐyòng | to use; to employ; to apply |

| 30. 麻醉 | （动） | mázuì | to anaesthetize |
|---|---|---|---|
| 31. 手术 | （名） | shǒushù | surgical operation; operation |
| 32. 脸色 | （名） | liǎnsè | complexion; look |
| 33. 苍白 | （形） | cāngbái | pale; wan |
| 34. 不断 | （副） | búduàn | unceasingly; continuously |
| 35. 解开 | | jiě kāi | to untie; to undo |
| 36. 按 | （动） | àn | to press; to push down |
| 37. 阑尾炎 | （名） | lánwěiyán | appendicitis |
| 阑尾 | （名） | lánwěi | appendix |
| 38. 开刀 | | kāi dāo | to perform or have an operation; to operate on or to be operated on |
| 39. 家属 | （名） | jiāshǔ | family member; (family) dependent |
| 40. 配 | （动） | pèi | to make up (a prescription) |
| 41. 昏迷 | （动） | hūnmí | to lose consciousness; to be in a coma |
| 42. 切 | （动） | qiē | to cut; to slice |
| 43. 溃烂 | （动） | kuìlàn | fester; ulcerate |
| 44. 仔细 | （形） | zǐxì | careful; attentive |
| 45. 线 | （名） | xiàn | thread; string |
| 46. 扎 | （动） | zā | to tie; to bind |
| 47. 缝 | （动） | féng | to sew; to stitch |
| 48. 刀口 | | dāo kǒu | cut; incision |
| 49. 摸 | （动） | mō | to feel (one's pulse); touch |

| 50. | 脉 | （名） | mài | pulse |
|-----|-----|------|------|-------|
| 51. | 麻药 | （名） | máyào | anaesthetic |
| 52. | 穷 | （形） | qióng | poor |
| 53. | 正直 | （形） | zhèngzhí | honest; upright |
| 54. | 创造性 | （名） | chuàngzàoxìng | creativeness; creativity |
|     | 创造 | （动） | chuàngzào | to create; to bring about; to produce |
| 55. | 疗法 | （名） | liáofǎ | therapy; treatment |
| 56. | 晕 | （动） | yūn | dizzy; giddy; faint |
| 57. | 牙 | （名） | yá | tooth |
| 58. | 洞 | （名） | dòng | hole |
| 59. | 拔 | （动） | bá | to pull out; to pull up |
| 60. | 需要 | （动、名） | xūyào | to need; to want; to demand; needs |

# 专　名

| 华佗 | Huà Tuó | *name of a person* |
|------|---------|--------------------|

## 四、词语例解

**1. 于是**

"于是"是连词，用来连接句子，表示后一事随着前一事而发生。多用在后一分句的开头。

The conjunction "于是(then, thereupon)" is used to link sentences indicating that what is introduced by "于是" happens after what precedes "于是". "于是" is generally used at the beginning of the second clause.

(1) 母亲的心脏病越来越厉害，最近连半日工作都坚持不了，于是，她就要求提前退休了。

    (2) 医生和护士们作好了一切准备，于是手术就开始了。

## 2. 传

    (1) 针灸止痛法是中国古代传下来的。

    (2) 这种砖比那种砖传热传得慢，是吗？

    (3) 小王一转身就把球传给我了。

    (4) 这些好传统应该一代一代传下去。

    (5) 方兴把挖出来的金戒指都交给了领导，这事儿很快就传开了。

## 3. 果然

    "果然"表示事实与所说的或预料的相符。

    "果然" indicates that things turned out just as expected or predicted.

    (1) 辅导站的一位老人告诉我：每天坚持打太极拳，能治高血压。我坚持打了半年多，血压果然正常了。

    (2) 我手上烫的水泡，涂上你给我的那种药，没过两天，果然好了。

## 4. 亲身

    "亲"有"自己"的意思，"亲身"表示本人直接做……（或感受到……）。

    "亲" means "自己"；"亲身" means "personally; in person; oneself".

    (1) 我得过胃炎，亲身体验过胃疼的痛苦。

    (2) 王师傅亲身参加过葛州坝的建设工程，我们请他介绍一下儿工程的建设情况吧。

    "亲"后加上"眼""口""手""耳"等表示身体部位的名词，可组成"亲眼""亲口""亲手"和"亲耳"等副词。

    "亲" can be followed by a noun indicating a part of the human body such as "眼"，"口"，"手"，"耳" to form the adverbial adjuncts "亲眼","亲口","亲手" and "亲耳".

(3) 布朗夫人说:"在中国,我亲眼看到了针灸疗法的 止 痛作用。"

(4) 王师傅给病人做饭时,总要先亲口尝尝,怕做得太咸,对病人不合适。

(5) 方兴接过李玉亲手给他缝补的衣服,感动得一句话也说不出。

(6) 这句话是爸爸死前亲口跟我说的,当时哥哥、姐姐也都亲耳听到了。

用以上副词时,有时是为了强调所说情况的真实性。此外还有"亲笔""亲自",这两个词常用来强调对某事重视,或强调重要性。

The above adverbial adjuncts are sometimes used to emphasize the truth of one's statement. "亲笔" and "亲自" are often used to emphasize the intrinsic importance of sth. or the importance attached to it.

(7) 这封信是鲁迅先生亲笔写给一位青年的。

(8) 为了解决王林和明英之间的矛盾,刘大姐亲自去他们邻居家了解情况。

5. 体验

(1) 这位演员对剧中描写的生活体验不深,所以演得不太真实。

(2) 这位作家的生活经验丰富极了,他曾经当过工人,体验过工人的生活;又到农村去劳动过,体验过农民的生活。

6. 配

A. 按适当的标准比例加以调和或凑在一起。
to compound or mix in the appropriate proportions; to make up

(1) 这种药是这个医院自己配的，专治咳嗽。

(2) 这种绿颜色是怎么配成的？

——可能是由蓝的和黄的两种颜色放在一起配出来的。

B. 把缺少的一定规格的物品补足。

find sth. to fit or replace sth. else

(1) 昨天刮大风，厨房门上的玻璃坏了，得请人配一块。

——已经配上了。

(2) 我家的箱子原来是一对，用坏了一只，我想再配一只。

——不一定配得上了吧？这种样式的可能买不到了。

## 7. 仔细

(1) 经过几位大夫仔细研究，最后决定马上给病人作手术。

(2) 王林听完明英的课，回家仔细一想，觉得自己太对不起明英了。

(3) 他每次把药交给病人以前，都要仔仔细细地再检查一遍。

## 8. 等麻药作用过去，就会醒来

"等…就…"这一格式用来表示后一行为动作等待前一动作发生后才能发生。格式中的"就"可用"再"或"才"等副词替换。后一分句中用"就"，表示自然产生的结果；用"再"表示主观安排所发出的动作；用"才"表示以前一分句为条件而产生的结果。

The construction "等…就…" is used to indicate that the second action does not take place until the first action has happened. In this construction "就" may be replaced by the adverb "再" or "才". When "就" is used in the second clause, this indicates a natural outcome; when "再" is used, the second clause indicates that the action will be performed intentionally; when "才" is used, this indicates that the first clause is the condition, and the second clause the result.

(1) 王大夫，什么时候给我换药？

——别着急,等他换完了,就该你了。

　　(2) 我明天能去游泳吗？王大夫。

　　——不行,你要等刀口完全长好,才能去游泳。

　　(3) 李大夫,什么时候检查心脏和肝？

　　——等量完体温,再给你检查。

## 9. 历史上

　　方位词"上"用在名词后面,除表示处所外,还可以指方面。

The directional word "上", used after a noun, may express an aspect as well as a location.

　　(1) 领导上对大家的健康情况一直很关心。

　　(2) 这种治疗方法有些技术上的问题还没有完全解决。

　　(3) 小王学习上刻苦,工作上认真,生活上俭朴,是一个受
　　　　到大家称赞的好青年。

## 10. 你看上去瘦多了

　　句中的"看上去"是独立成分,常用来表示说话人对某人或事物的感觉、看法。

In this sentence, "看上去" is an independent element often used to indicate the speaker's impression or opinion.

　　(1) 他脸色苍白,满头是汗,看上去他肚子疼得很厉害。

　　(2) 你看上去身体恢复得很好,一点儿都不象刚得过病的
　　　　人。

　　(3) 看上去病人没有一点儿痛苦。

## 11. 最好还是现在就作手术

　　这里的"还是"用来引出经过比较、衡量后所得出的结果。

"还是" is used here to introduce a conclusion which has been arrived at after comparison or weighing the pros and cons.

　　(1) 这种病可以用吃药、打针的办法进行治疗,也可以作手

术。你愿意用哪种方法？

——我很怕开刀，我想还是不作手术吧。

(2) 我的病需要住院治疗吗？我不想住院。

——你还是住院治疗吧。在医院里检查、换药都方便。

(3) 刘大姐劝王林说："为了你们俩和孩子的幸福，你们还是不要离婚。有问题可以慢慢解决。"

## 五、练　习

课文部分

1. 根据课文回答问题：

Answer the following questions on the text:

(1) 午饭后，布朗太太为什么决定陪布朗先生去医院看病？

(2) 到医院后，布朗先生的感觉怎么样？经过大夫检查，他得的是什么病？

(3) 医生决定用什么方法给布朗先生治病，为什么？

(4) 谈谈布朗先生治病的经过。

(5) 布朗太太扶她丈夫下床的时候，说了一句什么话，这句话是什么意思？

\*　　　　　\*　　　　　\*

(1) 说一说华佗是怎样给那个病人确诊的？

(2) 华佗决定用什么方法给病人治病？

(3) 谈谈华佗给那个病人治病的经过。

(4) 华佗是怎样的一个人？

2. 根据情境，模仿下面的例子造句：

Make up sentences based on the given situations, taking the following as models:

例：午饭后，布朗先生感到肚子不太舒服，过了一会儿，疼

255

得越来越厉害了。看到这种情况，布朗太太就决定陪他去医院看病。

　　——午饭后，布朗先生感到肚子不太舒服，过了一会儿，疼得越来越厉害了。于是，布朗太太决定陪他去医院看看。

(1) 大夫说我的牙洞太大了，没法补，建议我拔掉。

(2) 他听说整天躺在床上，刀口不容易长好。

(3) 布朗太太让帕兰卡给她讲讲应该怎样欣赏京剧艺术。

＊　　　　＊　　　　＊

例：大夫说，病人喝下麻醉药后，就会昏迷的。病人喝了以后，过了一会儿，真的昏迷过去了。

　　——大夫说，病人喝下麻醉药后，就会昏迷的。病人喝了以后，果然昏迷过去了。

(1) 大夫在你肚子疼痛的地方按了几下儿后说，你可能得了阑尾炎，又让你去(检)查血。

(2) 最近你身体的左半边总有点儿发麻、发胀，你的朋友劝你去针灸。你针灸了几次，真的好了。

(3) 帕兰卡给布朗太太介绍完京剧表演艺术的 特 点 后 说："你们再去看京剧时，一定能看懂了。"

＊　　　　＊　　　　＊

例：大夫说，病人的病已经没有危险了，麻药的作用过去以后，他就会醒来的。

　　——大夫说，病人的病已经没有危险了，等麻药的作用过去以后，就会醒来的。

(1) 病人的家属问华佗："他以后还能干活吗？"华佗 说："＿＿＿＿＿＿＿。"

(2) 一位病人要求大夫同意他提前出院。大夫说："＿＿＿＿＿＿
＿＿＿＿＿。"

256

(3) 你刚作完阑尾炎手术，刀口还没有长好，觉得有点儿疼。
大夫告诉你说："_____。"

\*      \*      \*

例：你觉得你的朋友比以前瘦多了。你对他说什么？

→你看上去比以前瘦多了，是不是工作太紧张？

(1) 你回国度假，你的朋友见到你，都说你胖了。

(2) 布朗夫妇听王大夫介绍中国传统的治疗方法时，听得很
仔细，还不住地点头。

(3) 看完京剧回到旅馆后，大家都在热烈地评论演员的表演
艺术，只有古波一句话也没说。

\*      \*      \*

例：你的病可以用吃药、打针的办法治疗，也可以作手术，
大夫的意见是作手术比吃药、打针好得快，大夫对你说
什么？

→大夫说："你的病可以用吃药、打针的办法治疗，也
可以作手术，不过最好还是现在就作手术。"

(1) 你的朋友肝脏不太好，你劝他不要作太激烈的运动，打
打太极拳，练练气功，对他比较合适。

(2) 我朋友看完京剧说："我连故事情节都没看懂。舞剧比
京剧又好懂又好看。"

---

| 会话部分 |
| --- |

就下列题目进行会话：

Make conversation on the following topics:

(1) 在门诊室看病。

(2) 去医院看病人。

(3) 互相问身体情况。

(4) 检查身体。

(5) 作手术。

1. 根据拼音写出汉字:

Write out the following Chinese characters from the phonetic transcription:

(1) dù 子
    bí 子
    hú 子
    gē 子
    pàng 子

(2) pí 儿
    xiàn 儿
    kòng 儿
    gài 儿
    huā 儿
    huà 儿

(3) yīxué 家
    wénxué 家
    yìshù 家
    zuò 家

(4) ménzhěn 室
    guàhào 室
    shǒushù 室
    bàngōng 室
    zīliào 室

(5) yǎn 员
    yùndòng 员
    jìshù 员
    fúwù 员
    jiǎngjiě 员
    yíngyè 员
    shòuhuò 员
    shòupiào 员

(6) zōnghé 性
    chuàngzào 性
    yìshù 性
    jí 性
    màn 性
    suān 性

2. 掌握下列词语:

Master the usages of the following words and phrases:

(1) 胃疼　　(2) 生病　　(3) 发烧　　(4) 吃药

　　牙疼　　　　得病　　　　发冷　　　　涂药

　　肚子胀　　　治病　　　　发炎　　　　上药

　　手胀　　　　看病　　　　发酸　　　　换药

　　腿麻　　　　得胃病　　　发胀

　　脚麻　　　　得肝炎　　　发麻

　　　　　　　　得心脏病　　发晕

**3. 将下列各段话译成中文：**

Translate the following passages into Chinese:

(1) Doctor Wang, do you think I have appendicitis?

—Don't worry. I can't yet be sure. Please lie on the bed and I will give you a check-up. Unbutton your clothes. That's right. I will press your abdomen slowly like this; say when I press somewhere that hurts and tell me whether it hurts when I press down or release the pressure. (得　肯定　检查　按　疼　抬起来)

(2) Xiao Zhang, why didn't you come to work yesterday afternoon?

—I went to see my mother in hospital. When I got back home from work at noon yesterday the neighbours told me my mother had fainted suddenly while cooking and they had sent her to hospital. When i heard it I was very worried and went to the hospital at once. (作着作着饭　晕过去　于是)

(3) Xiao Wang, you look thinner. You were fatter than that right at beginning of the school term.

—For some reason I have not been feeling very well recently: I have no appetite and in the afternoon I don't want to do anything at all. I want to go to a hospital and have a check-up. (看上去 不太舒服 不想干)

(4) A: What colour jacket do you think matches this blue skirt of mine best?

B: If it was for me, I would get a white one to match it. What do you think?

C: I think a red one would be better. (配 还是)

(5) Doctor Wang is very experienced and very careful with his patients. Several times it was he who discovered problems that others hadn't. (经验 仔细)

4. 完成下列对话（尽量用上所给词语）：

Complete the following dialogues (trying to use the words and phrases given):

A: 你怎么了？怎么脸色不太好？头晕吗？

B: 不，（肚子 而且 越来越）。

A: 是不是午饭吃得不太合适？疼多长时间了？

B: 吃饭前就有点儿疼，我想可能是饿了。可是，（比吃饭前 更厉害 整个 肚子）。

A: 我陪你去医院看看吧，会不会是阑尾炎？

B: 老天爷，（可 别 明天 还要 外地）。

A: 要真的是阑尾炎，你明天当然不能去外地，今天就得住院了。

B: （幸运 要是…就… 路上 得 更 麻烦）。

5. 选择适当的词填空：

Choose the appropriate words to fill in the blanks:

260

抬　打　扶　扎　摸　按　撞　推　掉　换　接

(1) 大夫说我的刀口长得不太好，还要＿＿＿＿几次药。

(2) 她的腿疼得很厉害，走路都＿＿＿＿不起来了。

(3) 小李和他哥哥都会＿＿＿＿针，听说是他爷爷传给他们的。

(4) 我的腿麻了，站不起来，劳驾，＿＿＿＿我一下。

(5) 你来＿＿＿＿，小王是不是发烧了？

(6) 你的手那么脏，别＿＿＿＿这些吃的东西，去洗洗。

(7) 他的病好得真快，才＿＿＿＿了两针，就完全好了。

(8) 大夫解开我的衣服，在疼的地方＿＿＿＿了几下，对我说，可能是阑尾炎。

(9) 我先去医院给你挂一个内科号，然后再回来＿＿＿＿你，陪你一起去看病。

(10) 昨天我＿＿＿＿着满满一车书在路上走，突然跑过来一个小孩，我来不及停车，一下子把孩子＿＿＿＿倒，书也都＿＿＿＿下来了。

6. 阅读短文：

Read the following passage:

## 李 时 珍

李时珍是中国古代的一位伟大的医学家和药物(yàowù, med-icines)学家。他家几代人都是医生。他父亲给穷人看病，常常不要钱。李时珍亲眼看到医生能给病人治好病，使病人恢复健康，就下定决心当个医生，为穷人治病。

那时候，当医生是没有社会地位的，李时珍的父亲不愿意儿子再当医生。但是李时珍却坚持向父亲学习，自己还偷着记下了不少药方 (yàofāng, prescription)。有一回，父亲遇到了一种很难治的病，自己也一下子想不出好的药方来。李时珍小声地说了一个古代传下来的药方，父亲一听，正是治那种病的好药。从此以后，父亲同意他学医了。他二十二岁开始给人看病。

李时珍一边看病，一边研究药物。他发现旧药物书有不少问题：很多有用的药没有收集进去，有些药只记个名字，还有一些药的作用记错了。他想，病人吃错了药，那多危险啊！于是决心再编一部 (bù, copy of a book) 比较好的药物书。

李时珍为了写这部书，不但在治病的时候注意积累 (jīlěi, to accumulate) 经验，还亲自到各地去采 (cǎi, to gather) 药。他不怕山高路远，不怕天冷天热，只要是产药的名山，他都去了。有时候，他好几天不下山，饿了吃一些自己带的东西，天黑了就在山上过夜。很多药草他都亲口尝过。他走了上万里路，访问了千百个医生、老农民……，从他们那里学到了很多书上没有的知识。

几年以后，他回到了自己的故乡，开始写书。整整花了二十七年的时间，李时珍终于写成了一部著名的药物书——《本草纲目》(《Běncǎogāngmù》, *Compendium of Materia Medica*)。这部书有一百多万字，书里记下了一千八、九百种药物，是一部闻名中外的伟大著作 (zhùzuò, work; book)。

7. 假设你的朋友突然病了，你陪他去医院。请你写一写你朋友生病、看病的经过。

Suppose your friend falls ill suddenly and you company him to hospital. Write a composition "Seeing a doctor at the hospital".

# 第 十 三 课

## 一、课  文

### 画家徐悲鸿的故事

#### （一）

本世纪二十年代，在法国巴黎的大博物馆、大美术馆里，人们常常可以看见一位矮小瘦弱的中国青年。他在刻苦地临摹那里的名画，有时一画就是十几个小时，连一口水也不喝。这位中国青年，就是后来闻名世界的伟大画家徐悲鸿①。

徐悲鸿从小就喜欢美术，九岁开始跟父亲学中国画，打下了很好的基础。那时他家很穷，父亲不得不带着他离开家到外地去画画儿、卖画儿，过着艰苦的生活。后来，有一次，一个朋友从法国回来，带来许多巴黎鲁佛尔宫的名画复制品。徐悲鸿被这些名画深深地吸引住了。从那时起，他就产生了去法国留学的想法。

一九一九年，徐悲鸿真的到了法国，看到了向往已久的鲁佛尔宫。这里的艺术品使他入了迷，他如饥似渴地从这些艺术作品中吸取营养。他的生活仍然很困难，住在一座六层楼房的阁楼上，白天去学校上课，或者去博物馆临摹，晚上就在家里创作。长时间紧张的工作和艰苦的生活弄坏了他的身体，他得了胃病，但仍坚持作画。他曾说：胃越疼就越要画，画下去就会忘记痛苦。他就这样刻苦地学习，努力地创作，终于成了中外闻名的画家。徐悲鸿不但继承了中国古典绘画的优秀传统，而且吸取了西方的绘画技巧，推动了中国画的发展。

徐悲鸿擅长画动物，特别是画马。他的那幅中国画《奔马》，是非常成功的作品。站在这幅画前，好象听到了哒哒哒的马蹄声，看到了万马在飞奔。他怎么能画得这样逼真呢？除了多年坚持练习绘画技巧以外，他非常注意观察生活。他在画马以前，对马的肌肉和骨骼作了仔细的研究，并且画了几千张速写。为了画好一只走着的狮子的后腿，他曾用了三个月的时间，每天到动物园去，一边观察一边画，最后终于满意了。经过认真的观察和研究，在他的笔下，不论是飞奔的马，还是跳跃的狮子，都画得逼真而且传神。

徐悲鸿是一位伟大的画家，他努力创作的一生，给人们留下了许多优秀的艺术作品，成为后人学习的典范。


（二）

一九二九年徐悲鸿当北京艺术学院院长时，只有三十多岁，这时大画家齐白石已经六十多岁了。但是他们之间却产生了深厚的友谊。

齐白石六十岁以后，绘画风格有了很大变化。他把传统绘画手法跟民间绘画技巧结合起来，创立了新的画派。他的画在当时虽然受到不少思想保守的人的攻击，可是徐悲鸿却很敬重他，对他的富于创造性的作品非常欣赏，并且决定请他到北京艺术学院作教授。

这一天，徐悲鸿到了齐白石家，两人初次见面就谈得很高兴。当徐悲鸿要请齐白石作教授时，他却拒绝了。过了几天，徐悲鸿又去看他，还请他作教授，他还是不同意。第三次，当徐悲鸿再提这件事时，齐白石深受感动，他说出了自己拒绝的原因。原来齐老先生觉得自己从来没教过书，现在怎么能教大学呢？徐悲鸿热情地说，只请齐老先生去作画，不要过多地讲解，而且主动要求陪他一起去上课。齐白石终于同意去试试。

一天早上，齐白石和徐悲鸿一起来到北京艺术学院。走进了教室，齐白石非常熟练地拿起笔就画起来，同学们都围在他身边注意地看着，每一双眼睛都在跟着他的笔移动。画完以后，在徐悲鸿的引导下，齐老先生和学生们进行了讨论，一次很有特色的绘画课就在这热烈的讨论中结束了。徐悲鸿和学生们都觉得齐老先生的课上得很成功。由于是第一次到大学教课，也由于受到这么多人的欢迎，齐白石非常激动。从那以后，两位画家经常在一起研究绘画，讨论教学，成了最好的朋友。齐白石在写给徐悲鸿的信中曾说："生我者父母，知我者君也。②"

## 二、会　话

### 参 观 画 展
Visiting an art exhibition

（一）

A：你喜欢这幅油画吗？

B：喜欢极了，这是徐悲鸿的作品吧？

A：对了，这是他的早期作品。你看，这幅画很有特色，体现了他早期的艺术风格。

B：从这幅画来看，画家深受中国画传统技巧的影响。

A：是啊，他用了中国画的表现手法，我觉得他的油画很有中国民族风格。

（二）

A：中国美术馆有一个很好的画展，你知道吗？

B：什么内容？

A：是漫画作品展览。有漫画家的作品，也有 业余爱好者的作品。

B：啊，我觉得欣赏漫画，又有趣，又受 教育，一定要去看看。展览到什么时候结束？

A：展览到十五号。今天十号了，你得快点儿去。

B：好，明天我就去。

**注 释**

① 徐悲鸿

徐悲鸿（1895—1953）现代著名画家，美术教育家。江苏宜兴人。少年刻苦学画，后留学法国。擅长油画 中国画，尤精素描。画能融合中西技法，而独具特 色。解 放后，任中央美术学院院长，中华全国美术工作者协 会 主席。

Xu Beihong(1895—1953), born in Yixing County, Jiangsu Province, was a famous modern painter and art teacher. In his early youth, he was assiduous in his study of painting and later on studied in France. He was expert in oil painting, traditional Chinese painting and especially in sketching. He combined western styles with traditional styles in his painting and developed a unique style of his own. After liberation he became president of the Central Academy of Fine Arts and chairman of the Artists' Association.

② 生我者父母，知我者君（jūn, you）也。

My parents gave me life, you gave me understanding.

# 三、生　词

1. 世纪　　　（名）shìjì　　　　century
2. 博物馆　　（名）bówùguǎn　　museum
3. 美术馆　　（名）měishùguǎn　art gallery
4. 矮小　　　（形）ǎixiǎo　　　short and small; short and slight in figure
5. 瘦弱　　　（形）shòuruò　　　thin and weak
6. 刻苦　　　（形）kèkǔ　　　　hardworking; assiduous
7. 基础　　　（名）jīchǔ　　　　foundation; base
8. 复制品　　（名）fùzhìpǐn　　reproduction
　　复制　　　（动）fùzhì　　　　to duplicate; to reproduce; to make a copy of
9. 向往　　　（动）xiàngwǎng　to yearn for; to look forward to
10. 如饥似渴　　　rújīsìkě　　thirsting or hungering for sth.
11. 吸取　　　（动）xīqǔ　　　　to absorb; to draw; to assimilate
12. 营养　　　（名）yíngyǎng　nutrition; nourishment
13. 仍然　　　（副）réngrán　　still; yet
　　仍　　　　（副）réng　　　　still; yet
14. 阁楼　　　（名）gélóu　　　garret; loft
15. 创作　　（动、名）chuàngzuò　to create; to produce; creative work; creation
16. 弄　　　　（动）nòng　　　to do; to manage; to handle
17. 胃病　　　（名）wèibìng　　stomach trouble

268

| 18. | 继承 | （动） | jìchéng | to inherit; to carry on |
| 19. | 绘画 | （名） | huìhuà | drawing; painting |
| 20. | 技巧 | （名） | jìqiǎo | skill; technique |
| 21. | 推动 | （动） | tuīdòng | to push forward; to promote |
| 22. | 擅长 | （动） | shàncháng | to be good at; to be expert in |
| 23. | 奔 | （动） | bēn | to run quickly |
| 24. | 哒 | （象声） | dā | clatter (of horses' hoofs) |
| 25. | 蹄 | （名） | tí | hoof |
| 26. | 逼真 | （形） | bīzhēn | lifelike; true to life |
| 27. | 观察 | （动） | guānchá | to observe; to watch; to survey |
| 28. | 满意 | （动、形） | mǎnyì | to be satisfied; to be pleased; satisfied; pleased |
| 29. | 肌肉 | （名） | jīròu | muscle; flesh |
| 30. | 骨骼 | （名） | gǔgé | skeleton |
| 31. | 速写 | （名） | sùxiě | sketch |
| 32. | 跳跃 | （动） | tiàoyuè | to jump; to leap; to bound |
| 33. | 传神 | （形） | chuánshén | vivid; lifelike |
| 34. | 一生 | （名） | yìshēng | all one's life; throughout one's life |
| 35. | 后人 | （名） | hòurén | later generation |
| 36. | 典范 | （名） | diǎnfàn | model; example |
| 37. | 院长 | （名） | yuànzhǎng | president (of a university, etc.) |

| 38. …之间 | …zhījiān | between; among |
|---|---|---|
| 39. 深厚 | (形) shēnhòu | deep; profound |
| 40. 民间 | (名) mínjiān | among the people; popular; folk |
| 41. 当时 | (名) dāngshí | then; at that time |
| 42. 思想 | (名) sīxiǎng | thinking; thought; idea |
| 43. 保守 | (形、动) bǎoshǒu | conservative; to guard; to keep |
| 44. 攻击 | (动) gōngjī | to attack; to accuse; to charge |
| 45. 敬重 | (动) jìngzhòng | to respect deeply; to revere; to esteem |
| 46. 富于 | (动) fùyú | to be full of; to rich in |
| 47. 并且 | (连) bìngqiě | and; besides; moreover |
| 并 | (连) bìng | and |
| 48. 教授 | (名) jiàoshòu | professor |
| 49. 拒绝 | (动) jùjué | to refuse; to decline |
| 50. 同意 | (动) tóngyì | to agree; to consent; to approve |
| 51. 原因 | (名) yuányīn | cause; reason |
| 52. 教室 | (名) jiàoshì | classroom |
| 53 熟练 | (形) shúliàn | practised; proficient |
| 54. 移动 | (动) yídòng | to move; to shift |
| 移 | (动) yí | to move; to remove; to shift |
| 55. 引导 | (动) yǐndǎo | to guide; to lead |

| 56. | 讨论 | （动） | tǎolùn | to discuss; to talk over |
|---|---|---|---|---|
| 57. | 油画 | （名） | yóuhuà | oil painting |
| 58. | 早期 | （名） | zǎoqī | early stage; early phase |
| 59. | 影响 | （名、动） | yǐngxiǎng | influence; to effect; to influence |
| 60. | 漫画 | （名） | mànhuà | caricature; cartoon |

## 专 名

| 1. | 徐悲鸿 | Xú Bēihóng | *name of a famous painter* |
|---|---|---|---|
| 2. | 巴黎 | Bālí | Paris |
| 3. | 鲁佛尔宫 | Lǔfú'ěr Gōng | *name of a museum* |
| 4. | 北京艺术学院 | Běijīng Yìshù Xuéyuàn | Beijing Academy of Fine Arts |

## 四、词 语 例 解

### 1. 本

"本"在名词前，说话人用来指自己或自己所在的集体、机构、处所。

When used before a noun, "本" is used by the speaker to refer to himself or the organization or place where he works.

（1）对这个问题，本人没有新的意见。

（2）本厂今年的生产任务已经提前完成。

有时说话人是以制作者或主管人的身份来指示事物，"本"相当于"这"。

Sometimes "本" is used to indicate things or which the

271

speaker is himself the producer or person in charge. When used in this way, "本" is equivalent to "这".

（3）欢迎大家一起来研究本文提出的几个问题。

（4）本剧由张文和刘明根据同名小说改编。

"本"用在时间词前，指包括说话时间在内的一段时间。

When used before a time word, "本" indicates a period of time, including the moment of speaking.

（5）本市中、小学生，要在本月二十五日以前种树一百万株。

"本…"一般用于书面语或正式讲话的场合。

"本…" is generally used in written language or in speech on formal occasions.

## 2. 打下了很好的基础

（1）希望你在原来的基础上，不断提高技术水平。

（2）不论学习哪一种外语，都需要打好语法基础。

（3）我们一定要为发展两国人民之间的友好关系打下很好的基础。

（4）他的基础不错，一定可以成为一个很好的京剧演员。

## 3. 不得不

"不得不"表示被某种环境、情况所迫，必须或只好作某事。

"不得不 (must; have to)" indicates that under some circumstances or in certain situation one must or has to do sth.

（1）由于他身体越来越瘦弱，不能再坚持作这种工作，不得不改变了专业。

（2）他的病很重，不得不住院去治疗了。

（3）下班的时间到了，徐悲鸿不得不离开美术馆，等到明天再来。

## 4. 复制品

"品"是物品、东西的意思，动词或名词等加"品"，表示某类东西。

"品" means "article or thing". A verb or noun plus "品" indicates things of a certain kind.

市中心很热闹吗？

——非常热闹。那里有很多大商店，商品也非常丰富。

我想买一些生活用品，方便吗？

——很方便。那儿食品店、服装店、鞋帽店……各种商店都有。离市中心不远还有一个轻工业品展览会，在那里还可以买到最新产品。

## 5. 仍然

"仍然"可以省略为"仍"。

"仍然" may be shortened to "仍".

(1) 阅览室里的这些书、报、杂志，请你看完以后，仍然放回原来的地方。

(2) 徐悲鸿得了胃病，虽然他的胃经常疼，可是仍然坚持每天到博物馆去临摹。

(3) 他用了半年的时间才完成这件创作，但仍感到不满意。

## 6. 弄

"弄"这个动词应用的范围很广，可以用来代替一些不易说得具体的动作，后面多带补语。从意义上看，重点不在于动作本身，而在于动作的结果和影响。

"弄" is a verb of wide-ranging application indicating an action which is difficult to define. It often takes a complement. Semantically "弄" stresses the result or effect of the action rather than the action itself.

(1) 这是一张很珍贵的古画，一定不要把它弄脏。

(2) 这张古画的年代，到现在人们还没有弄清楚。

273

(3) 小弟弟也想学画画儿，可是一张还没画好呢，就弄得满
身都是颜色。

有时"弄"有设法取得的意思。

Sometimes "弄" may also mean "try to get (sth.)".

(4) 他在博物馆里临摹，有时渴极了，也没有地方可以弄点
儿水来喝。

(5) 我弄到了两张明天下午的足球票，咱们俩一起去吧！

## 7. 特别是…

"特别是…"是从上文所指的人或事物中单独提出来某人或某
事物，以强调所说情况比其他更甚。

"特别是…" means "relating to one person or thing
mentioned above as distinct from the others", for the purpose
of emphasis.

(1) 他很擅长画画儿，特别是速写，画得非常传神。

(2) 徐悲鸿擅长画马，特别是他的那幅《奔马》，已是中外闻
名的作品了。

(3) 这几个学生学习绘画都非常刻苦，特别是他。

(4) 特别是经过长时间的认真观察和研究以后，他的绘画技
巧提高得更快了。

## 8. 好象

(1) 我好象在什么地方看见过这张画儿。

——我也好象看见过。

想起来了！这张画儿好象是在美术馆展览过。

——对，一点儿也不错，这张画儿是在美术馆展览过。

作者好象是一位非常年轻的业余美术爱好者。

你看，他画的那座山峰，就好象一个美丽的姑娘站在江
边一样。

(2) 他画得非常逼真，那只狮子好象活的一样。

——真的，好象就要从画儿上跑下来了。

(3) 学画画儿，看起来好象不难，其实很难。一个画家除了要坚持练习绘画、提高技巧水平以外，还要经常注意观察生活。

"好象"的宾语可以是名词，也可以是动词结构、形容词结构、主谓结构等。"好象"的后面也可以加"是"，也可以和"一样"配合，构成"好象…一样"。

"好象" may take a noun, verbal construction, adjectival construction or a subject-predicate construction as its object. "好象" may be followed by "是", or may be used together with "一样" to form the construction "好象…一样".

## 9. 富于

(1) 蜜桃、桔子、葡萄……都是富于营养的水果。

(2) 他学习刻苦，又富于想象，所以能创造出这么多水平很高的艺术作品。

## 10. 影响

"影响"有好有坏。名词"影响"作宾语时，常与动词"受""给""有"等搭配。

"影响" may refer to either a good influence or effect or a bad one. The noun "影响" is often the object of the verb "受" "给" or "有".

(1) 他的画儿受到了几种画派的影响，可惜没有创立出自己的画派。

(2) 齐白石先生的绘画技巧对他很有影响。

(3) 他的油画基础很好。看得出来，他画的山水画，有些地方是受了油画表现手法的影响。

(4) 徐悲鸿先生早期的艺术风格给了他很大的影响。

(5) 别影响他画画儿！咱们走开吧！

275

（6）他虽然是从工读学校出来的，可是一直表现不错，我们
要影响他，帮助他，使他不断进步。

## 五、练　习

课文部分

1．根据课文回答问题：

Answer the following questions on the text:

（1）本世纪二十年代，在巴黎的大博物馆、大美术馆里，人
们常常可以看见一个什么样的人？他在作什么？

（2）徐悲鸿从什么时候开始学画儿，那时他家的生活怎么样？
他为什么想去法国留学？

（3）徐悲鸿在法国留学的时候，他怎么样安排一天的时间？
生活怎么样？他的身体是怎么弄坏的？

（4）徐悲鸿擅长画什么？请你介绍介绍他的名画《奔马》。

（5）他怎么能画得这样逼真呢？请你举例谈谈他怎么样一边
观察一边作画。

（6）为什么说徐悲鸿推动了中国画的发展？

\*　　　　\*　　　　\*

（1）齐白石先生六十岁以后，绘画风格发生了什么变化？思
想保守的人是什么态度？徐悲鸿是什么态度？

（2）徐悲鸿怎么样请齐白石到北京艺术学院当教授？齐白石
先生为什么终于同意去试试？

（3）请你介绍一下齐白石先生第一次上课的情况。从那以
后，齐白石先生和徐悲鸿经常在一起做什么？齐白石怎
么样看徐悲鸿和他的友谊？

2．根据情境，模仿下面的例子造句或回答问题：

Make up sentences or answer questions based on the

given situations, taking the following as models:

例：不论建筑大楼还是普通的房子，第一要注意的是什么？

→不论建筑大楼还是普通的房子，第一要注意的是打好基础。

(1) 为什么很多学画画儿的人常常从临摹、速写开始？

(2) 你学习汉语先从学什么开始？为什么？

 ＊　　　　＊　　　　＊

例：我非常喜欢中国画儿，中国的山水画儿我最喜欢。

→我非常喜欢中国画儿，特别是中国的山水画儿。

(1) 在展览会上这些民间绘画作品，受到了观众的欢迎，农民画儿更受欢迎。

(2) 竹子和兰花是中国画儿经常表现的内容之一，古代的中国画儿更是这样。

(3) 明天要参观画展，我们班的同学都非常高兴，古波更高兴。

 ＊　　　　＊　　　　＊

例：两个人去商店买东西，但是商店关门了。

→他们两个人去买东西，但是商店关门了，他们不得不回来了。

(1) 一个人得了阑尾炎，大夫说吃药、打针都不行，只好给他作手术。

(2) 前面有一条河挡住了路，又没有船。

(3) 我想去公园画画儿，可是下雨了。

 ＊　　　　＊　　　　＊

例：晚上八点她就开始画画儿了，十一点了，她还没睡觉。

→晚上八点她就开始画画儿了，十一点了，她仍然在画。

(1) 图书馆快关门了，人们都走了，只有他一个人了。

（2）我们已经十年没见了，他还跟从前一样，一点儿也不老。

（3）他去年和今年都参加了乒乓球锦标赛，两年都是冠军。

会话部分

根据所给的话题选择以下词语进行会话：

Make conversation on the following topics, using the words and phrases given:

临摹　艺术品　创作　逼真　观察　传神　山水画　油画
人物画　速写　富于　绘画　肌肉　骨骼　作研究

1. 有一个画展，里面的展品很多。有老画家的作品，也有青年画家的作品，各有特色。请你和你的朋友谈一下这个画展的情况，并谈谈你对一些作品的看法。

2. 请你去访问一位画家，访问的内容是怎样才能画好动物。

词语部分

1. 根据拼音写出汉字，并掌握下列各词组：

Turn the following phonetic transcriptions into Chinese characters and try to master the usages of the words and phrases:

（1）刻苦 xuéxí
　　刻苦 gōngzuò
　　刻苦 duànliàn

（2）创作 jīngyàn
　　创作 tiáojiàn
　　创作 shēnghuó

（3）擅长 tǐyù
　　擅长 yīnyuè
　　擅长 huìhuà

（4）推动…fāzhǎn
　　推动…qiánjìn
　　推动…gōngzuò

（5）huìhuà 技巧
　　biǎoyǎn 技巧
　　fānyì 技巧

（6）民间 yīnyuè
　　民间 yìshù
　　民间 chuánshuō

(7) xiānjìn 思想　　　(8) 拒绝 huídá
　　bǎoshǒu 思想　　　　拒绝 cānjiā
　　zhēnshí 思想　　　　拒绝… de yāoqiú

(9) 同意… de jìhuà　　(10) chénggōng de 原因
　　同意… de yìjiàn　　　shēntǐ shòuruò de 原因
　　同意… de juédìng　　fāzhǎn bú kuài de 原因

2．完成下列句子：

Complete the following sentences:

(1) 那个运动员打球的时候，一会儿跳跃，一会儿飞跑，＿＿
　　＿＿＿＿＿＿＿＿＿＿。（熟练）

(2) 华佗用全身麻醉的方法作手术，＿＿＿＿＿＿＿＿＿＿。
　　（推动）

(3) 这张画儿是齐白石先生六十多岁时画的。他把传统绘画
　　手法和民间绘画技巧结合起来，＿＿＿＿＿＿＿＿。（逼
　　真）

(4) 梅兰芳先生不但＿＿＿＿＿＿＿＿，而且通过他几十年
　　的舞台实践，创立了有他自己特色的梅派 表 演 艺 术。
　　（继承）

(5) 白素贞和许仙结婚了，她终于过上了＿＿＿＿＿＿＿＿。
　　（向往）

(6) 方兴和李玉在一个组工作，他们互相帮助，互相关心，
　　慢慢地＿＿＿＿＿＿＿＿＿＿。（之间）

(7) 老王作画很认真，每张画儿他都要改很多次，一直到画
　　得逼真、传神，＿＿＿＿＿＿＿＿＿。（满意）

(8) 我临摹了一张徐悲鸿先生的《奔马》图，小张说不错，小
　　李说不好，刘老师＿＿＿＿＿＿＿＿＿。他建议我要先从最
　　简单的学起，指出＿＿＿＿＿＿＿＿＿。（同意　基础）

(9) 布朗先生喜欢中国的山水画儿、戏剧、民间传说故事，对

＿＿＿＿＿＿＿＿＿＿＿＿。（深厚）

（10）你别看那位白胡子老人身体矮小，又比较瘦弱，可＿＿＿
＿＿＿＿＿＿＿＿＿＿＿＿。（仍然）

3．选择适当的词语写一段话。

Write a paragraph using the appropriate words and phrases given.

老师和同学一起讨论一幅名画儿。

基础　复制品　表现　手法　如饥似渴　吸取　营养
仍然　继承　绘画　技巧　逼真　传神

4．把下面一段话译成中文：

Translate the following paragraph into Chinese:

There is an art exhibition on recently in the Art Gallery of China, in which many exhibits are on display. There are works by veteran artists as well as by young ones, both professional and amateur, consisting of oil paintings, traditional Chinese paintings, human subjects, landscape paintings and also some caricatures. They differ in style as well as in means of artistic expression, but all display the artists' practised skill and rich imagination and portraying, in a vivid and lifelike manner, the real life and aspirations of people. I learnt a lot from this exhibition.（展品　美术工作者　业余爱好者　风格　表现手法　熟练的技巧　丰富的想象　现实生活　理想　逼真　传神）

5．阅读下面的短文：

Read the following passage:

上海美术电影制片厂曾拍摄（pāishè, to shoot）了一个水墨画（shuǐmòhuà, ink and wash）动画片（dònghuàpiàn, animated cartoon），在国际童话（tónghuà, fairy tales）节上得了金质奖

280

章 (jīnzhǐ jiǎngzhāng, gold medal)。

水墨画是中国传统的绘画艺术，水墨画动画片却是在本世纪五十年代才出现的。1958年，在北京办了一个美术电影展览会，陈毅同志也来看了这个展览。他在谈话中提到：要是能让齐白石的虾 (xiā, shrimp) 动起来，就更有意思了，美术片的水平也就更高了。这句话在创作人员中影响很大，他们决定试一试。

想象是艺术创作中最珍贵的东西，但要把想象变成现实，还需要艰苦的劳动。水墨画虽然都是用墨画的，但墨的深浅 (qiǎn, light) 不一样，使人感觉画的人物都跟活的一样。用水墨画做动画片，在千万张画中要表现出动作变化，使它不改变原来的样子，又能保持水墨画的风格，技术上是很复杂的。让水墨画动起来会不会影响它的艺术美呢？这是创作者必须好好考虑的问题。

试验 (shìyàn, experiment) 开始了。动画片艺术家们用水墨画的技巧，把一只向前跳的青蛙 (qīngwā, frog) 画了连续(lián-xù, continuous) 动作的几张画，用一种新的方法拍摄下来。一试验，这只青蛙果然跳了两步。能跳两步，更多的动作就不行吗？青蛙能跳，别的动物就不行吗？经过多次试验，终于成功了。当人们看电影时，看见齐白石老人笔下的虾在跳，鱼儿在游时，都高兴极了。水墨画动画片在国际上得到了很多艺术家的称赞。它推动了中国电影艺术的发展。

# 第十四课

## 一、课　文

### 参观西安碑林

#### （一）

　　跟布朗先生一起来中国参加学术会议的杜米先生，是一位研究中国古代历史的教授。他爱好东方艺术，对中国的书法特别感兴趣，并且常常临写著名书法家的字帖。今天他们来到西安碑林①参观，心里都很激动。碑林是中国历代书法艺术的宝库，也是布朗先生早就向往的地方。

走进碑林第一室，这里有石刻的中国古代经典《十三经》②，共用一百一十四块碑石，两面刻写，大概有六十五万字。来到这里，看到这些又高又大的石碑整整齐齐地立在那儿，布朗先生感叹地说："这是世界上最重最厚的一部书。几千年来，它对中国历史的发展有着很深的影响。过去中国的读书人，不论作事、说话或者写文章，都离不开这部书。"

　　在另一个室内，他们看到了唐代书法家颜真卿③的作品。杜米先生多年来一直临写他的字帖，今天能见到按他的手迹刻成的碑文，感到特别亲切。

　　王羲之④的书法深受人们的热爱，这里有一块碑就是按他的字刻出来的。不过那碑文却不是他写的，因为碑文写成时他已经死去一、二百年了。这是怎么一回事呢？原来在刻碑的时候，有一位和尚，非常喜爱王羲之的书法，他希望能用王羲之的字刻写，于是就以极大的耐心按碑文把王羲之的字一个个地找来，刻上去，这块碑就这样刻成了。布朗先生他们欣赏着碑上的书法，内心都在感谢那位不怕困难又极有耐心的和尚。

　　在另一块石碑前，杜米先生给布朗先生介绍道："这块碑是一千二百年前刻的⑤。你看，上面还刻有古叙利亚文。碑文写的是基督教在中国传播的情况。历史上有多少人研究过这块石碑，世界上发表了多少篇有关这块石碑的文章啊！这块石碑是研究世界历史的珍贵文物。"

　　碑林的书法石刻确实太丰富了，布朗和杜米先生简直入了迷。他们称赞道："中国历代书法家，用自己的才华丰富了世界人民的文化宝库。"

## (二)

"入木三分"是中国的一句成语，常常用来形容一个人的看法和议论很深刻。这句成语原来说的是书法大师王羲之的故事。有一次，王羲之在木板上写字，别人把他的字刻下来，发现墨汁透入木板有三分深，可见他的书法多么有力。

王羲之后来被人叫作"书圣"，是中国书法史上少有的大师。能取得这么大的成就是和他的刻苦练习分不开的。传说他家旁边有一个水池，他练完字就在池水中洗笔，时间长了，池水都变成黑的了，后来成了有名的"墨池"。

王羲之主张练习书法要精神集中。他自己正是这样作的。有一回他在书房里集中精神练字，吃饭时间到了，他也不知道。家里人几次来叫，他连头也不抬，继续写字。家里人只好把饭给他端来。过了半天，夫人来看他，只见他手里拿着馒头蘸着墨汁往嘴里送，弄得满嘴都是墨，眼睛却还在看着他写的字呢。

## 二、会 话

## 业 余 爱 好

Hobbies

### （一）

A：业余时间你干些什么？

B：我喜欢集邮。

A：你是从什么时候开始集邮的？

B：上中学就开始了，到现在已经二十多年了。

A：你收集的邮票一定很多吧？

B：不太多，只有五千多张。你对什么感兴趣？

A：我对书法比较感兴趣。

B：对了，去年业余书法展览会还展出了你的作品呢。听说你对颜体字很有研究啊！

A：哪里，练练字，只不过是我的业余爱好，谈不上有什么研究。我每天都要写一篇大字，几行 小字⑥，这既是很好的休息，又是一种艺术享受。

### （二）

A：你有什么业余爱好？

B：我是个摄影爱好者，我最喜欢到农村去摄影。你呢?

A：我喜欢的东西太多了。开始我学习中国画儿，画了几个月就放下了。后来，又觉得音乐有意思，就学习弹钢琴。可是，弹了几天，我发现自己没有音乐天才，也就不感兴趣了。现在我决定学习武术了。

B．如果不下工夫，只是为了玩儿，武术也学不会的。你有什么业余爱好，就应该坚持下去。

A：你批评得对。到现在我只有一种爱好坚持下来了。

B：什么?

A：吸烟。

**注 释**

① 碑林

碑林建于公元一〇八七年，最初是为了保存唐代石刻的十三部经书，后来就成了收藏历代石刻书法艺术的宝库。

The Forest of Steles, built in 1087, was originally a place where the Tang stone engravings of Thirteen Confucian Classics were kept, but has now become a treasure-house of ancient Chinese calligraphy and stone-engraving.

② 十三经

它包括《诗经》《礼记》《春秋左氏传》《论语》《孟子》等十三部经书。

The Thirteen Confucian Classics include of *The Book of Songs, The Book of Rites, Zuo's Commentary on the Spring and Autumn Annals, The Analects of*

*Confucius* and *Mencius*.

③ 颜真卿

颜真卿 (709—785)，今陕西西安人。唐朝大臣，书法家。擅长正楷，人称"颜体"。代表作有《多宝塔碑》等。

Yan Zhenqing (709—785), born in what is now Xi'an, Shaanxi Province, and a high officer and calligrapher of the Tang Dynasty, specialized in the regular style of Chinese calligraphy, his style now being known as "颜体 (Yan style)". *Stele in the Pagoda of Many Jewels* is representive of his work.

④ 王羲之

王羲之 (321—379)，今山东人。东晋书法家。擅长楷书和行书，有"书圣"之称。行书手迹大都收在《圣教序碑》中。

Wang Xizhi (321—379), born in what is now Shandong Province and a calligrapher of the Eastern Jin, specialized in the regular style and running hand of Chinese calligraphy and was hailed as "the master of calligraphy". Most of his original handwriting in running hand was collected in *The Tablet of the Introduction to the Teaching of the Masters*.

⑤ 这块碑是一千二百年前刻的

这块碑是指公元781年唐代刻的"大秦景教流行中国碑"。大秦是指现在的罗马，景教是指基督教。

The stele referred to is the "大秦景教流行中国碑 (Nestorian Tablet)", engraved in 781. during the Tang Dynasty. "大秦" refers to Rome and "景教" to the Christian religion.

⑥ 大字　小字

这里指练习书法时写的大的或小的楷体汉字。

"大字" and "小字" here refer to the large and small regular styles of calligraphy used in handwriting exercises.

## 三、生　词

| | | | |
|---|---|---|---|
| 1. 临写 | (动) | línxiě | to copy (a model of calligraphy or painting) |
| 2. 著名 | (形) | zhùmíng | famous; celebrated; well-known |
| 3. 字帖 | (名) | zìtiè | copybook (for calligraphy) |
| 4. 历代 | (名) | lìdài | successive dynasties; past dynasties |
| 5. 石刻 | (名) | shíkè | stone inscription; carved stone |
| 　刻 | (动) | kè | to carve; to engrave; to cut |
| 6. 经典 | (名) | jīngdiǎn | classics; scriptures |
| 7. 碑 | (名) | bēi | an upright stone tablet; stele |
| 8. 大概 | (副、形) | dàgài | roughly; probably; rough; approximate; about |
| 9. 厚 | (形) | hòu | thick |
| 10. 部 | (量) | bù | *a measure word for works of literature, films, machines. etc.* |
| 11. 读书人 | (名) | dúshūrén | a scholar; an intellectual |

|       | 读    | （动）   | dú        | to read; to study |
|-------|------|---------|-----------|-------------------|
| 12.   | 重要  | （形）   | zhòngyào  | important; significant; major |
| 13.   | 另    | （形、副）| lìng      | other; another; separate; separately |
| 14.   | 按照  | （介）   | ànzhào    | according to; in the light of |
|       | 按    | （介）   | àn        | according to; in the light of |
| 15.   | 手迹  | （名）   | shǒujī    | sb.'s original handwriting or painting |
| 16.   | 碑文  | （名）   | bēiwén    | an inscription on a tablet |
| 17.   | 喜爱  | （动）   | xǐ'ài     | to like; to love; to be fond of |
| 18.   | 耐心  | （形）   | nàixīn    | patient |
| 19.   | 内心  | （名）   | nèixīn    | heart; innermost being |
| 20.   | 传播  | （动）   | chuánbō   | to disseminate; to propagate; to spread |
| 21.   | 发表  | （动）   | fābiǎo    | to publish; to issue |
| 22.   | 有关  | （动）   | yǒuguān   | to have something to do with; to relate to; to concern |
| 23.   | 才华  | （名）   | cáihuá    | literary or artistic talent |
| 24.   | 入木三分 |      | rùmùsānfēn | written in a forceful hand; penetrating; profound |
| 25.   | 形容  | （动）   | xíngróng  | to describe |
| 26.   | 深刻  | （形）   | shēnkè    | profound; deep; deepgoing |
| 27.   | 木板  | （名）   | mùbǎn     | plank; board |

| 28. | 墨汁 | (名) | mòzhī | prepared Chinese ink |
| | 墨 | (名) | mò | China ink; ink stick |
| 29. | 透 | (动、形) | tòu | to penetrate; thorough; penetrating |
| 30. | 入 | (动) | rù | to enter |
| 31. | 分 | (量) | fēn | *fen* (a unit of length = 1/3 centimetre) |
| 32. | 可见 | (连) | kějiàn | it is thus clear (evident, obvious) that |
| 33. | 有力 | (形) | yǒulì | powerful; forceful; vigorous |
| 34. | 书圣 | (名) | shūshèng | a great calligraphy master |
| 35. | 成就 | (名) | chéngjiù | achievement; accomplishment |
| 36. | 分开 | | fēn kāi | to separate; to part |
| 37. | 水池 | (名) | shuǐchí | pond; pool |
| | 池子 | (名) | chízi | pond |
| 38. | 主张 | (动、名) | zhǔzhāng | to advocate; to stand for; view; position; stand; proposition |
| 39. | 精神 | (名) | jīngshén | vigour; vitality; drive |
| 40. | 集中 | (动、形) | jízhōng | to concentrate; to centralize; to focus; centralized; concentrated |
| 41. | 馒头 | (名) | mántou | steamed bun; steamed bread |
| 42. | 蘸 | (动) | zhàn | to dip in (ink, sauce, etc.) |

| 43. | 嘴 | （名） | zuǐ | mouth |
|---|---|---|---|---|
| 44. | 集邮 | | jí yóu | stamp collecting; philately |
| 45. | 上学 | | shàng xué | to go to school; to attend school |
| 46. | 中学 | （名） | zhōngxué | middle school |
| 47. | 展览会 | （名） | zhǎnlǎnhuì | exhibition |
| | 展览 | （动、名） | zhǎnlǎn | to put on display; to exhibit; exhibition; show |
| 48. | 展出 | （动） | zhǎnchū | to put on display; to be on show |
| 49. | 行 | （量） | háng | row; line |
| 50. | 既…又… | | jì…yòu… | both…and…; as well as… |
| 51. | 摄影 | （动） | shèyǐng | to take a photograph |
| 52. | 弹 | （动） | tán | to play (a stringed musical instrument) |
| 53. | 钢琴 | （名） | gāngqín | piano |
| 54. | 天才 | （名） | tiāncái | talent; gift; genius |
| 55. | 下工夫 | | xià gōngfu | to put in time and energy; to concentrate one's efforts |
| | 工夫 | （名） | gōngfu | work; labour; effort |
| 56. | 批评 | （动、名） | pīpíng | to criticize; criticism |

# 专 名

| 1. | 杜米 | Dùmǐ | *name of a person* |
|---|---|---|---|
| 2. | 碑林 | Bēilín | the Forest of Steles (in Xi'an) |

| | | |
|---|---|---|
| 3. 十三经 | Shísānjīng | the Thirteen Confucian Classics |
| 4. 唐代 | Tángdài | the Tang Dynasty |
| 5. 颜真卿 | Yán Zhēnqīng | *name of a person, a famous calligrapher* |
| 6. 王羲之 | Wáng Xīzhī | *name of a person, a famous calligrapher* |
| 7. 叙利亚文 | Xùlìyàwén | Syriac (language) |
| 8. 基督教 | Jīdūjiào | Christianity; the Christian religion |
| 9. 颜体 | Yántǐ | Yan Style (in Chinese calligraphy) |

## 四、词语例解

### 1. 几千年来

"来"放在表示时段的词语之后，概括到现在为止的某一段时间，"…来"可以作状语，也可作定语。

"来" used after a phrase or word denoting duration of time, indicates a period up to and including the present moment. "…来" may be used either as an adverbial adjunct or as an attributive.

(1) 五年来，他一直在临写王羲之的字帖。

(2) 三个月来，他一直在研究唐代的石刻艺术。

(3) 一年来的努力使他的书法技巧又有了很大的提高。

(4) 听说他这一年来收集了不少介绍碑林的资料。

### 2. 有着

动词"有"也可以加动态助词"着"，"有着"是"具有""存在着"的意思，主要用于书面语。"有着"的宾语一般是抽象名词，

292

而且带有定语。

The verb "有" may be followed by the aspect particle "着"。"有着" means "to possess" or "to exist" and is mainly used in the written language. "有着" usually takes an abstract noun, always modified by an adjective, as its object.

(1) 这是一个有着革命传统的城市。

(2) 中国画儿的传统技巧，对这个画家的早期作品有着极深的影响。

(3) 一百多年来，我们两国人民之间一直有着深厚的友谊。

## 3. 另

"另"表示上文所说范围之外的人或事。形容词"另"作定语时，后面一般还有一个用数词"一"＋量词的定语。

"另" indicates sb. or sth. not mentioned above. When the adjective "另" functions as an attributive it is generally followed by another attributive consisting of the numeral "一" plus a measure word.

(1) 我今天在书店买了两本字帖：一本是颜真卿的，另一本是王羲之的。

(2) 最近他收集到两张非常珍贵的八十年前的邮票：一张是本国的，另一张是外国的。

副词"另"作状语时，在其他状语之后，紧挨动词。"另"所修饰的动词，一般都是单音节的。

When the adverb "另" functions as an adverbial adjunct, it comes after other adverbial adjuncts and next to the verb. The verb modified by "另" is usually monosyllabic.

(3) 我明天一定另写一封信给他，把他早就向往的地方好好介绍一下。

(4) 展览会的后边另有一个展览室，展出历代书法家的手迹，有些是原件，有些是复制品。

## 4．刻有

"有"可以用在另一动词（多为单音节的）后面，与这动词结合得很紧，很象是一个词，可以表示领有、具有，也可以表示存在。

"有" may be placed after a verb (mostly monosyllabic): They are so closely linked together as to seem one word, indicating possession or existance.

(1) 他从西安给我们寄来很多带有地方风味的食品。

(2) 小吃店门前的一块木板上写着"本店备（准备）有各种名酒、啤酒、汽水和矿泉水。"

(3) 客厅墙上挂有徐悲鸿和齐白石的两幅名画。

"动+'有'"一般没有否定形式，不说"'不'+动+'有'"或"'没'+动+'有'"等。

The construction "verb + 有" generally has no negative form. An expression such as "不 + verb + 有" or "没 + verb + 有" is wrong.

## 5．多少

"多少"在课文里有强调"极多"的意思，带有感叹的意味。这也是疑问代词"多少"的一种引申意义。

"多少" used here in the text is emphatic for "a great many", conveying a sense of exclamation. This is an extended usage of the interrogative "多少".

(1) 多少人民英雄为了我们今天的幸福生活，在这里倒下去了。

(2) 中国各地有多少名胜古迹啊！我们只去旅游一个月，时间怎么够呢？

有时"多少"和"不知（道）"连用，强调"极多"的语气更强。

294

Sometimes "多少" and "不知（道）" are used together to mean "a great many" with even greater emphasis.

(3) 每天不知有多少旅游者要到这里来参观游览。

(4) 他不知走了多少路，爬了多少山，最后，终于找到了能治这种病的草药。

## 6. 用来

"用来"就是"用…来…"。"用"的宾语是上文（或下文）提到的，这里省去不说；"来"并不表示趋向，只起连接方式、手段与目的的作用。"来"后面的词语表示目的。

"用来" is equivalent to "用…来…". The object of "用" is sth. mentioned in the immediate context and may thus be omitted. "来" is used here merely to link manner or method with purpose rather than to indicate direction. What follows "来" indicates the purpose.

(1) 这两种笔都是作什么用的？

——这种是用来写大字的，那种是用来写小字的。

(2) "上有天堂，下有苏杭"这句话是什么意思？

——这句话是用来赞美苏州和杭州的风景的。

(3) 这种药是治什么病的？

——这种药是他们最近研究成功的，可以用来治疗慢性阑尾炎。

## 7. 有三分深

"有"在这里有"达到"的意思。"'有'＋数量（或名词）＋形容词"这个格式作谓语，表示主语某方面的特性达到什么具体程度。否定式是"'没有'＋数量（或名词）＋形容词"，意思是"不到…"。

"有" here means "reach". The construction "有＋numeral (or noun)＋adjective" functions as a predicate, indicating the actual degree of the characteristic of the subject. The negative form is "没有 + numeral(or noun) + adjective", meaning "not reach to, less than…".

(1) 这种花的叶子大概有两公分长，一公分宽，半公分厚。

(2) 这个小水池有多深？

——水池中心大概有三米深。

(3) 那个游泳池是给孩子们用的，最深的地方也 没 有 一 人深。

(4) 那棵树已经长得有四层楼高了。

要注意的是，这种格式里的形容词一般都是积极意义的，如"高、长、宽、厚、深、大"等，而不是"低、短、窄、薄、浅、小"等。

这种格式用疑问代词提问时是"'有'+'多'+形容词"。

But it should be noted that the adjective used in this construction is generally positive, such as "高，长，宽，厚，深，大", rather than "低，短，窄，薄，浅，小".

The question form of this construction is "有 + 多 + adjective".

## 8. 可见

"可见"用来连接句子，在后一分句的句首，意思是从以上所说的现象或事实，可以看出……或可以得出……结论。

"可见", placed at the beginning of the second clause to link two clauses means "from the abovementioned phenomenon or fact one can see that… or one may draw the conclusion that…".

(1) 王羲之每天都在水池中洗笔，后来池水竟变成了黑色，可见他练字下的工夫有多深了。

(2) 那个和尚竟能按碑文把王羲之的字一个个地找来，可见他是多么喜爱王羲之的书法艺术了。

(3) 徐悲鸿曾经三次请齐白石去作教授，并且主动要求陪他一起去上课，可见他对齐白石是非常敬重的。

要注意的是"可见"是连词，不是动词，不能作谓语，因此不能说"他每天都学到晚上十一点多，我们可见他非常努力。"

Note: "可见" is not a verb but a conjunction, so it can not be used as a predicate. It is wrong to say "他每天都学到晚上十一点多，我们可见他非常努力。"

## 9. 主张

(1) 我主张暑期大家都参加旅游小组，到西安去看看碑林。
　　——不，我主张暑期到农村去摄影。

(2) 你们两个人的主张，我都不同意。我同意另一种主张，就是留在学校里，游泳，打球，再学学太极拳，既可以锻炼身体，又得到了休息。

## 10. 不过

"不过"在这里是副词，用在主语之后，它的作用是把事情往小里或往轻里说，前后常有说明或解释的词语。有时为了强调，前面还可以用上副词"只"。

"不过" used here adverbially after the subject means "only merely" in a disparaging or depreciatory sense and further explanation is often needed either before or after "不过". Sometimes the adverb "只" may also precede it for emphasis.

(1) 我只不过是做了我应该作的事，怎么能说是作了什么贡献呢？

(2) 我只不过是经常临写古代书法家的字帖，怎么能说我就是书法家呢？

(3) 我不过刚刚学会作这种工作，谈不上有什么经验。

## 11. 谈不上

(1) 我不过喜欢练练武术，打打太极拳，谈不上是什么武术家。

(2) 我只是对徐悲鸿的画儿感兴趣，喜欢他的表现手法和艺术风格，谈不上下工夫研究。

**12．既…又…**

"既…又…"表示同时具有两个方面的性质或情况，连接动词或形容词。也可以说成"既…也…"。

"既…又…" is used to connect two verbs or adjectives and means "both…and…, …as well as…". It may be replaced by "既…也…".

(1) 他既是个画家，也是个书法家；画儿画得好，字也写得好。

(2) 她帮助我们，既热情，又有耐心。

(3) 我觉得欣赏漫画，既有趣，又受教育。

(4) 我跟他不一样，既不喜欢集邮，也不喜欢摄影，什么业余爱好也没有。

## 五、练　习

课文部分

1．根据课文回答问题：

Answer the following questions on the text:

(1) 杜米先生有什么爱好？他和布朗先生在西安参观了什么？

(2) 走进碑林第一室，他们看到了什么？看到这些，布朗先生说了些什么？

(3) 在另一个室内，他们看到了什么？为什么杜米先生感到特别亲切？

298

(4) 有一块碑的碑文上面刻的字是早已死去一、二百年的王羲之写的，你知道这是怎么一回事吗？对这件事布朗先生他们有什么感想？

(5) 有一块石碑上刻有古叙利亚文，你能介绍一下碑文的大概内容吗？

(6) "入木三分"这个成语是什么意思？关于这个成语 的 故事，你知道吗？

(7) 王羲之刻苦学习的故事很多，你知道关于"墨池"的故事吗？

(8) 请你讲一讲王羲之集中精神练字的故事。

2. 根据情境，模仿下面的例子造句或回答问题：

Make up sentences or answer questions based on the given situations, taking the following as models:

例：你知道关于"墨池"的故事吗？

——传说王羲之家旁边有一个水池，他练完字就在池中洗笔，不知道过了多少年，水池就变成了黑色的"墨池"。

(1) 徐悲鸿是擅长画马的，你知道他为什么能画得那样逼真吗？

(2) 那个和尚是怎么用王羲之的字刻写碑文的？

(3) 去碑林参观的人多吗？

\*      \*      \*

例：请你看看中国地图，南北是多长，东西是多长？

——中国南北有五千五百公里(gōnglǐ, kilometre) 长，东西有五千公里长。

(1) 请你量量你的桌子的长、宽、高。

(2) 那个公园里的湖有多深？

(3) 请你量一本书，看它有多厚。

\*      \*      \*

例：A：传说王羲之练字的时候，家里人给他送去馒头，他竟蘸着墨汁吃了。

B：可见他练字时精神非常集中！

(1) A：看了徐悲鸿的《奔马》，就好象听到了哒哒的马蹄声，看到了万马在飞奔。

B：_____。

(2) A：唐代的一位和尚为了用王羲之的字刻写碑文，就按碑文找来王羲之的字，终于刻成了石碑。

B：_____。

\*      \*      \*

例：A：听说你天天打太极拳，你一定打得很好吧？

B：谈不上好，只不过是锻炼锻炼身体。

(1) A：听说你收集了不少关于京剧的资料，你对京剧一定很有研究。

B：_____。

(2) A：听说你钢琴弹得很好，看来你很有音乐天才。

B：_____。

(3) A：你照的这张照片不但很清楚，而且很有艺术性，你的摄影技术水平真高！

B：_____。

会话部分

1. 选用下面的词语进行会话：

Make conversation using the following words and phrases:

| | | | | | | |
|---|---|---|---|---|---|---|
| 展览会 | 展出 | 著名 | 历代 | 唐代 | 有力 | 手迹 |
| 石刻 | 碑文 | 字帖 | 临写 | 工夫 | 集中 | 耐心 |
| 书法 | 业余 | 爱好 | 感兴趣 | 只不过 | 谈不上 | 下工夫 |

300

(1) 你向朋友介绍一个书法展览会。

(2) 你和朋友谈怎么学写毛笔 (máobǐ, writing brush)字。

(3) 你和朋友谈你们的业余爱好。

**2. 请把下面的对话改写成短文:**

Rewrite the following dialogue as a short article:

A: 美术馆有一个摄影展览,你去看了吗?

B: 看了,上星期日看的。

A: 我昨天才去,真好。我很喜欢那些人物照片。作者通过人物的肌肉、动作,表情,表现了人物的各种性格,照得那么传神。

B: 风景照片你不喜欢吗?那张《葡萄熟了的时候》太迷人了。看着那一串串的葡萄,就好象尝到了香甜的味道 (wèidào, taste)。看着一边劳动一边唱歌的姑娘们,就好象听到了她们的歌声,照得太逼真了!

A: 那张《碑林》照得也很有特色。既照出了碑林的雄伟 (xióngwěi, grandeur),又照出了石碑上刻写的碑文。看了它,我好象到了碑林,看到了那些历代书法家的手迹。

B: 摄影也是一种艺术,咱们也学学摄影技术,好吗?

A: 好啊。除了学习以外,我们也应该有一些业余爱好。

---

词语部分

**1. 掌握下列词语:**

Master the usages of the following words and phrases:

| (1) 一部电影 | (2) 读书 | (3) 重要性 | (4) 传播文化 |
|---|---|---|---|
| 一部小说 | 读报 | 重要的事 | 传播知识 |
| 一部作品 | 读外语 | 重要内容 | 传播得很快 |

（5）发表意见　（6）创造精神　（7）艺术成就
发表文章　　　精神文明　　　惊人的成就
在报上发表　　不怕困难的精神　很有成就

2．选择适当的词语填空：

Choose the appropriate words or phrases to fill in the blanks:

（1）昨天报上_____了一篇文章，这篇文章是_____书法和绘画发展方向的。本文的作者_____各派不但要_____前人的_____，而且要有创造_____。

（有关　主张　发表　成就　继承　性）

（2）练习书法要先从_____字帖开始。练字的时候精神一定要_____，要在打_____上下_____。要坚持天天练，_____了，字就会写得既_____又好看。

（有力　临写　熟练　工夫　基础　集中）

（3）我第一次看见中国的书法家用毛笔_____上_____在纸上写字，觉得很有意思。他们写的字跟画儿一样，都是_____品，不但可以让人们学习，而且还可以让人们_____。（欣赏　艺术　蘸　墨汁）

（4）不论学习什么，打好基础很_____。绘画要练习_____和_____，学毛笔字要_____。要有_____，还要能听_____意见，这样才能_____进步。要想学好，不_____苦工夫是不行的。（下　不断　批评　重要　速写　临摹　临写　字帖　耐心）

3．把下列句子翻译成中文：Translate the following into Chinese:

（1）Doing *taijiquan* can both build up physical strength and relax one as well. You should persist in doing it every day.（既…又…）

302

(2) Anna came to study in China at last, which she had
   longed for years to do. As soon as she arrived in
   China, she studied very hard at her Chinese.
   （向往）

(3) This is a well-known ancient Chinese classic, which
   has probably been in existence for over one thousand
   years. (有…年)

(4) The inscription on this stone tablet is the history of
   a national hero in ancient China. The characters on
   it are the work of a famous calligrapher. This stone
   tablet preserves for us very valuable historical data.
   （手迹）

(5) Xiao Zhang has a lot of hobbies. He likes playing
   the piano, taking pictures and is also fond of stamp
   collecting. Whatever he does, he is always both assid-
   **uous** and conscientious, which has made a deep
   impression on me. (既…又…)

(6) Our class is going to put on a painting and callig-
   raphy exhibition this week, in which the students'
   work will be on display. By this means we shall be
   able to enrich our cultural life as well as improve
   the painting and calligraphy of all of us. （展出
   展览）

4. 把下面的小笑话译成英文：

Translate the following joke into English:

以前，有位老先生教儿子认字，他先用毛笔蘸上墨汁，在纸
上写了一个"一"字，让他认，他很快就记住了。

第二天，刚吃完早饭，这位老先生就用手指蘸了点儿水，在

桌子上写了个又大又长的"一"字，让儿子认，这时他就不认识了。老先生很生气地说："这不是昨天晚上教你的'一'字吗？怎么就不认识了?"

　　儿子吃惊地说："谁知道只过了一夜，它就长得这么大了!"

# 第 十 五 课

## 谈 论 报 纸 和 广 播

布朗一家坐在开往西北去的火车上，帕兰卡想听听新闻，就打开了收音机：

"嘟——嘟——嘟

"刚才最后一响是北京时间七点整。

"各位听众，早上好，今天是八月二十六日，星期四，农历七月初八。

"现在是新闻和报纸摘要节目时间。这次节目的主要内容有：

"为了满足少数民族对传统商品的需要，西藏积极发展民族工业。

"北京市去年农业科学研究成绩很大，有四十个项目达到了国内先进水平。

"葛洲坝第二期工程建设已经全面展开，工程项目正在按计划进行。

"我国贸易代表团今天离开北京前往拉美访问。

"中国京剧团访问西欧三国归来，昨晚在北京人民大会堂作汇报演出……"

新闻节目开始了，古波和帕兰卡，你一句我一句，很认真地给布朗夫妇翻译着。半个小时的新闻广播完了，古波关上了收音机，接着他们就议论起刚才听到的最新消息。

"你们早啊！晚上在车上休息得好吗？"翻译小李夹着报纸走过来，他拿出一份《中国日报》递给了布朗先生。

布朗太太在旁边笑着对小李说："你真好，小李。我丈夫就有这么个习惯，每天早饭前总要看一会儿报纸，哪怕是看一看各版的标题也好。"

"每个人都有自己的习惯。我太太很喜欢听广播，她经常听你们电台的英语节目。"布朗先生一边翻着报纸，一边跟小李说，"最近出版的《中国日报》是很受欢迎的，特别是对不能阅读中文报纸的人，有了它就可以及时地知道中国的消息了。"

"我想您一定是《中国日报》的一位热心读者。"小李笑着说，"您一定也常看英文版的《北京周报》吧！"

　　"是的，我每期都看。不过那是周刊，一个星期才出一期。"

　　"我这里有最近一期的，您要看吗？"

　　"那太好了，谢谢！"

　　"李先生，你还带来了什么报纸？"古波插进来问道。

　　"还有《人民日报》、《光明日报》和你感兴趣的晚报。"说着，小李就把报纸递给了他。古波拍着小李的肩膀说了声"谢谢"。

　　这时，帕兰卡从古波手中拿了一份《人民日报》，就坐到布朗夫人的身边，说："妈妈，这儿有一条排球赛的消息，我来翻译给您听，好吗？"说着，她就大声地念了起来：

　　"新华社广州八月二十五日电，全国排球冠军赛今天下午在广州开幕……"

　　"等一等。你听，古波他们俩谈得多热闹，咱们也听一听。"

　　这时，古波指着手里的报纸对小李说："我很喜欢这类小报，上边登的文章都很简短，也很有意思，特别吸引人。您说呢？李先生！"

　　"很多人都喜欢看小报，我也很爱看。可是要了解大事儿还需要看看《人民日报》、《光明日报》等全国性的报纸。"

　　帕兰卡也参加了他们的谈话。她说："对！我们上读报课时，好多文章都是从《人民日报》上选的。"

小李说:"《人民日报》的 内容很丰富。第一版是重要新闻和社论。其他各版是有关经济、文化等方面的通讯报导,最后一版是文艺副刊和商业广告。各版还有不同的专栏,象《体育之窗》、《读者来信》……"

听到这儿,古波插进来说:"谈到《读者来信》,我给你们说个笑话:有一家报社编辑收到一封读者来信,批评报上的错字太多。他要求把这封信照登在报上。编辑马上给他回了信,接受他的批评,表示以后要努力改进工作,但最后写道:'您的意见都很好,只是要求照登您的信,我们却作不到;如果照登的话,就说明我们还是没有决心改进工作。因为在短短的三百字的信里,您竟有几十个错字。'"

古波的话,引得大家都笑了起来。

"你哪儿来这么多笑话?"帕兰卡问。

"这是晚报《笑林》专栏登过的啊!"

## 二、会 话

### 听 广 播　看 电 视
### Radio and television

#### (一)

A:你早上听新闻广播了吗?

B:没有,有什么重要新闻?

A:有一条你最感兴趣的消息:最近 在湖南又发现了不少文物,都是两千多年以前的艺术品。

B:是吗?那真是一个好消息。我去找一找今天的报纸。

A：再过一会儿，就是《简明新闻》节目了，可能还会广播这条消息的。

B：那我现在打开收音机，怎么样？不会影响你吧？

A：没关系，你开吧。

## （二）

A：这个电视剧真没意思。现在第一台有什么好节目吗？

B：我看看《电视节目报》。八点半转播篮球赛的实况。

A：真糟糕！你知道我最不喜欢看篮球赛了。

B：等一下，北京台正在播《国际见闻》呢。

A：下一个节目是什么？

B：是舞剧《红楼梦》。

A：太好了，咱们看北京台吧。

B：再开大点儿吧……行了，太好了！

## 三、生　词

| | | | |
|---|---|---|---|
| 1. 谈论 | （动） | tánlùn | to discuss; to talk about |
| 2. 收音机 | （名） | shōuyīnjī | radio (set) |
| 3. 嘟 | （象声） | dū | toot; honk |
| 4. 刚才 | （名） | gāngcái | just now; a moment ago |
| 5. 响 | （动、量） | xiǎng | to make a sound; to sound; to ring; *a measure word for sound* |
| 6. 听众 | （名） | tīngzhòng | audience; listeners |
| 7. 农历 | （名） | nónglì | the traditional Chinese calendar; the lunar cal- |

ender

| | | | |
|---|---|---|---|
| 8. 报纸 | （名） | bàozhǐ | newspaper |
| 9. 摘要 | （名） | zhāiyào | summary; abstract |
| 10. 满足 | （动） | mǎnzú | to satisfy; to meet (the needs of) |
| 11. 少数民族 | | shǎoshù mínzú | minority nationality; national minority |
| 少数 | （名） | shǎoshù | small number; few; minority |
| 12. 积极 | （形） | jījí | active; energetic; vigorous |
| 13. 农业 | （名） | nóngyè | agriculture; farming |
| 14. 科学 | （名、形） | kēxué | science; scientific knowledge; scientific |
| 15. 达到 | | dá dào | to achieve; to attain; to reach |
| 16. 期 | （名、量） | qī | a period of time; phase; stage; issue (of a periodical); *used for courses of study* |
| 17. 全面 | （形） | quánmiàn | overall; all-round |
| 18. 展开 | | zhǎn kāi | to unfold; to carry out to be in full swing |
| 19. 前往 | （动） | qiánwǎng | to go to; to leave for |
| 20. 汇报 | （动、名） | huìbào | to report; to give an account of; report |
| 21. 消息 | （名） | xiāoxi | news; information |
| 22. 夹 | （动） | jiā | to press from both sides; to place in between |

310

| 23. | 份 | （量） | fèn | *a measure word for gifts; copies (of a newspaper)* |
|---|---|---|---|---|
| 24. | 递 | （动） | dì | to hand over; to pass; to give |
| 25. | 版 | （名） | bǎn | page (of a newspaper) |
| 26. | 标题 | （名） | biāotí | title; headline |
| 27. | 电台 | （名） | diàntái | radio (or broadcasting) station |
| | 台 | （名） | tái | (broadcasting) station |
| 28. | 翻 | （动） | fān | to turn over |
| 29. | 出版 | （动） | chūbǎn | to publish; to come off the press |
| 30. | 阅读 | （动） | yuèdú | to read |
| 31. | 及时 | （形） | jíshí | in time; promptly; without delay |
| 32. | 读者 | （名） | dúzhě | reader |
| 33. | 周刊 | （名） | zhōukān | weekly publication; weekly |
| 34. | 晚报 | （名） | wǎnbào | evening paper |
| 35. | 拍 | （动） | pāi | to clap; to pat; to beat |
| 36. | 肩膀 | （名） | jiānbǎng | shoulder |
| 37. | 排球 | （名） | páiqiú | volleyball |
| 38. | 电(报) | （名） | diàn(bào) | telegram; cable |
| 39. | 开幕 | | kāi mù | to open; to inaugurate |
| 40. | 类 | （量） | lèi | kind; type; category |
| 41. | 登 | （动） | dēng | to publish; to issue; to record |
| 42. | 简短 | （形） | jiǎnduǎn | brief |
| 43. | 社论 | （名） | shèlùn | editorial |

311

| | | | |
|---|---|---|---|
| 44. 其他 | (代) | qítā | other |
| 45. 经济 | (名) | jīngjì | economy |
| 46. 方面 | (名) | fāngmiàn | respect; aspect; field; side |
| 47. 通讯 | (名) | tōngxùn | communication |
| 48. 报导(报道) | (动、名) | bàodǎo (bàodào) | to report (news); news; report |
| 49. 文艺 | (名) | wényì | literature and art |
| 50. 副刊 | (名) | fùkān | supplement |
| 51. 广告 | (名) | guǎnggào | advertisement |
| 52. 专栏 | (名) | zhuānlán | special column |
| 53. 笑话 | (名) | xiàohua | joke; jest |
| 54. 报社 | (名) | bàoshè | newspaper office |
| 55. 编辑 | (动、名) | biānjí | to edit; to compile; editor; compiler |
| 56. 照 | (副) | zhào | according to; in accordance with |
| 57. 马上 | (副) | mǎshàng | at once; immediately; right away |
| 58. 接受 | (动) | jiēshòu | to accept |
| 59. 表示 | (动、名) | biǎoshì | to show; to express; to indicate; expression; indication |
| 60. 改进 | (动) | gǎijìn | to improve; to make better |
| 61. 说明 | (动、名) | shuōmíng | to explain; to illustrate; directions; caption |
| 62. 简明 | (形) | jiǎnmíng | simple and clear; concise |
| 63. 转播 | (动) | zhuǎnbō | to relay (a radio or TV broadcast) |
| 播 | (动) | bō | to broadcast |

312

| 64. 篮球 | （名） | lánqiú | basketball |
|---|---|---|---|
| 65. 实况 | （名） | shíkuàng | what is actually happening |

## 专 名

| 1. 拉美 | Lā-Měi | Latin America |
|---|---|---|
| 2. 西欧 | Xī-Ōu | Western Europe |
| 3.《中国日报》 | 《Zhōngguó Rìbào》 | |
| | | *China Daily* |
| 4.《北京周报》 | 《Běijīng Zhōubào》 | |
| | | *Beijing Review* |
| 5.《人民日报》 | 《Rénmín Rìbào》 | *Renmin Ribao (People's* |
| | | *Daily)* |
| 6.《光明日报》 | 《Guāngmíng Rìbào》 | |
| | | *Guangming Daily* |
| 7. 新华社 | Xīnhuá Shè | Xinhua News Agency |
| 8.《体育之窗》 | 《Tǐyù zhī Chuāng》 | |
| | | *Window on Sport* |
| 9.《读者来信》 | 《Dúzhě Láixìn》 | *Reader's letters* |
| 10.《笑林》 | 《Xiàolín》 | *Humour; Jokes* |
| 11. 北京台 | Běijīng Tái | Radio Beijing; Beijing |
| | | Television Station |
| 12.《国际见闻》 | 《Guójì Jiànwén》 | *International Background* |
| | | *Knowledge* |
| 13.《红楼梦》 | 《Hónglóumèng》 | *Dream of Red Mansions* |

## 四、词 语 例 解

**1. 开往西北**

汉语里有少数几个介词带上宾语，可用在动词后作补语。这

种由介词结构充任的补语，可以表示 时 间（时点）、处所、方向
等。"往…"作补语时表示方向。

In Chinese a few prepositions may take an object and be
placed after a verb as a complement indicating time (i.e. point
in time), location or direction, etc. "往…" used as a com-
plement indicates direction.

(1) 这些报纸和杂志都是准备寄往外地的。

(2) 请问开往上海方向的 166 次火车几点钟开？

(3) 332 路公共汽车是从颐和园开往动物园的。

除"往…"外，介词结构"向…"也可作补语，表示方向。

Besides "往…", the prepositional phrase "向…" may also
be used as a complement indicating direction.

(4) 毕业后，我们就要走向社会了。

(5) 报社的王编辑介绍完情况，把脸转向我，问我对那篇报
导还有什么看法。

(6) 我们应该注意把青年一代引向正确的方向。

## 2. 刚才

"刚才"是表示时间的名词，指说话前不久的时间。在句中可
作主语、宾语、定语和状语等。

"刚才" is a noun denoting time. It may function in a
sentence as a subject, object, attributive or adverbial adjunct.

(1) 刚才还是晴天，怎么现在又阴了？

(2) 古波，劳驾，快来给弄弄这个电视机，怎么一下子不清楚
了？

——等一等，过一会儿就好。现在比刚才清楚多了。弄
不好，可能更不清楚了。

(3) 刚才的新闻节目里广播了什么最新消息？

(4) 小李刚才来告诉我们，今天晚上的电视节目 里 有 京 剧

《贵妃醉酒》的实况转播。

(5) 刚才小张给你来电话说，下班以后，请你把《广播节目报》
给他带回去。

## 3．响

(1) 我的收音机怎么突然不响了？是谁给关上了？

(2) 钟响了，已经十二点了。

(3) 方兴刚到建筑工程队来的时候，整天只是低着头干活儿，
一声不响。

## 4．全面

(1) 这篇通讯向读者全面地介绍了葛洲坝第二期工程进行的
情况。

(2) 这篇文章对本报社的编辑、出版等方面的工作作了全面
的报道。

(3) 张老师说咱们对这个问题的看法是不够全面的。

(4) 王明回答老师的问题回答得很全面。

## 5．你一句，我一句

在"你…，我…"的句式里，"你""我"不实指某人，而表示任
指。"你""我"的后面多为数量词或动词＋数量词。

In the sentence pattern "你…，我…"，"你" and "我" do
not refer to a particular person and are usually followed by a
numeral-measure word or by a verb plus a numeral-measure
word.

(1) 小李刚送来几张报纸，我们几个人，你一张，我一张，
一下子都拿走了。

(2) 那天晚上，孩子们你讲一个笑话，我讲一个笑话，几个
人玩儿得可高兴了。

(3) 你看这张画儿，是我和我的两个弟弟，你画两笔，我画
两笔，这样画成的。

## 6. 夹

(1) 今天的报帕兰卡找了半天也没找到，原来是古波把它夹在《北京周报》里了。

(2) 我每次看见他的时候，他手里都夹着一支烟，在认真地阅读报纸。

(3) 我开始学用筷子吃饭的时候，可困难了，什么菜都夹不起来。

(4) 最近，我总看见你夹着几大本书，奔向图书馆。你又在研究什么问题呢？

## 7. 哪怕（是）…也…

"哪怕"是连词。用"哪怕"引出一个假设的条件，然后再说出正意，强调表示即使在这种条件下，也不改变原来的打算、作法或情况。常与副词"也""都"等搭配。有时"哪怕"在第二分句中。

"哪怕" is a conjunction introducing a supposed condition. It is followed by a statement of the actual position, emphasizing that even under such conditions the original plan, method or circumstances will not be changed. "哪怕" is generally followed by the adverb "也" or "都". Sometimes "哪怕" appears in the second clause.

(1) 这位老人每天都打太极拳，哪怕是在最冷的时候，也天天坚持。

(2) 要是我能阅读中文报纸多好啊，哪怕只能看懂各版的标题也好。

(3) 我们的王编辑工作非常认真，他改文章的时候，哪怕是一个小小的错误，也不会把它放过去。

(4) 小王说哪怕今晚不睡觉，也一定要把这篇社论翻译完。

(5) 小王说一定要把这篇社论翻译完，哪怕今晚不睡觉呢。

316

## 8. 及时

(1) 你们这里每天都能及时看到外省市的报纸吗？

(2) 西藏由于积极发展了民族工业，及时满足了少数民族传统产品的需要。

(3) 小李，你来得真及时，布朗先生正等着看新出版的《北京周报》呢。

## 9. 是的

(1) 《中国日报》是最新出版的英文报纸吧？

——是的，它是专为不能阅读中文报纸的读者办的外文报纸。

(2) 《光明日报》上登的多是有关文化、教育、科学技术等方面的文章，我很喜欢看《光明日报》。

——是的，《光明日报》上这方面的文章比较多，我也经常看。

"是的"是用来表示同意谈话对方的判断、意见，或肯定对方以疑问方式提出的估计。在汉语里，不论问句是肯定形式还是否定形式，回答只要是对问句表示同意，就可以用"是的"。

"是的 (yes)" is used to indicate that the speaker agrees with a judgment or opinion or gives an affirmative answer to an interrogative question. In Chinese the speaker may say "是的" as long as he agrees with the question, regardless of whether it is negative or possitive in form.

(3) 他们现在还看不懂《人民日报》吧？

——是的，他们还不能看中文报纸。

## 10. 古波他们

人称代词"他们"放在人名、职务或称谓的后边，指某人以及和他有某种关系的人。

When the personal pronoun "他们" is placed after a per-

son's name, position or form of address, it indicates that per⁻
son and those associated with him.

(1) 布朗他们参观了西安碑林以后，发表了很多感想。

(2) 老队长他们对布朗夫妇来公社参观访问表示 热 烈 的 欢
迎。

(3) 每到节假日，丁大娘他们就带着小兰去公园玩儿。

**11. 等**

"等"是表示概括的助词，用在两个以上并列的名词后：

"等" is a particle meaning "and so on, and so forth, etc".
"等" is preceded by more than two nouns:

A. 表示列举已尽。"等"后一般带有表示总计的数字。

It indicates the last one in a list. "等" is usually fol-
lowed by a numeral to show the total number.

(1) 这次来中国旅游，我们参观访问了上海、杭州、桂林、
重庆和西安等五个城市。

(2) 这次去西安碑林参观的有杜米先生、布朗夫妇和翻译小
李等四人。

B. 表示列举未尽。"等"后可以带表示总计的数字，也可以
不带。

It indicates that the list is incomplete. The numeral
following "等" to show the total number is optional.

(1) 为了满足同学们学习的需要，我们图书馆订(dìng, sub-
scribe)了《人民日报》、《光明日报》、《北京周报》、《中国
建设》和《人民画报》等几十种报纸和杂志。

(2) 这是一本很有名的小说，已经翻译成英文、法文、日文
等几十种外文了。

(3) 齐白石、徐悲鸿等都是中国有名的画家。

我们还可以用"等等"表示列举未尽，但"等等"后面不能再有

318

表示总计的数字。

"等等" may also be used to indicate an incomplete list. In this case, "等等" should never be followed by a numeral to show the total number.

(4) 中央电视台的节目今天是《简明新闻》、《新闻联播(liánbō, radio hookup)》、《世界各地》、《科学与技术》等等。

## 12. 表示

"表示"的意思是用言语或行为显示出某种思想、感情、态度等，其宾语多为动词、动词结构、主谓结构及名词。

"表示" means "show, express (either in words or in deeds) one's mind, emotions, attitude, etc.". "表示" generally takes a verb, verbal construction, subject-predicate or noun as its object.

(1) 学生们对齐白石先生亲自来给他们上课表示感谢。

(2) 徐悲鸿第二次去请齐白石先生到美术学院当教授时，齐老先生仍然表示不同意。

(3) 老教授看着他写的文章，不住地点头，表示同意他的看法。

(4) 布朗先生向辅导站的老人表示，他也想学太极拳。

(5) 报社收到这篇文章后，编辑们曾经讨论过一次，不过有的人没有表示意见。

"表示"也是名词。

"表示" is also a noun.

(6) 听了大家的批评后，他没有什么不高兴的表示。

(7) 听了我的建议，老王没有作出什么表示，既没有表示同意，也没表示不同意。

## 五、练　习

课文部分

1．根据课文回答问题：

　　Answer the following questions on the text:

　　(1) 帕兰卡打开收音机想听什么节目？在那次节目里她听到了哪些新闻？

　　(2) 布朗太太为什么对小李说："你真好，小李！"

　　(3) 布朗先生见小李来后有什么表示？为什么？

　　(4) 古波喜欢看什么报纸？为什么？

　　(5) 小李为什么说除了看晚报外，还需要看看《人民日报》等全国性的报纸？

　　(6) 复述古波讲的笑话。说一说报社编辑为什么不同意照登那封读者来信。

2．根据情境，模仿下面的例子造句：

　　Make up sentences based on the given situations, taking the following as models:

　　例：新闻节目开始了，为了让布朗夫妇了解新闻的内容，古波他们俩这个翻译一句，那个翻译一句。

　　　　→新闻节目开始了，古波和帕兰卡，你一句，我一句给布朗夫妇翻译着。

　　(1) 新闻节目广播完了，你和你的朋友对一篇通讯报导很感兴趣。

　　(2) 你们几个同学看了一个电视剧以后，大家有许多不同的看法。

　　(3) 读报课上，老师让每个学生用汉语讲一条报上登的最新消息。

320

**例**：布朗先生有个习惯，每天早饭前总要看看报纸，如果时间来不及，他也要看看各版的标题。

——→布朗先生有个习惯，每天早饭前总要看一会儿报纸，哪怕是看看各版的标题也好。

(1) 你每天早上都要听听《新闻和报纸摘要》节目。有时来不及听详细内容，也要听听前边的主要内容介绍。

(2) 每期英文版的《北京周报》你都要阅读。没有可能每篇都看时，就选几篇重要文章看。

(3) 他要求自己每个月翻译一篇报上登过的文艺性文章。如果比较忙，就用星期天休息的时间翻译。

**例**：小李对布朗先生说："您一定也常看英文版的《北京周报》吧！"布朗肯定了小李的想法，可是，他又觉得《北京周报》不是每天都能看到的，一个星期才能看到一次，他可以这样回答小李：

——→是的，我每期都看。不过，那是周刊，一个星期才出一期。

(1) 古波对小李说：我很喜欢看晚报，晚报上登的文章都很简短，也很有意思，特别吸引人。小李同意他的看法，可是又觉得只看晚报是不够的。

(2) 帕兰卡觉得把京剧翻译成"北京歌剧"是不准确的。布朗先生肯定了她的看法，可是他又说，现在大家已经习惯了，不需要再改了。

(3) 王林对刘大姐说：明英应该在生活上多照顾照顾他和孩子。刘大姐对他的说法表示同意，可是又说，在一个家庭里，夫妇俩应该互相照顾。

例：有一封读者来信，批评报上的错误太多。编辑马上给他写了回信，接受他的批评，并且说以后要注意改进工作。

——→ 一位读者来信批评报上的错误太多，编辑马上给他写了回信，表示接受他的批评，以后一定努力改进工作。

(1) 布朗太太看到小李每天都及时地给他们送来报纸和杂志，心里非常感动，对小李说"谢谢"。

(2) 你朋友打算把一篇小说改编成话剧，然后在报上发表。他来问你对他的打算有什么看法。你说同意。

(3) 你朋友写信给你，要求你帮助他学习汉语。你说愿意。

---

会话部分

1. 阅读下面的短文：

Read the following passage:

*Radio Beijing*（北京广播电台）是中国国际广播电台的呼号（hūhào, call sign）.

今天，全世界都知道中国国际广播电台。在亚洲、非洲、拉丁美洲、欧洲、北美洲和大洋洲（Dàyáng Zhōu, Oceania）等许多国家的听众，都能听到用他们本国语广播的北京的声音。

中国的对外广播是1950年4月开始的。那时只有英语、日语等七种外国语言。除了这七种外语以外，还有普通话和四种汉语方言（fāngyán, dialect）。每天广播时间共11小时。现在，中国对外广播已经发展到三十八种外语，而且还用普通话和广州话等五种方言对生活在国外的华侨进行广播。每天广播总时数共一百三十六小时。

过去，国际电台没有评论（pínglùn, comment）。从1978年开始，差不多每两天发表一篇评论。现在看来，这一工作已经引起国际的注意，也受到了各国听众的欢迎。除了新闻评论节目外，国际电台还根据国外听众的要求，在已有的《中国建设》、《农村通讯》、《文化生活》、《体育爱好者》等节目的基础上，增加 (zēng-jiā, to increase) 了《科学之窗》、《在中国旅行》、《历史与文物》等节目。除了这些以外，还办了一些象《中国神话故事》、《中国成语故事》、《中国少数民族介绍》等广播节目。《中国概况介绍》是介绍中国各省和主要城市的情况。这些节目都受到了国外听众的欢迎。

中国国际广播电台开始工作以来，有很大成绩，但是在节目的形式、语言、广播的质量等方面，还有很多不够的地方，现在正在不断地改进。最近几年，有千千万万的国外听众来信赞扬说，中国对外广播节目"一天天向前发展"，"越来越吸引听众"。

2．根据上面短文内容，和你的朋友进行会话：

Make conversation with your friend based on the passage above.

(1) 中国国际广播电台是从什么时候开始广播的？当时用哪几种语言对外广播？每天广播多少个小时？

(2) 现在它除了新闻节目外，还有哪些节目？

(3) 简单谈谈中国国际广播电台开始工作以来的情况。

词语部分

1．掌握下列词语：

Master the usages of the following words and phrases:

(1) 开往上海方向　　　(2) 有关工业、农业方面的报导
　　寄往新疆　　　　　　　有关文化、教育方面的新闻
　　奔向四面八方　　　　　有关科学研究方面的问题
　　转向西北　　　　　　　有关体育方面的消息

(3) 全面展开　　(4) 汇报工作　　(5) 报纸摘要
　　全面发展　　　　汇报情况　　　　内容摘要
　　全面要求　　　　汇报演出　　　　文章摘要

　　　　全面考虑　　　　　　作汇报　　摘要介绍
　　　　回答得很全面
　(6) 接受批评　　　　(7) 表示意见　表示满意
　　　　接受意见　　　　　　表示看法　表示怀疑
　　　　接受礼物　　　　　　表示态度　表示祝贺
　　　　接受留学生 ·　　　　表示感谢　表示支持

2. 把下列词语译成中文：

Translate the following words and phrases into Chinese:

to turn on the radio | a newspaper with a nation-wide circulation
to turn off the TV |
to read a newspaper | editor of a newspaper
to turn to page 3 | headlines of each page
to carry an editorial | a newly published mag-azine
to advertise |
to give the news in brief | a piece of news (informa-tion)
to relay Radio Beijing pro-grammes | a copy of a newspaper
listeners | the content of the front page
television viewers |
an enthusiastic reader | the previous (last) issue of *Beijing Review*
literary and art supplement |
live television coverage of a foot-ball match |
an English version of *Chinese Literature* |
(of a magazine) to publish fortnightly |

3. 用所给的词语回答问题：

324

Answer the following questions, using the words and phrases given:

(1) 小王，你告诉我的这个消息是从哪儿来的？（刚才）

(2) 帕兰卡，你怎么知道全国排球冠军赛今天下午在广州开幕了？（刚才）

(3) 现在，西藏为什么在积极发展民族工业？（满足）

(4) 一次，徐悲鸿看到许多巴黎鲁佛尔宫的名画复制品后，他是怎么想的？（表示）

(5) 对不起，小王，你看到我的《电视节目报》了吗？（好象 夹 报纸 翻）

(6) 你能说出几本老舍先生有名的话剧剧本吗？（等）

(7) 布朗先生为什么说最近出版的《中国日报》很受外国读者的欢迎？（及时）

(8) 劳驾，谁看见我今天晚上的京剧票了？（夹 不是…吗）

(9) 布朗他们在西安参观了碑林后怎么样？（表示 说 并且 有机会）

**4. 把下面的对话翻译成中文：**

Translate the following into Chinese:

Xiao Wang: Gubo, you are getting on quite well with your Chinese studies. Now you can manage to read newspapers in Chinese. (不错 已经)

Gubo: Not at all. I can't understand them completely. I only get the general idea of some articles, especially those about economics, science and technology. (哪里 完全 有关)

Xiao Wang: It's fine if yon can understand one-third of the content on each page. What kind of newspaper do you usually like to read? （版　平时）

Gubo: I usually read *Renmin Ribao*. A Chinese friend of mine told me *Renmin Ribao* was the largest newspaper with substantial coverage. If you want to know in time about major events in China or abroad, it's best to read national newspapers such as *Renmin Ribao* or *Guangming Daily*. （丰富　及时　全国性）

Xiao Wang: That's right. Important editorials and news are carried in *Renmin Ribao* on the front page. I read it everyday. Which page do you like best for content? （是的　登）

Gubo: Besides the frong page, I like to read the international news page and the literary and art supplement, which often carries short stories, that have good content and are very interesting. I can understand most of the articles on that page. （副刊　内容　大部分）

Xiao Wang: I think you like the evening paper very much. I saw you just now in the street reading it while you walk along! （刚才　一边……一边……）

Gubo: Yes! Speaking of the evening paper, that is the paper I read every day. I find the light news and brief reports very interesting and attractive. In particular, some of the stories in the "One-minute Stories" column are very well written, with simple plots and vivid and profound content, and very instructive to read. （谈到　受教育）

Xiao Wang: Yes, a lot of people enjoy reading it, mostly be-
fore or after supper. You could say that people
treat reading the evening papper as a form of re-
laxation. （当作）

5. 写一篇短文简单介绍你看报纸、杂志，看电视，听广播的情
况。

Write a passage of how you are getting on with news-
papers, magazines, television and radio.

提示：（1）你们国家或你所在的城市都有哪些报纸、杂志?

（2）你喜欢看什么报纸、杂志? 为什么?

（3）你所知道的电视台、广播台，每天有哪些电视节
目和广播节目?

## 复　习　（三）

1. 记住下列有关文化艺术方面的词语：

Remember the following words and phrases concerning
culture and art:

| | | | | | | | | |
|---|---|---|---|---|---|---|---|---|
| 文艺 | 小说 | 诗 | 戏剧 | 电影 | 电视 | 神话 | 传说 | 通讯 |
| 报导 | 美术 | 书法 | 文物 | | | | | |
| 内容 | 情节 | 人物 | 故事 | 风格 | 技巧 | 手法 | 水平 | 特色 |
| 成就 | 影响 | 精神 | 天才 | 才华 | 经典 | 思想 | | |
| 创作 | 想象 | 夸张 | 形容 | 创立 | 创造 | 改编 | 设计 | 表现 |
| 体现 | 富于 | 擅长 | 通过 | 主张 | 继承 | 吸取 | 收集 | 综合 |
| 包括 | 推动 | 发展 | 提高 | 达到 | 吸引 | 引起 | 引导 | 产生 |
| 观察 | 体验 | 实践 | 议论 | 批评 | 改进 | 欣赏 | 喜爱 | |
| 准确 | 深刻 | 有力 | 简明 | 简短 | 典型 | 真实 | 优美 | 紧张 |
| 神奇 | 风趣 | 仔细 | 逼真 | 传神 | 熟练 | 全面 | 积极 | 成功 |
| 刻苦 | 耐心 | 满意 | | | | | | |

写出我们已学过的有关戏剧方面的词语。

Write out the words and phrases you have learned concerning theatre.

写出我们已经学过的有关美术方面的词语。

Write out the words and phrases you have learned concerning the fine arts.

写出我们已经学过的有关报刊方面的词语。

Write out the words and phrases you have learned concerning newspapers and periodicals.

2．用汉语解释下列词语：

Explain the following words and phrases in Chinese:

(1) 如饥似渴

(2) 入木三分

(3) 丰衣足食

(4) 养儿防老

(5) 生我者父母，知我者君也

3．下列量词可以跟哪些名词连用：

Write out the nouns which can be used together with the following measure words:

出　部　行　期　份　首　块　对　包　场

4．翻译下列各组词，并用每个词造一个句子：

Translate each of the following groups of words and make up a sentence with each of the words:

| 喜爱 | 真实 |
| 爱好 | 逼真 |
| 敬重 | 神奇 |
| 孝敬 | 奇特 |

328

| | | | |
|---|---|---|---|
| ⎧ 优美 | ⎧ 刻苦 | | |
| ⎩ 优秀 | ⎩ 艰苦 | | |

⎧ 创立
⎨ 创作
⎩ 创造

⎧ 感想
⎨ 感觉
⎩ 感到

⎧ 引起
⎨ 引导
⎩ 吸引

⎧ 简单
⎨ 简明
⎩ 简短

⎧ 议论
⎨ 讨论
⎩ 争论

⎧ 体现
⎨ 表现
⎩ 出现

5．用下列动词造句：

Make up sentences with the following verbs:

扶　按　摸　夹　递　翻　拍　弹　蘸

6．阅读下面的短文并进行问答练习：

Read the following passage, then ask questions and answer them based on it:

你知道《二泉映月》(Èrquán Yìng Yuè, *name of a music*) 这首乐曲 (yuèqǔ, *musical composition*) 吗？这是中国人民最喜爱的民族乐曲之一。它是由优秀的民间音乐家阿炳(Ābǐng)(1893——1950)创作的。

二泉在无锡，那里的风景非常优美。《二泉映月》这首乐曲描写了江南月夜美丽的景色，表达了音乐家对故乡山水的深厚的感情。同时，这部作品还表现了四十年代中国劳动人民的痛苦生活，表现了他们对黑暗的旧社会的痛恨 (tònghèn, hate bitterly) 和对幸福的新生活的向往。《二泉映月》有那么深刻、丰富的内容，能深深地感动听众，这是跟阿炳本人的身世分不开的。

阿炳生活在旧中国最黑暗的年代，他小时候就跟父亲当了道士(dàoshi, Taoist priest)。当时，道士的社会地位是很低的，但这却给了阿炳一个学习音乐的机会，为以后的创作打下了很好的基础。阿炳非常热爱音乐艺术，刻苦地学习演奏 (yǎnzòu, play a musical instrument in a performance) 乐曲。他不但继承了中国民间音乐的优秀传统，而且还进行了改革 (gǎigé, reform)。他演奏的乐曲，受到了人民的欢迎。但是，这位有才华的民间音乐家却得不到社会的尊重，找不到工作。他不得不在街上流浪(liúlàng, roam about)，过着十分艰苦的生活。阿炳三十五岁那年得了眼病，由于没有及时地治疗，他的两个眼睛都瞎 (xiā, blind) 了。从此，他的生活更痛苦了。他虽然什么也看不见，但二泉月夜的美丽景色却深深地刻在他的心上。他把自己对故乡的热爱和对旧社会的痛恨，都体现到他的创作中去。这样，他的最有名的作品《二泉映月》产生了。每到月夜，阿炳由他的妻子扶着，慢慢地走过一条又一条的街道。这时，无锡城里就响起了《二泉映月》这首优美的乐曲。

新中国成立以后，中央音乐学院很快就跟阿炳联系，要为他录音，阿炳非常高兴。他们用了两个晚上的时间录下了《二泉映月》等六首乐曲。阿炳说："由于很长时间没有演奏了，我还需要练习练习，等明年再继续录吧。"可惜，就在这次录音后不久——1950年12月，这位刚刚开始了新的创作生活的民间音乐家，却因病离开了人间。

人们怀念正直善良的阿炳，热爱他的音乐艺术。专业音乐工作者把他留下的这六首乐曲整理出版了。人民广播电台还经常播放阿炳的乐曲。到国外访问的中国艺术代表团多次向外国听众介绍过《二泉映月》，受到了热烈的欢迎。有些外国艺术代表团来中国访问演出时，也演奏过这首乐曲，表达了他们对中国人民的友好感情。阿炳的作品不但丰富了中国的民族音乐宝库，也为中外文化交流(jiāoliú, exchange) 作出了贡献。

7．选择下面的题目，写一篇短文：

Write a short composition on one of the following topics:

(1) 介绍一部电影

(2) 介绍一出戏

(3) 介绍你喜爱的一位画家

(4) 介绍你喜爱的一位音乐家

# 词 汇 表
## Vocabulary

## A

| āi | 哎呀 | （叹） | āiyā | Ah; My God | 3 |
| | 哎哟 | （叹） | āiyō | hey; ow | 12 |
| ǎi | 矮小 | （形） | ǎixiǎo | short and small; short and slight in figure | 13 |
| ài | 唉 | （叹） | ài | alas; Oh dear | 6 |
| | 爱好 | （动、名） | àihào | to like; to be fond of; to be keen on; interest; hobby | 10 |
| | 爱好者 | （名） | àihàozhě | lover (of art, sport, etc.); fan | 10 |
| | 爱情 | （名） | àiqíng | love (between man and woman) | 7 |
| àn | 岸 | （名） | àn | bank; shore; coast | 1 |
| | 按 | （动） | àn | to press; to push down | 12 |
| | 按 | （介） | àn | according to; in the light of | 14 |
| | 按照 | （介） | ànzhào | according to; in the light of | 14 |

332

# B

| | | | | |
|---|---|---|---|---|
| bá | 拔 | (动) bá | to pull out; to pull up | 12 |
| bà | 坝 | (名) bà | dam; dyke; embankment | 3 |
| bái | 白天 | (名) báitiān | daytime; day | 7 |
| bǎn | …板 | …bǎn | board; plank; plate | 8 |
| | 版 | (名) bǎn | page of a newspaper | 15 |
| bàn | 办法 | (名) bànfǎ | way; means; measure | 9 |
| | 办事处 | (名) bànshìchù | office; agency | 7 |
| bàng | 傍晚 | (名) bàngwǎn | toward evening; (at) nightfall; (at) dusk | 2 |
| bāo | 包 | (量) bāo | bundle; packet | 9 |
| | 包括 | (动) bāokuò | to include; to consist of; to comprise | 11 |
| bǎo | 宝库 | (名) bǎokù | treasure-house | 1 |
| | 保守 | (形、动) bǎoshǒu | conservative; to guard; to keep | 13 |
| bào | 报仇 | bào chóu | to revenge oneself; to avenge | 5 |
| | 报导(报道)(动、名) bàodǎo (bàodào) | | to report (news); news; report | 15 |
| | 报社 | (名) bàoshè | newspaper office | 15 |
| | 报纸 | (名) bàozhǐ | newspaper | 15 |
| bēi | 碑 | (名) bēi | an upright stone tablet; stele | 14 |
| | 碑文 | (名) bēiwén | an inscription on a | |

333

| | | | tablet | 14 |
|---|---|---|---|---|
| bèi | 辈 | （名）bèi | generation | 6 |
| | 被（子） | （名）bèi(zi) | quilt | 8 |
| | 备课 | bèi kè | (of a teacher) to prepare lessons | 7 |
| | 被褥 | （名）bèirù | bedding; bedclothes | 8 |
| | 辈子 | （名）bèizi | all one's life; lifetime | 4 |
| bēn | 奔 | （动）bēn | to run quickly | 13 |
| | 奔腾 | （动）bēnténg | (of waves) to surge forward; to roll on in waves | 3 |
| běn | 本领 | （名）běnlǐng | skill | 5 |
| bī | 逼真 | （形）bīzhēn | lifelike; true to life | 13 |
| bǐ | 比如 | （动）bǐrú | for example; for instance | 8 |
| bì | 毕业 | bì yè | to graduate; to finish school | 7 |
| | 编 | （动）biān | to edit; to compile; to compose | 11 |
| biān | 编辑 | （动、名）biānjí | to edit; to compile; editor; compiler | 15 |
| biàn | 变 | （动）biàn | to change; to become different | 5 |
| | 变成 | biàn chéng | to change into; to turn into; to become | 5 |
| biāo | 标题 | （名）biāotí | title; headline | 15 |
| biǎo | 表妹 | （名）biǎomèi | female cousin, with a different surname | |

| | | | (younger than oneself) | 6 |
|---|---|---|---|---|
| 表情 | （名）biǎoqíng | expression | 12 |
| 表示 | （动、名）biǎoshì | to show; to express; to indicate; indication | 15 |
| 表现 | （动、名）biǎoxiàn | to show; to display; | 9 |
| 表兄 | （名）biǎoxiōng | male cousin, with a different surname (older than oneself) | 6 |
| 表演 | （动）biǎoyǎn | to perform; to act; to play | 11 |
| 表扬 | （动）biǎoyáng | to praise; to commend | 9 |
| bǐng 并 | （连）bìng | and | 13 |
| 并且 | （连）bìngqiě | and; besides; moreover | 13 |
| 病人 | （名）bìngrén | patient; invalid | 6 |
| bō 播 | （动）bō | to broadcast | 15 |
| bó 搏斗 | （动）bódòu | to wrestle; to fight; to struggle | 11 |
| 伯父 | （名）bófù | father's elder brother; uncle; *a polite form of address for a man who is about the age of (usu. older than) one's father* | 9 |
| 伯母 | （名）bómǔ | wife of father's elder brother; aunt; *a polite form of address for a woman who is about the age of (usu. older than) one's mother* | 9 |

| | | | | | |
|---|---|---|---|---|---|
| | 博物馆 | （名） | bówùguǎn | museum | 13 |
| bú | 不断 | （副） | búduàn | unceasingly; continuously | 12 |
| | 不过 | （连） | búguò | but; however | 5 |
| | 不论 | （连） | búlùn | no matter (what, who, how, etc.); whether··· or···; regardless of | 10 |
| | 不住 | | bú zhù | repeatedly; continuously; constantly | 2 |
| bǔ | 补 | （动） | bǔ | to mend; to make up for | 7 |
| bù | ···部 | | ···bù | part; section | 1 |
| | 部 | （量） | bù | a measure word for works of literature, films, machines, etc. | 14 |
| | 不安 | （形） | bù'ān | uneasy; disturbed; restless | 9 |
| | 不禁 | （副） | bùjīn | can't help (doing sth.); can't refrain from | 3 |
| | 布景 | （名） | bùjǐng | (stage) set | 11 |
| | 不同 | | bù tóng | not alike; different; distinct | 4 |
| | 不行 | | bù xíng | to be no good at; not be capable | 10 |

# C

| | | | | | |
|---|---|---|---|---|---|
| cái | 才华 | （名） | cáihuá | literary or artistic talent | 14 |

| cài | 菜地 | （名） | càidì | vegetable plot | 8 |
| cán | 惭愧 | （形） | cánkuì | (to be) ashamed | 7 |
| cāng | 苍白 | （形） | cāngbái | pale; wan | 12 |
| céng | 曾经 | （副） | céngjīng | an adverb indicating sth. happened in the past, once | 11 |
| chā | 插 | （动） | chā | to interpose; to insert | 3 |
| chāi | 拆散 | | chāi sàn | to break up (a marriage, family, etc.) | 5 |
| chǎn | 产生 | （动） | chǎnshēng | to produce; to engender | 11 |
| | 产值 | （名） | chǎnzhí | value of output; output value | 4 |
| chǎng | 场 | （名、量） | chǎng | a level open space; a measure word, used for sport or recreation | 5 |
| | 厂 | （名） | chǎng | factory; works | 7 |
| cháo | 朝 | （介） | cháo | facing, towards | 8 |
| chǎo | 吵 | （动、形） | chǎo | to quarrel; to make a noise; noisy | 7 |
| | 吵架 | | chǎo jià | to quarrel; to have a row | 7 |
| chēng | 称赞 | （动） | chēngzàn | to praise; to acclaim; to commend | 8 |
| chéng | 成就 | （名） | chéngjiù | achievement; accomplishment | 14 |
| | 城市 | （名） | chéngshì | city; town | 1 |
| chī | 吃惊 | | chī jīng | to be startled; to be |  |

|  |  |  |  | creativeness; creativity | 12 |
| | 创作 | （动、名） | chuàngzuò | to create; to produce; to write; creative work; creation | 13 |
| cóng | 从来 | （副） | cónglái | always; at all times; along | 7 |
| | 从…起 | | cóng…qǐ | to start off with | 2 |
| cuò | 错误 | （名） | cuòwù | mistake; error; blunder | 9 |

# D

| dā | 哒 | （象声） | dā | clatter (of horses' hoofs) | 13 |
| dá | 达到 | | dá dào | to achieve; to attain; to reach | 15 |
| dǎ | 打败 | | dǎ bài | to defeat; to beat; to suffer a defeat; to be defeated | 5 |
| | 打不过 | | dǎ bu guò | not to be able to beat or defeat sb.; to be no match for | 10 |
| | 打算 | （动、名） | dǎsuan | to plan; to intend; to calculate; plan; intention; calculation | 1 |
| dà | 大多数 | （名） | dàduōshù | great majority | 11 |
| | 大概 | （副、形） | dàgài | roughly; probably; rough; approximate; about | 14 |

| | 大师 | （名） dàshī | great master; master | 11 |
|---|---|---|---|---|
| dài | 待 | （动） dài | to treat; to deal with | 6 |
| dāng | 当 | （介） dāng | just at (a time or place); on the spot | 7 |
| | 当初 | （名） dāngchū | at that time; originally | 6 |
| | 当然 | （形、副） dāngrán | only natural; as it should be; certainly; of course; without doubt | 6 |
| | 当时 | （名） dāngshí | then; at that time | 13 |
| dǎng | 挡 | （动） dǎng | to block; to get in the way of | 3 |
| dàng | 当作 | （动） dàngzuò | to treat as; to regard as; to look upon as | 8 |
| dāo | 刀口 | dāo kǒu | cut; incision | 12 |
| dǎo | 倒 | （动） dǎo | to fall; to topple; to collapse | 5 |
| | 导航 | （动） dǎoháng | navigation | 3 |
| dào | 道 | （动） dào | to say; to speak; to talk | 5 |
| | 倒 | （动） dào | to pour; to tip | 6 |
| | 到处 | （名） dàochù | in all places; everywhere | 1 |
| | 道理 | （名） dàolǐ | reason; argument; sense | 4 |
| | 道歉 | dào qiàn | to apologize; to make an apology | 9 |
| dé | 得意 | （形） déyì | (be) proud of oneself; pleased with oneself; | |

| dū | 嘟 | (象声) dū | toot; honk | 15 |
| dú | 读 | (动) dú | to read; to study | 14 |
| | 独立 | (动) dúlì | to be independent; to stand alone | 11 |
| | 读书人 | (名) dúshūrén | a scholar; an intellectual | 14 |
| | 读者 | (名) dúzhě | reader | 15 |
| dù | 度(假) | (动) dù(jià) | to spend (e.g. holidays); to pass | 1 |
| | 肚子 | (名) dùzi | belly; abdomen | 12 |
| duān | 端 | (动) duān | to hold sth. level with both hands; to carry | 8 |
| duì | 对 | (量) duì | couple; pair | 5 |
| | 对 | (动) duì | to be opposite; to oppose; to face | 8 |
| | 对手 | (名) duìshǒu | opponent; adversary; match | 10 |
| | 对象 | (名) duìxiàng | boy or girl friend | 6 |
| | 队长 | (名) duìzhǎng | team leader | 8 |
| duō | 多数 | (名) duōshù | majority | 11 |
| duǒ | 躲 | (动) duǒ | to hide (oneself) | 5 |

# E

| ér | 儿媳 | (名) érxí | daughter-in-law | 4 |

# F

| fā | 发 | (动) fā | to send out; to show (one's feeling) | 7 |

| | | | | | |
|---|---|---|---|---|---|
| | 发表 | (动) | fābiǎo | to publish; to issue | 14 |
| | 发生 | (动) | fāshēng | to happen; to occur; to take place | 9 |
| | 发誓 | | fā shì | to vow; to pledge; to swear | 5 |
| | 发现 | (动) | fāxiàn | to find; to discover | 9 |
| | 发音 | | fā yīn | to pronounce | 4 |
| fǎ | 法院 | (名) | fǎyuàn | court of justice; law | 7 |
| fān | 翻 | (动) | fān | to turn over | 15 |
| fán | 繁忙 | (形) | fánmáng | busy; bustling | 4 |
| fāng | …方 | | …fāng | direction (e.g. the east, the front, etc.) | 1 |
| | 方法 | (名) | fāngfǎ | way; method | 2 |
| | 方面 | (名) | fāngmiàn | respect; aspect; field; side | 15 |
| fáng | 防 | (动) | fáng | to defend; to prevent | 6 |
| fàng | 放出 | | fàng chū | to let off; to give out | 10 |
| fēn | 分 | (量) | fēn | *fen* (a unit of length = 1/3 centimetre) | 14 |
| | 分开 | | fēn kāi | to separate; to part | 14 |
| | 分配 | (动) | fēnpèi | to assign; to distribute; to allot | 9 |
| | …分之… | | …fēn zhī… | *indicating a fraction* | 4 |
| fèn | 份 | (量) | fèn | *a measure word for gifts, copies (of a newspaper)* | 15 |
| fēng | 风格 | (名) | fēnggé | style | 4 |
| | 风趣 | (名、形) | fēngqù | humour; wit; humorous; |

343

|      |        |          |                 | witty | 12 |
|------|--------|----------|-----------------|-------|----|
|      | 丰衣足食 |          | fēngyīzúshí | have ample food and clothing; be well-fed and well-clothed | 6 |
| fēng | 缝 | (动) | féng | to sew; to stitch | 12 |
| fū | 夫妇 | (名) | fūfù | husband and wife | 1 |
|      | 夫妻 | (名) | fūqī | man and wife | 5 |
| fú | 扶 | (动) | fú | to support with hand; to help sb. up | 12 |
|      | 服装 | (名) | fúzhuāng | dress; clothing; costume | 11 |
| fǔ | 抚养 | (动) | fǔyǎng | to foster; to bring up; to raise | 5 |
|      | 抚养成人 |      | fǔyǎngchéngrén | to bring up (a child) | 5 |
| fù | 附近 | (名) | fùjìn | nearby; neighbouring | 7 |
|      | 副刊 | (名) | fùkān | supplement | 15 |
|      | 父母 | (名) | fùmǔ | father and mother; parents | 11 |
|      | 富于 | (动) | fùyú | to be full of; to rich in | 13 |
|      | 复杂 | (形) | fùzá | complicated; complex | 10 |
|      | 复制 | (动) | fùzhì | to duplicate; to reproduce; to make a copy of | 13 |
|      | 复制品 | (名) | fùzhìpǐn | reproduction | 13 |

# G

| gǎi | 改编 | (动) | gǎibiān | to adapt; to rearrange; |

344

| | | | | |
|---|---|---|---|---|
| | | | to revise | 11 |
| | 改变 | (动) gǎibiàn | to change; to alter | 1 |
| | 改进 | (动) gǎijìn | to improve; to make better | 15 |
| | 改口 | gǎi kǒu | to correct oneself; to withdraw or modify one's previous remark | 4 |
| | 改正 | (动) gǎizhèng | to correct; to amend; to put right | 9 |
| gān | 肝 | (名) gān | liver | 10 |
| | 肝炎 | (名) gānyán | hepatitis | 10 |
| | 干燥 | (形) gānzào | dry; arid | 2 |
| gǎn | 擀 | (动) gǎn | to roll (dough, etc.) | 8 |
| | 感(兴趣) | (动) gǎn(xìngqù) | to feel; to take (or have) an interest in sth. | 10 |
| | 感到 | (动) gǎndào | to feel; to sense | 7 |
| | 感觉 | (动、名) gǎnjué | to feel; to become aware of; feeling; sense; perception | 12 |
| | 感情 | (名) gǎnqíng | feeling; emotion; affection | 5 |
| | 感叹 | (动) gǎntàn | to sigh with feeling | 3 |
| gāng | 刚才 | (名) gāngcái | just now; a moment ago | 15 |
| | 钢琴 | (名) gāngqín | piano | 14 |
| gǎng | 港口 | (名) gǎngkǒu | port; harbour | 4 |
| gào | 告别 | gào bié | to leave; to bid fare- | |

346

| | | | | | |
|---|---|---|---|---|---|
| | 古代 | （名） | gǔdài | ancient times | 1 |
| | 骨骼 | （名） | gǔgé | skeleton | 13 |
| | 古迹 | （名） | gǔjī | places of historic interest; historical sites | 1 |
| | 古老 | （形） | gǔlǎo | ancient; age-old | 1 |
| gù | 顾 | （动） | gù | to attend to | 6 |
| | 故乡 | （名） | gùxiāng | native place; hometown; birthplace | 11 |
| guā | 瓜 | （名） | guā | melon | 2 |
| guān | 观察 | （动） | guānchá | to observe; to watch; to survey | 13 |
| | 关系 | （名、动） | guānxi | relation; relationship; to concern; to affect; to have to do with | 4 |
| | 关于 | （介） | guānyú | about; on; with regard to; concerning | 3 |
| guǎn | 管 | （动） | guǎn | to manage; to be in charge of; to look after | 7 |
| guàn | 灌溉 | （动） | guàngài | to irrigate | 2 |
| | 冠军 | （名） | guànjūn | champion | 10 |
| guǎng | 广告 | （名） | guǎnggào | advertisement | 15 |
| guī | 归 | （动） | guī | to go back; to return | 6 |
| | 规则 | （名） | guīzé | rule; regulation | 9 |
| guō | 锅 | （名） | guō | pot; pan; boiler | 8 |
| guǒ | 果然 | （副） | guǒrán | really; as expected | 12 |
| | 果园 | （名） | guǒyuán | orchard | 8 |

# H

| hā | 哈密瓜 | （名） | hāmìguā | Hami melon (a variety of muskmelon) | 2 |
| hài | 害 | （动、名） | hài | to do harm to; to cause trouble to; harm; evil; calamity | 5 |
| | 害怕 | （动） | hàipà | to be afraid; to be scared | 5 |
| háng | 行 | （量） | háng | row; line | 14 |
| | 航行 | （动） | hángxíng | to sail; to fly | 3 |
| hǎo | 好感 | （名） | hǎogǎn | good opinion; favourable impression | 9 |
| hé | 和好 | （动） | héhǎo | to become reconciled | 7 |
| | 河流 | （名） | héliú | river | 3 |
| | 和尚 | （名） | héshang | Buddhist monk | 5 |
| hèn | 恨 | （动） | hèn | to hate | 5 |
| hòu | 厚 | （形） | hòu | thick | 14 |
| | 后人 | （名） | hòurén | later generation | 13 |
| hū | 忽然 | （副） | hūrán | suddenly, all of a sudden | 5 |
| hú | 胡子 | （名） | húzi | beard; moustache or whiskers | 10 |
| huā | 花生 | （名） | huāshēng | peanut; groundnut | 8 |
| huá | 滑雪 | | huá xuě | skiing | 10 |
| huà | 化装 | （动） | huàzhuāng | (of actors) to make up | 11 |
| huái | 怀疑 | （动、名） | huáiyí | to doubt; to suspect; |

348

| | | | | doubt; suspicion | 5 |
|---|---|---|---|---|---|
| | 怀孕 | | huái yùn | to be pregnant | 7 |
| huān | 欢乐 | (形) | huānlè | happy; joyous; gay | 6 |
| huáng | 黄 | (形) | huáng | yellow (colour) | 8 |
| huī | 恢复 | (动) | huīfù | to recover; to regain | 10 |
| huí | 回 | (量) | huí | (*a measure word for matters or actions*) *a time* | 8 |
| huì | 汇报 | (动、名) | huìbào | to report; to give an account of; report | 15 |
| | 绘画 | (名) | huìhuà | drawing; painting | 13 |
| | 会议 | (名) | huìyì | meeting; conference | 1 |
| hūn | 昏 | (动) | hūn | to faint; to lose consciousness | 5 |
| | 婚 | (名) | hūn | marriage | 7 |
| | 婚礼 | (名) | hūnlǐ | wedding ceremony; wedding | 2 |
| | 昏迷 | (动) | hūnmí | to lose consciousness; to be in a coma | 12 |
| huò | 和 | (动) | huò | to mix; to blend | 8 |
| | 货轮 | (名) | huòlún | freighter; cargo ship | 4 |

## J

| | | | | | |
|---|---|---|---|---|---|
| jī | 基础 | (名) | jīchǔ | foundation; base | 13 |
| | 积极 | (形) | jījí | active; energetic; vigorous | 15 |
| | 激烈 | (形) | jīliè | intense; acute | 10 |

349

| | 肌肉 | （名）jīròu | muscle; flesh | 13 |
| Jí | 及时 | （形）jíshí | in time; promptly; without delay | 15 |
| | 集邮 | jí yóu | stamp collecting; philately | 14 |
| | 集中 | （动、形）jízhōng | to concentrate; to centralize; to focus; centralized; concentrated | 14 |
| Jì | 继承 | （动）jìchéng | to inherit; to carry on | 13 |
| | 计划 | （名、动）jìhuà | plan; project, programme; to plan; to map out | 1 |
| | 技巧 | （名）jìqiǎo | skill; technique | 13 |
| | 技术 | （名）jìshù | technology; technique; skill | 7 |
| | 技术员 | （名）jìshùyuán | technician | 7 |
| | 既…又… | jì…yòu… | both…and…; …as well as… | 14 |
| Jiā | 夹 | （动）jiā | to press from both sides; to place in between | 15 |
| | 家常 | （名）jiācháng | the daily life of a family | 6 |
| | 加上 | jiā shàng | to put in; to add; plus | 10 |
| | 家属 | （名）jiāshǔ | family member; (family) dependent | 12 |
| | 家庭 | （名）jiātíng | family; household | 6 |
| | 家务 | （名）jiāwù | household duties; housework | 6 |

350

| | | | | |
|---|---|---|---|---|---|
| | 加油 | | jiā yóu | to make an extra effort; | |
| | | | | to cheer sb. on | 10 |
| | 家长 | (名) | jiāzhǎng | the parent or guardian | |
| | | | | of a child | 7 |
| jiǎ | 甲板 | (名) | jiǎbǎn | deck | 3 |
| jiān | 肩膀 | (名) | jiānbǎng | shoulder | 15 |
| | 坚持 | (动) | jiānchí | to persist in; to uphold; | |
| | | | | to insist on | 10 |
| | 艰苦 | (形) | jiānkǔ | difficult; hard; arduous | 3 |
| jiǎn | 减 | (动) | jiǎn | to reduce: to decrease | 10 |
| | 简单 | (形) | jiǎndān | simple; uncomplicated | 8 |
| | 简短 | (形) | jiǎnduǎn | brief | 15 |
| | 减肥 | | jiǎn féi | to lose weight | 10 |
| | 简明 | (形) | jiǎnmíng | simple and clear; | |
| | | | | concise | 15 |
| | 简直 | (副) | jiǎnzhí | simply; at all | 4 |
| jiàn | 见闻 | (名) | jiànwén | what one sees and | |
| | | | | hears; knowledge; | |
| | | | | information | 2 |
| | 建议 | (动、名) | jiànyì | to propose; to suggest; | |
| | | | | to recommend; proposal; | |
| | | | | suggestion; recommenda- | |
| | | | | tion | 8 |
| | 见证 | (名) | jiànzhèng | witness; testimony | 4 |
| jiāng | 江 | (名) | jiāng | river | 1 |
| | 江面 | (名) | jiāngmiàn | the surface of the river | 3 |
| jiàng | 降落 | (动) | jiàngluò | to descend: to land | 4 |
| jiāo | 郊区 | (名) | jiāoqū | suburban district; | |

| | | | | outskirts | 8 |
| --- | --- | --- | --- | --- | --- |
| | 交通 | （名） | jiāotōng | traffic; communications | 9 |
| jiào | 教材 | （名） | jiàocái | teaching material | 11 |
| | 教室 | （名） | jiàoshì | classroom | 13 |
| | 教授 | （名） | jiàoshòu | professor | 13 |
| | 教学 | （名） | jiàoxué | teaching and studying | 11 |
| | 教育 | （动、名） | jiàoyù | to educate; to teach; education | 6 |
| jiē | 接受 | （动） | jiēshòu | to accept | 15 |
| | 接着 | （动、连） | jiēzhe | to follow; to carry on; then; after that | 5 |
| jié | 结合 | （动） | jiéhé | to combine; to link; to integrate | 1 |
| | 结婚 | | jié hūn | to marry; to get married | 4 |
| | 节目 | （名） | jiémù | programme; item (on a programme) | 2 |
| | 结束 | （动） | jiéshù | to end; to finish; to conclude; to close | 2 |
| jiě | 解决 | （动） | jiějué | to solve; to resolve; to settle | 7 |
| | 解开 | | jiě kāi | to untie; to undo | 12 |
| jiè | 戒指 | （名） | jièzhǐ | (finger) ring | 9 |
| jīn | 金 | （名） | jīn | gold | 5 |
| | 金钵 | （名） | jīnbō | (gold) alms bowl (of a Buddhist monk) | 5 |
| | 金黄 | （形） | jīnhuáng | golden yellow; golden | 3 |
| jǐn | 锦标 | （名） | jǐnbiāo | prize; title | 10 |

| | | | | |
|---|---|---|---|---|
| | 锦标赛 | （名） jǐnbiāosài | championship contest; championships | 10 |
| | 仅仅 | （副） jǐnjǐn | only; merely; barely | 3 |
| | 紧张 | （形） jǐnzhāng | intense; strained; tense | 11 |
| jìn | 进行 | （动） jìnxíng | to carry on; to carry out; to conduct | 9 |
| jīng | 惊 | （动） jīng | to start; to be frightened; to be scared | 3 |
| | 经典 | （名） jīngdiǎn | classics; scriptures | 14 |
| | 经过 | （动、名） jīngguò | to pass; to go through; process; course | 3 |
| | 经济 | （名） jīngjì | economy | 15 |
| | 精神 | （名） jīngshén | vigour; vitality; drive | 14 |
| | 经验 | （名） jīngyàn | experience | 7 |
| jǐng | 警察 | （名） jǐngchá | police; policeman; policewoman | 9 |
| | 景色 | （名） jǐngsè | scenery; scene; landscape | 1 |
| jìng | 竟 | （副） jìng | unexpectedly; actually; to go so far as to | 7 |
| | 敬重 | （动） jìngzhòng | to respect deeply; to revere; to esteem | 13 |
| jiǔ | 久 | （形） jiǔ | (of duration) long; for a long time | 3 |
| jiù | 救 | （动） jiù | to save; to rescue | 5 |
| jū | 居民 | （名） jūmín | resident; inhabitant | 10 |
| jú | 局 | （量） jú | *a measure word used for games, set; round* | 10 |

| jǔ | 举 | （动）jǔ | to lift; to hold up; | |
| | | | to cite; to enumerate | 10 |
| | 举行 | （动）jǔxíng | to hold (a meeting, | |
| | | | ceremony, etc.) | 2 |
| jù | 剧 | （名）jù | drama; play; show | 11 |
| | 拒绝 | （动）jùjué | to refuse; to decline | 13 |
| jué | 决心 | （名、动）juéxīn | determination; resolution; | |
| | | | to be determined; to be | |
| | | | resolved; to make up | |
| | | | one's mind | 7 |

# K

| kāi | 开（饭馆） | （动）kāi(fànguǎnr) | | |
| | | | to set up (a restaurant); | |
| | | | to run | 8 |
| | 开刀 | kāi dāo | to perform or have an | |
| | | | operation; to operate | |
| | | | on or to be | |
| | | | operated on | 12 |
| | 开会 | kāi huì | to hold or attend a | |
| | | | meeting | 7 |
| | 开幕 | kāi mù | to open; to inaugurate | 15 |
| | 开玩笑 | kāi wánxiào | to play a joke; to make | |
| | | | fun of; to joke | 6 |
| kān | 看 | （动）kān | to look after; to take | |
| | | | care of | 7 |
| kàn | 看法 | （名）kànfǎ | way of looking at a |

| | | | | |
|---|---|---|---|---|
| | | | thing; view | 9 |
| kàng | 炕 | (名) kàng | kang, a heatable brick bed | 8 |
| kǎo | 考虑 | (动) kǎolǜ | to think over; to consider | 9 |
| kē | 科学 | (名、形) kēxué | science; scientific knowledge; scientific | 15 |
| kě | 可 | (副) kě | for emphasis | 2 |
| | 可见 | (连) kějiàn | it is thus clear (evident, obvious) that | 14 |
| | 可惜 | (形) kěxī | it is a pity; what a pity; (it's) too bad | 3 |
| kè | 刻 | (动) kè | to carve; to engrave; to cut | 14 |
| | 刻苦 | (形) kèkǔ | hardworking; assiduous | 13 |
| kěn | 肯定 | (动、形) kěndìng | to be sure; to be certain; sure; certain; definite | 5 |
| kǒu | 口 | (名、量) kǒu | mouth; a measure word, for people or persons in a family | 6 |
| kù | 裤(子) | (名) kù(zi) | trousers; pants | 10 |
| kuā | 夸张 | (动) kuāzhāng | to exaggerate; to overstate | 11 |
| kuài | 块 | (量) kuài | a measure word, for cloth, cake, soap | 2 |
| kuì | 溃烂 | (动) kuìlàn | fester; ulcerate | 12 |
| kùn | 困难 | (形、名) kùnnan | difficult; difficulty | 7 |

# L

| lā | 拉 | （动） | lā | to pull | 6 |
| la | 啦 | （助） | la | an auxiliary word performing the grammatical functions of mood | 6 |
| lái | 来不及 | | lái bu jí | there's not enough time (to do sth.); it's too late (to do sth.) | 3 |
| | 来往 | （动） | láiwǎng | to come and go | 3 |
| lán | 篮球 | （名） | lánqiú | basketball | 15 |
| | 阑尾 | （名） | lánwěi | appendix | 12 |
| | 阑尾炎 | （名） | lánwěiyán | appendicitis | 12 |
| lǎo | 老 | （头） | lǎo | a prefix used before the surname of a person or a numeral indicating the order of birth of the children in a family to indicate affection or familiarity | 6 |
| | 老伴儿 | （名） | lǎobànr | (of an old married couple) husband or wife | 6 |
| | 老二 | （名） | lǎo'èr | the second child or brother (or sister) | 6 |
| | 老两口 | （名） | lǎoliǎngkǒur | an old married couple | 6 |
| | 老人 | （名） | lǎorén | old people; the aged | 6 |

| | 老天爷 | （名） | lǎotiānyé | God; Heavens | 3 |
| lè | 乐趣 | （名） | lèqù | delight; pleasure; joy | 8 |
| lèi | 类 | （量） | lèi | kind; type; category | 15 |
| lèng | 愣 | （动、形） | lèng | to look distracted; to stare blankly; distracted; stupefied; blank | 9 |
| lí | 离婚 | | lí hūn | to divorce; to be divorced from (one's wife or husband) | 7 |
| lǐ | 里 | （量） | lǐ | li, a Chinese unit of length( =1/2 kilometre) | 3 |
| lì | 历代 | （名） | lìdài | successive dynasties; past dynasties | 14 |
| | 例子 | （名） | lìzi | example; instance | 10 |
| lián | 连忙 | （副） | liánmáng | promptly; at once | 5 |
| | 联系 | （动、名） | liánxì | to integrate; to link; get in touch with; contact; connection | 7 |
| liǎn | 脸 | （名） | liǎn | face | 9 |
| | 脸谱 | （名） | liǎnpǔ | types of facial makeup in operas | 11 |
| | 脸色 | （名） | liǎnsè | complexion; look | 12 |
| liàn | 练 | （动） | liàn | to practise; to train; to perfect (one's skill) | 5 |
| | 恋爱 | （动） | liàn'ài | to have a love affair; to be in love; to love | 7 |
| liáng | 凉 | （形） | liáng | cool; cold | 8 |
| liàng | 亮 | （形） | liàng | bright; light | 3 |

| líáo | 聊 | （动）liáo | to chat; to have a chat | 9 |
| | 疗法 | （名）liáofǎ | therapy; treatment | 12 |
| lín | 临写 | （动）línxiě | to copy (a model of calligraphy or painting) | 14 |
| lǐng | 领导 | （名、动）lǐngdǎo | leadership; leader; to lead | 7 |
| lìng | 另 | （形、副）lìng | other; another; separate; separately | 14 |
| lou | 喽 | （助）lou | *an auxiliary word* | 6 |
| lǚ | 旅馆 | （名）lǚguǎn | hotel | 10 |
| | 旅游 | （动）lǚyóu | to tour | 1 |
| | 旅游者 | （名）lǚyóuzhě | tourist; traveller; visitor | 1 |

# M

| má | 麻 | （形）má | (to have) pins and needles; tingling | 12 |
| | 麻药 | （名）máyào | anaesthetic | 12 |
| | 麻醉 | （动）mázuì | to anaesthetize | 12 |
| mǎ | 马鞭 | （名）mǎbiān | horsewhip | 11 |
| | 马上 | （副）mǎshàng | at once; immediately; right away | 15 |
| | 码头 | （名）mǎtóu | wharf; dock | 4 |
| mài | 脉 | （名）mài | pulse | 12 |
| mán | 馒头 | （名）mántou | steamed bun; steamed bread | 14 |

| | | | | | |
|---|---|---|---|---|---|
| mǎn | 满 | (形) | mǎn | full; filled; packed | 8 |
| | 满意 | (动、形) | mǎnyì | to be satisfied; to be pleased; satisfied; pleased | 13 |
| | 满足 | (动) | mǎnzú | to satisfy; to meet (the needs of) | 15 |
| mòn | 漫画 | (名) | mànhuà | caricature; cartoon | 13 |
| máo | 矛盾 | (形、名) | máodùn | contradictory; contradiction | 9 |
| mào | 贸易 | (名) | màoyì | trade | 4 |
| měi | 美丽 | (形) | měilì | beautiful | 1 |
| | 美术 | (名) | měishù | the fine arts; art | 11 |
| | 美术馆 | (名) | měishùguǎn | art gallery | 13 |
| mén | 门诊室 | (名) | ménzhěnshì | clinic; outpatient department (or consulting room) | 12 |
| mí | …迷 | | …mí | fan; enthusiast | 10 |
| | 迷人 | (形) | mírén | fascinating; enchanting | 1 |
| mǐ | 米 | (名) | mǐ | rice | 7 |
| | 米饭 | (名) | mǐfàn | (cooked) rice | 8 |
| mì | 蜜桃 | (名) | mìtáo | honey peach; juicy peach | 8 |
| mián | 棉花 | (名) | miánhua | cotton | 2 |
| miàn | …面 | | …miàn | surface; top; face | 3 |
| | 面积 | (名) | miànjī | area | 1 |
| miáo | 描写 | (动) | miáoxiě | to describe; to portray | 7 |
| mín | 民间 | (名) | mínjiān | among the people; popular; folk | 13 |

|  | 民族 | （名）mínzú | nation; nationality | 11 |
|---|---|---|---|---|
| míng | 明白 | （形、动）míngbai | clear; obvious; to understand; to realize | 6 |
|  | 名胜 | （名）míngshèng | a place famous for its scenery or historical relics; scenic spot | 1 |
| mō | 摸 | （动）mō | to feel (one's pulse); touch | 12 |
| mò | 墨 | （名）mò | China ink; ink stick | 14 |
|  | 墨汁 | （名）mòzhī | prepared Chinese ink | 14 |
| mù | 木板 | （名）mùbǎn | plank; board | 14 |

# N

|  | | | | |
|---|---|---|---|---|
| ná | 拿主意 | ná zhǔyi | to make a decision: to make up one's mind | 9 |
| nǎi | 奶牛 | （名）nǎiniú | milch cow; dairy cow | 8 |
|  | 奶牛场 | （名）nǎiniúchǎng | dairy farm | 8 |
| nài | 耐心 | （形）nàixīn | patient | 14 |
| nán | 南方 | （名）nánfāng | south; the southern part of the country; the South | 1 |
|  | 男人 | （名）nánrén | man (i.e. male) | 10 |
|  | 男子汉 | （名）nánzǐhàn | man (i.e. manly, masculine) | 7 |
| nèi | 内 | （名）nèi | inner; within; inside | 8 |
|  | 内容 | （名）nèiróng | content; substance | 11 |
|  | 内心 | （名）nèixīn | heart; innermost being | 14 |

| nián | 年代 | （名） | niándài | a decade of a century | 11 |
| níng | 宁愿 | （连） | nìngyuàn | would rather; better | 4 |
| nóng | 农历 | （名） | nónglì | the traditional Chinese calendar; the lunar calendar | 15 |
| | 农奴 | （名） | nóngnú | serf | 11 |
| | 农田 | （名） | nóngtián | farmland; cultivated land | 2 |
| | 农业 | （名） | nóngyè | agriculture; farming | 15 |
| nòng | 弄 | （动） | nòng | to do; to manage; to handle | 13 |
| nǚ | 女婿 | （名） | nǚxu | son-in-law | 6 |

<h1 style="text-align:center">P</h1>

| pà | 怕羞 | | pà xiū | coy; shy; bashful | 9 |
| pāi | 拍 | （动） | pāi | to clap; to pat; to beat | 15 |
| pái | 排球 | （名） | páiqiú | volley ball | 15 |
| pài | 派 | （名） | pài | group; school; faction | 11 |
| pán | 盘 | （名，量） | pán | pray; plate; dishes; *a measure word used for dishes of food or coils of wire* | 8 |
| pàn | 盼 | （动） | pàn | to hope for; to long for; to expect | 6 |
| pàng | 胖 | （形） | pàng | fat; plump | 10 |
| | 胖子 | （名） | pàngzi | fat person; fatty | 10 |
| pāo | 抛 | （动） | pāo | to throw; to toss; to | |

| | | | | fling | 5 |
|---|---|---|---|---|---|
| pǎo | 跑步 | | pǎo bù | to run | 10 |
| péi | 陪 | (动) péi | | to accompany; to keep sb. company | 2 |
| pèi | 配 | (动) pèi | | to make up (a prescription) | 12 |
| pén | 盆地 | (名) péndì | | basin; depression | 2 |
| pī | 批评 | (动、名) pīpíng | | to criticize; criticism | 14 |
| pí | 脾气 | (名) píqì | | temperament; disposition; temper | 7 |
| | 皮儿 | (名) pír | | (dough, etc.) wrappers; cover | 8 |
| piān | 偏 | (形,副) piān | | inclined to one side; slanting; *when used as an adverb, "偏" is equivalent to "偏偏"* | 9 |
| | 偏偏 | (副) piānpiān | | *indicates that sth. turns out just the opposite of what one would expect or what would be normal* | 9 |
| piàn | 骗 | (动) piàn | | to deceive; to fool | 5 |
| pīn | 拼命 | | pīn mìng | to be ready to risk one's life (in fighting, work, etc.) | 5 |
| pīng | 乒乓球 | (名) pīngpāngqiú | | ping-pong; table tennis | 10 |
| | 乒乓球台 | (名) pīngpāngqiútái | | table-tennis table | 10 |
| píng | 评 | (动) píng | | to judge; to choose (by |

|   |   |   |   | public appraisal) | 10 |
| 平 | | (形、动) píng | flat; level; equal; to make the same score; to tie; to draw | 10 |
| 平常 | | (名、形) píngcháng | ordinary; common; usually; ordinarily | 6 |
| pó | 婆家 | (名) pójia | husband's family | 6 |
| | 婆婆 | (名) pópo | husband's mother; mother-in-law | 6 |
| pò | 破 | (动、形) pò | to break; to split; broken; damaged; worn-out | 4 |
| | 破产 | pò chǎn | to go bankrupt; become impoverished | 4 |
| pú | 葡萄干 | (名) pútaogānr | raisin | 2 |
| pǔ | 普通 | (形) pǔtōng | ordinary; common | 4 |
| | 普通话 | (名) pǔtōnghuà | *putonghua*, common speech of the Chinese language | 4 |

## Q

| qī | 期 | (名、量) qī | a period of time; phase; stage; *used for issue of a periodical, courses of study* | 15 |
| | 妻子 | (名) qīzi | wife | 5 |

363

| qí | 祈祷 | (名、动) qídǎo | to pray; to say one's prayers | 2 |
| | 其实 | (副) qíshí | actually; that is not the case; in fact | 8 |
| | 其他 | (代) qítā | other | 15 |
| | 奇特 | (形) qítè | peculiar; queer; strange | 3 |
| qǐ | 起…作用 | qǐ…zuòyòng | to play the role of… | 10 |
| qì | 砌 | (动) qì | to build by laying bricks or stones | 9 |
| | 气 | (动) qì | to make sb. angry; to get angry; to be enraged | 5 |
| | 气功 | (名) qìgōng | *qigong*, a system of deep breathing exercises | 10 |
| qián | 前进 | (动) qiánjìn | to go forward; to forge ahead; to advance | 3 |
| | 前年 | (名) qiánnián | the year before last | 6 |
| | 前往 | (动) qiánwǎng | to go to; to leave for | 15 |
| qiǎo | 巧 | (形) qiǎo | opportunely; coincidentally; as it happens | 9 |
| qiào | 峭壁 | (名) qiàobì | cliff; steep; precipice | 3 |
| qiē | 切 | (动) qiē | to cut; to slice | 12 |
| qīn | 亲 | (形) qīn | dear; intimate | 6 |
| | 亲戚 | (名) qīnqi | relative | 2 |
| | 亲身 | (副、形) qīnshēn | personal; oneself | 12 |
| qīng | 清真 | (名) qīngzhēn | Islamic; Muslim | 2 |
| | 清真寺 | (名) qīngzhēnsì | mosque | 2 |
| qíng | 情节 | (名) qíngjié | plot | 11 |

| qìng | 亲家 | （名）qìngjia | parents of one's daughter-in-law or son-in-law; relatives by marriage | 6 |
| qióng | 穷 | （形）qióng | poor | 12 |
| qiú | 球台 | （名）qiútái | table (for games using balls) | 10 |
| | 球网 | （名）qiúwǎng | net (for fall games) | 10 |
| qū | 区 | （名）qū | area; district | 10 |
| qǔ | 取暖 | （动）qǔnuǎn | to warm oneself (by a fire, etc.) | 8 |
| quán | 全面 | （形）quánmiàn | overall; all-round | 15 |
| quàn | 劝 | （动）quàn | to try to persuade; to advise | 5 |
| què | 却 | （副）què | but; yet; however; while | 2 |
| | 确实 | （形）quèshí | true; reliable; really; indeed | 4 |
| | 确诊 | （动）quèzhěn | to make a definite diagnosis | 12 |

# R

| rán | 然后 | （副）ránhòu | then; after that; afterwards | 1 |
| rè | 热闹 | （形）rènao | bustling with noise and excitement; lively | 4 |
| | 热心 | （形）rèxīn | enthusiastic; ardent; warmhearted | 7 |

365

| rén | 人家 | (代) | rénjia | other people | 8 |
| | 人间 | (名) | rénjiān | man's world; the world | 5 |
| | 人们 | (名) | rénmen | people | 2 |
| | 人民公社 | | rénmín gōngshè | | |
| | | | | people's commune | 8 |
| réng | 仍 | (副) | réng | still; yet | 13 |
| | 仍然 | (副) | réngrán | still; yet | 13 |
| rì | 日夜 | (名) | rìyè | day and night; round the clock | 3 |
| | 日子 | (名) | rìzi | day; date | 6 |
| ròu | 肉 | (名) | ròu | meat | 8 |
| rú | 如果 | (连) | rúguǒ | if; in case | 4 |
| | 如饥似渴 | | rújīsìkě | thirsting or hungering for sth. | 13 |
| rù | 入 | (动) | rù | to enter | 14 |
| | 褥（子） | (名) | rù(zi) | cotton-padded matress | 8 |
| | 入迷 | | rù mí | to be fascinated; to be enchanted | 10 |
| | 入木三分 | | rùmùsānfēn | written in a forceful hand; penetrating; profound | 14 |
| uó | 弱 | (形) | ruò | weak; feeble | 10 |

## S

| sàn | 散步 | | sàn bù | to take a walk; to go for a walk | 4 |
| shā | 沙漠 | (名) | shāmò | desert | 2 |

366

| shān | 山峰 | （名） | shānfēng | mountain peak | 3 |
| shàn | 扇 | （量） | shàn | a measure word for doors, windows, etc. | 3 |
| | 擅长 | （动） | shàncháng | to be good at; to be expert in | 13 |
| | 善良 | （形） | shànliáng | good and honest; kind-hearted | 5 |
| shāng | 商品 | （名） | shāngpǐn | commodity; goods | 4 |
| | 商业 | （名） | shāngyè | commerce; trade | 4 |
| shàng | 上班 | | shàng bān | to go to work; to be on duty; to start work | 6 |
| | 上学 | | shàng xué | to go to school; to attend school | 14 |
| shǎo | 少数 | （名） | shǎoshù | small number; few; minority | 15 |
| | 少数民族 | | shǎoshù mínzú | minority nationality; national minority | 15 |
| shé | 蛇 | （名） | shé | snake; serpent | 5 |
| shè | 社论 | （名） | shèlùn | editorial | 15 |
| | 摄影 | （动） | shèyǐng | to take a photograph | 14 |
| shēn | 身 | （量） | shēn | a measure word used for clothes, suit | 10 |
| | 深 | （形） | shēn | deep; profound | 1 |
| | 深厚 | （形） | shēnhòu | deep; profound | 13 |
| | 深刻 | （形） | shēnkè | profound; deep; deepgoing | 14 |
| | 身世 | （名） | shēnshì | one's life experience; one s lot | 4 |

367

| shén | 神话 | (名) | shénhuà | fairy tale; mythology; myth | 1 |
| | 神女 | (名) | shénnǚ | goddess | 3 |
| | 神奇 | (形) | shénqí | magical; mystical; miraculous | 12 |
| shèn | 慎重 | (形) | shènzhòng | cautious; careful; prudent | 9 |
| shēng | 声 | (名、量) | shēng | sound; voice; *a measure word*, used for sounds | 5 |
| | 生 | (动) | shēng | to give birth to (a child) | 5 |
| | 生产队 | (名) | shēngchǎnduì | production team | 8 |
| | 生火 | | shēng huǒ | to make a fire; to light a fire | 8 |
| | 生气 | | shēng qì | to get angry; to be enraged; to take offence | 5 |
| shī | 失去 | (动) | shīqù | to lose | 4 |
| | 失足 | | shī zú | to take a wrong step in life | 9 |
| shí | 石板 | (名) | shíbǎn | slab; flagstone | 8 |
| | 实践 | (动) | shíjiàn | to practise; to put into practice | 11 |
| | 石刻 | (名) | shíkè | stone inscription; carved stone | 14 |
| | 实况 | (名) | shíkuàng | what is actually happening | 15 |
| | 食品 | (名) | shípǐn | foodstuff; food; provisions | 2 |
| shǐ | 使 | (动) | shǐ | to make; to cause; to |  |

368

| | | | | |
|---|---|---|---|---|
| | 水泡 | (名) shuǐpào | bubble; blister | 7 |
| | 水平 | (名) shuǐpíng | level; standard | 11 |
| shuō | 说服 | shuō fú | to persuade; to convince; to talk sb. over | 1 |
| | 说明 | (动、名) shuōmíng | to explain; to illustrate; explanation; directions; caption | 15 |
| sī | 思想 | (名) sīxiǎng | thinking; thought; idea | 13 |
| sì | 寺 | (名) sì | temple | 2 |
| | 四面八方 | sìmiànbāfāng | in all directions; all around; far and near | 2 |
| | 寺庙 | (名) sìmiào | temple; monastery; shrine | 4 |
| sù | 速写 | (名) sùxiě | sketch | 13 |
| suān | 酸 | (形) suān | sour | 12 |
| sūn | 孙女 | (名) sūnnǚ | granddaughter | 4 |
| suǒ | 锁 | (动、名) suǒ | to lock up; lock | 7 |

# T

| | | | | |
|---|---|---|---|---|
| tái | 抬 | (动) tái | to lift; to raise; (of two or more persons) to carry | 2 |
| | 台 | (名) tái | (broadcasting) station | 15 |
| | 台子 | (名) táizi | table; desk | 8 |
| tài | 态度 | (名) tàidu | manner; bearing; attitude; approach | 7 |

| | | | | |
|---|---|---|---|---|
| | 太极剑 | （名） tàijíjiàn | *taijijian*, a kind of traditional Chinese sword-play | 10 |
| tán | 弹 | （动） tán | to play (a stringed musical instrument) | 14 |
| | 谈论 | （动） tánlùn | to discuss; to talk about | 15 |
| tàng | 烫 | （动） tàng | to scald; to burn | 7 |
| táo | 逃 | （动） táo | to run away; to flee; to take flight | 5 |
| | 桃 | （名） táor | peach | 8 |
| tǎo | 讨论 | （动） tǎolùn | to discuss; to talk over | 13 |
| tè | 特别 | （形） tèbié | special; particular; unusual | 4 |
| | 特产 | （名） tèchǎn | special local product; (regional) speciality | 4 |
| | 特点 | （名） tèdiǎn | characteristic; distinguishing; feature | 11 |
| | 特色 | （名） tèsè | characteristic; distinguishing feature or quality | 11 |
| tí | 蹄 | （名） tí | hoof | 13 |
| | 提前 | （动） tíqián | to shift to an earlier date; to bring forward (a date) | 1 |
| tǐ | 体操 | （名） tǐcāo | gymnastics | 10 |
| | 体现 | （动） tǐxiàn | to embody; to reflect; to give expression to | 11 |
| | 体验 | （动） tǐyàn | to experience | 12 |

| | | | | |
|---|---|---|---|---|
| | 体育 | （名）tǐyù | physical culture; physical training; sports | 10 |
| tì | 替 | （动、介）tì | to take the place of; to replace; for; on behalf of | 9 |
| tiān | 天才 | （名）tiāncái | talent; gift; genius | 14 |
| | 天堂 | （名）tiāntáng | paradise; heaven | 5 |
| tián | 甜 | （形）tián | sweet | 2 |
| tiáo | 条件 | （名）tiáojiàn | condition; factor | 10 |
| tiào | 跳跃 | （动）tiàoyuè | to jump; to leap; to bound | 13 |
| tīng | 听众 | （名）tīngzhòng | audience; listeners | 15 |
| tōng | 通道 | （名）tōngdào | thoroughfare; passage | 4 |
| | 通过 | （动）tōngguò | to pass through; by means of; by way of; through | 11 |
| | 通红 | （形）tōnghóng | very red; red through and through | 9 |
| | 通讯 | （名）tōngxùn | communication | 15 |
| tóng | 同 | （形、介）tóng | same; alike; similar; with | 4 |
| | 同意 | （动）tóngyì | to agree; to consent; to approve | 13 |
| tòng | 痛苦 | （形）tòngkǔ | painful | 7 |
| tōu | 偷 | （动）tōu | to steal; to pilfer | 9 |
| tòu | 透 | （动、形）tòu | to penetrate; thorough; penetrating | 14 |
| tū | 突然 | （形）tūrán | sudden; abrupt; unex- | |

| | | | | pected | 3 |
|---|---|---|---|---|---|
| tú | 涂 | （动） | tú | to smear; to apply (paint) | 3 |
| tuán | 团圆 | （动） | tuányuán | to have a reunion | 5 |
| tuī | 推 | （动） | tuī | to push; to shove | 3 |
| | 推辞 | （动） | tuīcí | to decline (an appointment, invitation, etc.) | 9 |
| | 推动 | （动） | tuīdòng | to push forward; to promote | 13 |
| tuì | 退休金 | （名） | tuìxiūjīn | retirement pay; pension | 4 |

# W

| wā | 挖 | （动） | wā | to dig; to excavate | 9 |
|---|---|---|---|---|---|
| wài | 外 | （名） | wài | foreign; external | 4 |
| | 外孙女 | （名） | wàisūnnǚ | daughter's daughter; granddaughter | 6 |
| wán | 完全 | （形） | wánquán | complete; whole; totally; entirely | 4 |
| | 玩笑 | （名） | wánxiào | joke; jest | 6 |
| wǎn | 晚报 | （名） | wǎnbào | evening paper | 15 |
| wǎng | 往常 | （名） | wǎngcháng | habitually in the past; as one used to do formerly | 1 |
| wēi | 危险 | （形） | wēixiǎn | dangerous | 3 |
| wèi | 喂 | （动） | wèi | to feed | 6 |
| | 胃 | （名） | wèi | stomach | 12 |
| | 胃病 | （名） | wèibìng | stomach trouble | 13 |

| | | | | |
|---|---|---|---|---|
| | 未来 | (名) wèilái | future; tomorrow | 3 |
| | 胃炎 | (名) wèiyán | gastritis | 12 |
| wén | 文明 | (形、名) wénmíng | civilized; civilization; culture | 1 |
| | 闻名 | (动) wénmíng | well-known; famous; renowned | 2 |
| | 文物 | (名) wénwù | cultural relic; historical relic | 1 |
| | 文艺 | (名) wényì | literature and art | 15 |
| wò | 握手 | wò shǒu | to shake hands | 8 |
| wú | 无所谓 | (动) wúsuǒwèi | to be indifferent; not to matter | 4 |
| wǔ | 武打 | (名) wǔdǎ | acrobatic fighting in Chinese opera or dance | 11 |
| | 舞蹈 | (名) wǔdǎo | dance | 11 |
| | 舞剧 | (名) wǔjù | dance drama; ballet | 11 |
| | 武术 | (名) wǔshū | *wushu*, martial arts such as shadow-boxing; swordplay, etc. formerly cultivated for self-defence, now a form of physical culture | 10 |
| | 舞台 | (名) wǔtái | stage | 11 |
| wù | 误会 | (动、名) wùhuì | to misunderstand; to mistake; misunderstanding | 4 |

# X

| xī | 吸取 | (动) xīqǔ | to absorb; to draw; to assimilate | 13 |
| xí | 习惯 | (名、动) xíguàn | habit; custom; usual practice | 11 |
| xǐ | 喜 | (动、名) xǐ | to be fond of; to like; to be happy; to feel pleased; happiness; delight | 9 |
| | 喜爱 | (动) xǐ'ài | to like; to love; to be fond of | 14 |
| | 喜糖 | (名) xǐtáng | sweet given on a happy occasion (esp. wedding) | 7 |
| xì | 戏 | (名) xì | drama; play; show | 11 |
| | 戏剧 | (名) xìjù | drama; play; theatre | 11 |
| | 系列片 | (名) xìlièpiān | film series | 11 |
| xià | 下班 | xià bān | to come or go off work | 6 |
| | 下工夫 | xià gōngfu | to put in time and energy; to concentrate one's efforts | 14 |
| xiān | 仙草 | (名) xiāncǎo | a kind of plant used as a medicinal herb in ancient times | 5 |
| | 先进 | (形) xiānjìn | advanced | 10 |
| xián | 嫌 | (动) xián | to dislike | 4 |
| | 闲 | (动) xián | to stay idle; to be |  |

375

|  |  |  |  | unoccupied; not busy | 6 |
|  | 咸 | （形） | xián | salted; salty | 8 |
| xiàn | 线 | （名） | xiàn | thread; string | 12 |
|  | 羡慕 | （动） | xiànmù | to admire; to envy | 5 |
|  | 馅儿 | （名） | xiànr | stuffing; filling | 8 |
|  | 现实 | （名、形） | xiànshí | reality; actuality; real; actual | 3 |
| xiāng | 香 | （形） | xiāng | fragrant; (of food) savoury; appetizing | 7 |
|  | 相信 | （动） | xiāngxìn | to believe in; to accept sth. as true | 5 |
| xiáng | 详细 | （形） | xiángxì | detailed; minute | 7 |
| xiǎng | 响 | （动、量） | xiǎng | to make a sound; to sound; to ring; *a measure word for sound* | 15 |
|  | 享受 | （动） | xiǎngshòu | to enjoy | 3 |
|  | 想象 | （动） | xiǎngxiàng | to imagine; to fancy | 11 |
| xiàng | 向 | （介） | xiàng | to; towards | 7 |
|  | 项目 | （名） | xiàngmù | item | 10 |
|  | 向往 | （动） | xiàngwǎng | to yearn for; to look forward to | 13 |
| xiāo | 消息 | （名） | xiāoxi | news; information | 15 |
| xiǎo | 小伙子 | （名） | xiǎohuǒzi | lad; young fellow; youngster | 9 |
|  | 小学 | （名） | xiǎoxué | primary school | 7 |
| xiào | 笑话 | （名） | xiàohua | joke; jest | 15 |
|  | 孝敬 | （动） | xiàojìng | to respect; to give presents (to one's elders or |  |

| | | | | superiors) | 6 |
|---|---|---|---|---|---|
| xīn | 新郎 | (名) | xīnláng | bridegroom | 2 |
| | 新娘 | (名) | xīnniáng | bride | 2 |
| | 欣赏 | (动) | xīnshǎng | to appreciate; to enjoy; to admire | 1 |
| xìn | 信号 | (名) | xìnhào | signal | 3 |
| | 信号台 | (名) | xìnhàotái | signal station | 3 |
| xíng | 行 | (形) | xíng | all right; capable; competent | 10 |
| | 形容 | (动) | xíngróng | to describe | 14 |
| | 形式 | (名) | xíngshì | form; shape | 11 |
| xǐng | 醒 | (动) | xǐng | to wake up; to be awake | 5 |
| xìng | 幸福 | (形) | xìngfú | happy | 5 |
| | 性格 | (名) | xìnggé | nature; disposition; temperament | 11 |
| | 兴趣 | (名) | xìngqù | interest | 2 |
| | 幸运 | (形) | xìngyùn | lucky; fortunate | 12 |
| xiōng | 兄 | (名) | xiōng | elder brother | 6 |
| xióng | 雄黄 | (名) | xiónghuáng | realgar; red orpiment | 5 |
| xiū | 修理 | (动) | xiūlǐ | to repair; to overhaul; to fix | 7 |
| | 修理厂 | (名) | xiūlǐchǎng | repair shop | 7 |
| xiù | 绣 | (动) | xiù | to embroider | 4 |
| | 绣花 | | xiù huā | to embroider; to do embroidery | 4 |
| xū | 需要 | (动、名) | xūyào | to need; to want; to demand; needs | 12 |

| xué | 学术 | (名) xuéshù | learning; science | 1 |
| | 学问 | (名) xuéwèn | learning; knowledge | 8 |

# Y

| yā | 压 | (动) yā | to press; to push down; to keep under (control) | 5 |
| yá | 牙 | (名) yá | tooth | 12 |
| yà | 亚军 | (名) yàjūn | second place (in a sports contest); runner-up | 10 |
| yán | 盐 | (名) yán | salt | 8 |
| yǎn | 眼看 | (副) yǎnkàn | soon; in a moment | 3 |
| | 演员 | (名) yǎnyuán | actor or actress; performer | 11 |
| yàn | 宴会 | (名) yànhuì | banquet; feast; dinner party | 2 |
| yǎng | 养 | (动) yǎng | to bring sb. up; to raise (pig, etc.) | 6 |
| | 养儿防老 | yǎngérfánglǎo | (of parents) to bring up children for the purpose of being looked after in old age | 6 |
| yě | 也许 | (副) yěxǔ | perhaps; maybe | 5 |
| yè | 夜 | (名) yè | night | 3 |
| | 业余 | (形) yèyú | sparetime; amateur | 10 |
| yī | 依靠 | (动) yīkào | to rely on; to depend on | 6 |
| | 医生 | (名) yīshēng | doctor | 12 |

378

| | | | | |
|---|---|---|---|---|
| | 医学 | （名） | yīxué | medical science; medicine 12 |
| | 医学家 | （名） | yīxuéjiā | medical scientist 12 |
| yí | 姨 | （名） | yí | one's mother's sister; aunt 6 |
| | 移 | （动） | yí | to move; to remove; to shift 13 |
| | 移动 | （动） | yídòng | to move; to shift 13 |
| | 遗憾 | （形） | yíhàn | regret; pity; sorrow 3 |
| | 一切 | （代） | yíqiè | all; every; everything 6 |
| | 一下子 | （副） | yíxiàzi | in a short while; all at once; all of a sudden 3 |
| yǐ | 以 | （介） | yǐ | by; with 10 |
| yì | 一边… | | yìbiān… | at the same time; simul- |
| | 一边… | | yìbiān… | taneously 2 |
| | 议论 | （动、名） | yìlùn | to comment; to talk about; to discuss; discussion 9 |
| | 一生 | （名） | yìshēng | all one's life; throughout one's life 13 |
| | 义务 | （名） | yìwù | volunteer; voluntary; duty; obligation 10 |
| | 一直 | （副） | yìzhí | continuously; always; from the beginning of… up to… 1 |
| yīn | 阴 | （形） | yīn | (of weather) overcast 4 |
| yǐn | 引 | （动） | yǐn | to lead; to divert (water) 2 |

| | | | | | |
|---|---|---|---|---|---|
| | 引导 | （动） | yǐndǎo | to guide; to lead | 13 |
| | 引起 | （动） | yǐnqǐ | to give rise to; to lead to; to cause; to arouse | 2 |
| yìn | 印象 | （名） | yìnxiàng | impression | 4 |
| yíng | 迎接 | （动） | yíngjiē | to meet; to welcome; to greet | 2 |
| | 营养 | （名） | yíngyǎng | nutrition; nourishment | 13 |
| yǐng | 影响 | （名、动） | yǐngxiǎng | influence; to effect; to influence | 13 |
| yōu | 优美 | （形） | yōuměi | graceful; fine | 10 |
| | 优秀 | （形） | yōuxiù | outstanding; excellent | 7 |
| yóu | 由 | （介） | yóu | by; to; leave it (to sb.) | 2 |
| | 油 | （名） | yóu | oil | 8 |
| | 油画 | （名） | yóuhuà | oil painting | 13 |
| | 游览 | （动） | yóulǎn | to go sight-seeing; to tour; to visit | 1 |
| | 由于 | （介） | yóuyú | owing to; thanks to; as a result of | 7 |
| yǒu | 有关 | （动） | yǒuguān | to have something to do with; to relate to; to concern | 14 |
| | 有力 | （形） | yǒulì | powerful; forceful; vigorous | 14 |
| | 有趣 | （形） | yǒuqù | interesting; amusing; fascinating | 4 |
| yòu | 幼儿园 | （名） | yòu'éryuán | kindergarten; nursery school | 6 |

380

| yú | 于是 | （连） | yúshì | thereupon; as a result; |
| | | | | consequently | 12 |
| yù | 遇到 | | yù dào | to meet; to run into; |
| | | | | to come across | 5 |
| yuán | 圆 | （形） | yuán | round; circular; spherical; |
| | | | | (of the moon) full | 6 |
| | 原来 | （形、副） | yuánlái | original; former; |
| | | | | originally; formerly; |
| | | | | at first | 1 |
| | 原谅 | （动） | yuánliàng | to excuse; to forgive; |
| | | | | to pardon | 9 |
| | 原因 | （名） | yuányīn | cause; reason | 13 |
| yuàn | 院长 | （名） | yuànzhǎng | president (of a univer- |
| | | | | sity, etc.) | 13 |
| yuē | 约会 | （名） | yuēhuì | appointment; engagement | 9 |
| yuè | 月饼 | （名） | yuèbing | moon cake (esp. for the |
| | | | | Mid-Autumn Festival) | 6 |
| | 阅读 | （动） | yuèdú | to read | 15 |
| | 越来越… | （副） | yuèláiyuè… | more and more | 3 |
| yūn | 晕 | （动） | yūn | dizzy; giddy; faint | 12 |

# Z

| zā | 扎 | （动） | zā | to tie; to bind | 12 |
| zài | 在…下 | | zài…xià | under; beneath | 5 |
| zàn | 赞美 | （动） | zànměi | to praise; to eulogize | 5 |
| zāng | 脏 | （形） | zāng | dirty; filthy | 7 |
| zāo | 糟糕 | （形） | zāogāo | too bad; how terrible; |

| | | | | what bad luck | 3 |
|---|---|---|---|---|---|
| zǎo | 早期 | (名) | zǎoqī | early stage; early phase | 13 |
| | 早上 | (名) | zǎoshang | (early) morning | 2 |
| zhā | 扎 | (动) | zhā | to prick; to run or stick (a needle, etc.) into | 12 |
| | 扎针 | | zhā zhēn | to give or have an acupuncture treatment | 12 |
| zhāi | 摘要 | (名) | zhāiyào | summary; abstract | 15 |
| zhǎi | 窄 | (形) | zhǎi | narrow | 3 |
| zhǎn | 展出 | (动) | zhǎnchū | to put on display; to be on show | 14 |
| | 展开 | | zhǎn kāi | to unfold; to carry out; to be in full swing | 15 |
| | 展览 | (动、名) | zhǎnlǎn | to put on display; to exhibit; exhibition; show | 14 |
| | 展览会 | (名) | zhǎnlǎnhuì | exhibition | 14 |
| zhàn | 占 | (动) | zhàn | to occupy; to constitute; to make up; to account | 4 |
| | 战 | (动、名) | zhàn | to fight; fight; war; battle | 5 |
| | 蘸 | (动) | zhàn | to dip in (ink, sauce, etc.) | 14 |
| | 战士 | (名) | zhànshì | fighter; soldier; | 11 |
| zhǎng | 长 | (动) | zhǎng | to grow; to develop | 6 |
| zhàng | 胀 | (动) | zhàng | to swell; to be bloated | 12 |
| | 丈夫 | (名) | zhàngfu | husband | 5 |

| zhāo | 招待 | (动) zhāodài | to receive (guests); to entertain | 2 |
| zháo | 着 | (动) zháo | *having the meaning of "attaining or reaching"* | 3 |
| zhào | 照 | (副) zhào | according to; in accordance with | 15 |
| | 照顾 | (动) zhàogù | to look after; to care for; to attend to | 6 |
| zhě | 者 | (尾) zhě | *suffix, referring to a person as "er" in "reader", etc.* | 1 |
| zhè | 这里 | (代) zhèlǐ | here | 3 |
| zhēn | 针灸 | (名、动) zhēnjiǔ | acupuncture and moxibustion; to give or have acupuncture and moxibustion | 12 |
| | 真实 | (形) zhēnshí | true; real | 11 |
| zhēng | 争论 | (动) zhēnglùn | to argue; to debate; to contend; argument; contention | 1 |
| zhěng | 整（天） | (形) zhěng(tiān) | the whole (day); all | 9 |
| | 整个 | (形) zhěnggè | whole; entire | 8 |
| zhèng | 正好 | (形、副) zhènghǎo | just (in time); just right; just enough; to happen to; to chance to | 8 |
| | 正直 | (形) zhèngzhí | honest; upright | 12 |
| zhī | 支持 | (动) zhīchí | to support; to back; to stand by | 7 |

| | | | | | |
|---|---|---|---|---|---|
| | 主动 | (形) | zhǔdòng | (to take the) initiative | 9 |
| | 主角 | (名) | zhǔjué | leading role; lead | 11 |
| | 主要 | (形) | zhǔyào | main; principal; major | 9 |
| | 主意 | (名) | zhǔyi | plan; idea; decision; one's mind | 1 |
| | 主张 | (动、名) | zhǔzhāng | to advocate; to stand for; view; position; stand; proposition | 14 |
| zhù | 著名 | (形) | zhùmíng | famous; celebrated; well-known | 14 |
| zhuā | 抓饭 | (名) | zhuāfàn | a kind of food popular among (the) believers in Islam | 2 |
| zhuān | 专 | (形) | zhuān | for a particular person, occasion, purpose; focussed on one thing; special | 4 |
| | 砖 | (名) | zhuān | brick | 8 |
| | 专家 | (名) | zhuānjiā | expert; specialist | 11 |
| | 专栏 | (名) | zhuānlán | special column | 15 |
| zhuǎn | 转 | (动) | zhuǎn | to turn; to shift; to change | 9 |
| | 转播 | (动) | zhuǎnbō | to relay (a radio or TV broadcast) | 15 |
| | 转身 | | zhuǎn shēn | (of a person) to turn round; to face about | 9 |
| zhuàng | 撞 | (动) | zhuàng | to run into; to bump against | 3 |
| | 壮丽 | (形) | zhuànglì | majestic; magnificent; |

389

| | | | |
|---|---|---|---|
| 神女峰 | Shénnǚfēng | *name of a peak* | 3 |
| 十三经 | Shísānjīng | the Thirteen Confucian Classics | 14 |
| 《水浒传》 | 《Shuǐhǔzhuàn》 | *Water Margin* | 11 |
| 苏州 | Sūzhōu | Suzhou (city) | 1 |
| 孙明英 | Sūn Míngyīng | *a person's name* | 7 |

# T

| | | | |
|---|---|---|---|
| 太湖 | Tài Hú | Tai hu Lake | 1 |
| 太平洋 | Tàipíng Yáng | the Pacific (Ocean) | 1 |
| 唐代 | Tángdài | the Tang Dynasty | 14 |
| 《体育之窗》 | 《Tǐyù zhī Chuāng》 | *Window on Sports* | 15 |
| 田大娘 | Tián Dàniáng | *Tian is a surname, "大娘" is a polite form of address for woman about one's mother's age* | 8 |
| 吐鲁番 | Tǔlǔfān | the Turfan Basin | 2 |

# W

| | | | |
|---|---|---|---|
| 外滩 | Wàitān | Waitan (the Bund) | 4 |
| 万县 | Wàn Xiàn | Wanxian County | 3 |
| 王林 | Wáng Lín | *name of a person* | 7 |
| 王羲之 | Wáng Xīzhī | *name of a person, a famous calligrapher* | 14 |
| 维吾尔族 | Wéiwú'ěrzú | the Uygur (Uighur) nationality, living in |  |

# Y

# Z

**实用汉语课本**

（英文译释）

第 三 册

北京语言学院　编

\*

商 务 印 书 馆 出 版

（中国北京王府井大街 36 号　邮政编码100710）

北京语言学院印刷厂排版

中国国际图书贸易总公司发行

、（中国国际书店）

北京邮政信箱第399号　邮政编码100044

1986年 4 月第 1 版

1996年 8 月北京第 4 次印刷

ISBN 7-100-00090-4/G·15

01990

9—E—1577PC